사주명리 인문학

사주 명리

인문학

사람과 운명과 극복에 관한 통찰

김동완 지음

행성B

《논어》의 〈안연〉 편에 사랑에 관한 정의가 나온다. 애지욕기생(愛之欲其生). '사랑이란 사랑하는 사람이 제 삶을 온전히 다 살도록 돕는 일이다'는 의미다. 나는 이 말을 무척 아껴서 가슴에 담아 두고 산다. 사람들이 나에게 사주명리학이 뭐냐고 물을 때마다 이 말을 떠올린다.

주변에 사주명리학을 돈벌이 수단으로 이용하는 이가 많다. 영험함을 내세워 굿이며 부적이며 과도한 복채로 사람들을 현혹한다. 조금만 합리적으로 생각해 보면 굿이나 부적 같은 것으로 닥쳐올 환란을 해결할 수도, 막연히 잘살게 할 수도 없다는 것을 금세 알 것이다. 그것이 신뢰할 수 있는 진정성과 근거를 갖추려면 누구나 수긍할 수 있는 합당한 원리와 체계를 바탕으로 삼아야 할 것이다. 또한 아무리 필요한 학문이라도 그것이 세상을 평화롭게 하고 사람을 이롭게 하는 데 쓰이지 않는다면 한갓 사술이나 사이비에 지나지 않을 것이다.

어떤 사람들은 아무 잘못도 없는데 부모가 낳는 동시에 고아가 되고 불우한 환경에 놓이고 어두운 거리로 내몰리기도 한다. 하지만 어떤 사람이든 자신만의 재능과 장점을 가지고 태어난다. 그 재능과 장점을 어떻게 발굴하고 발전시키느냐에 따라 삶이 달라진다. 사주명리학은 사람마다 자기 안에 존재하는 장점을 찾아내기 위한, 자기 노력을 요구하는 학문이다.

'잘 맞히는 것'보다 중요한 것

나는 오래전부터 사람들이 자신의 삶을 제대로 온전히 살 수 있도록 도와주고 싶은 마음이 컸다. 사주명리학이나 관상학, 성명학이 단순한 재밋거리가 아니라 인생의 나침반 역할을 할 수 있도록 논리적이고 합리적인 접근이 필요하다고 여겨 공부를 게을리하지 않았다. 또한 이론만으로 내세울 수 있는 학문이 아니라서 많은 임상 경험을 쌓기 위해서도 노력했다. 이를 위해 구두 닦는 일도 하고 술집 웨이터도 하고 노숙도 경험했다. 구두닦이, 술집 종업원, 노숙인 들과 어울려 지내면서 그들의 사주를 연구하고 자연스럽게 통계도 정교화할 수 있었다. 그 덕분에 잘 맞힌다는 소리도 곧잘 들었다. 초기엔 이런 칭찬에 우쭐해지기 십상이었다. 하지만 이내 곧 사주명리학의 본질은 '잘 맞히는 것'이 아니라는 걸 깨달았다. 그들과 어울려 지내면서 나는 사람의 운명이 무엇인지, 절실하게 산다는 것이 무엇인지 많은 생각을 했다.

독일 속담에 "젊은이여, 황금의 아름다움보다는 별의 아름다움을 보라"는 말이 있다. 나는 별의 아름다움보다는 현실 세계에 발 딛고 살아가는 사람들의 아름다움을 볼 줄 알아야 사주명리학을 공부하는 의미가 있다고 믿는다. 그것이 곧 애지욕기생의 실천이 아니겠는가.

운명학, 자신을 알아 가는 한 방법

언론 통계에 따르면 한국인의 67퍼센트가량이 일 년에 한 번 이상 철학관이나 점집을 찾는다고 한다. 서점에는 사주, 풍수, 관상, 성명학 책들을 판매하는 코너가 별도로 마련돼 있고, 평생교육원과 백화점 문화센터 등에도 이와 관련된 강좌가 개설되어 있다. 대다수의 일간지와 스포츠 신문에도 일일 운세 지면이 할애돼 있다.

IT 시대인데도 왜 이렇게 운명학은 여전히 대중의 관심을 끌고 있을까? 사람은 누구나 자기 삶을 궁금해하고 미래에 대한 막연한 불안감을 가지고 살아간다. 나는 이 책에서 사주명리학, 성명학, 관상학, 풍수학, 타로, 점성술 등 운명학 전반에 관해 다루었고 21세기를 살아가는 현대인들이 운명학을 어떻게 활용하면 좋을지에 주안점을 두었다. 지나치게 딱딱하고 건조한 인문학 교양서로만 읽히지 않기를 바라 원리를 구체적으로 서술하기보다 흥미로운 여러 일화와 사례를 중심으로 이야기를 풀어 나갔다. 그런데도 재미가 모자라다면 그것은 나의 글재주가 부족한 탓이다. 이 책을 읽고 더 깊게 공부하고 싶은 독자들은 내가 쓴 사주명리학, 성명학, 타로 등 전문 서적들을 참고하면 될 것이다. 장황하고 어지러운 글들을 정갈하게 다듬어 생기를 불어넣어 준 출판사 편집진에게 감사드린다.

운명학은 결국 자신을 알아 가는 많은 방법 중 하나다. 이 책을 통해 자신과 조금 더 마주할 시간을 갖길 저자로서 바랄 뿐이다.

차 례

1부 사주명리학 이야기

2부 성명학 이야기

3부 관상 이야기

4부 풍수지리 이야기

5부 점성술, 타로, 토정비결, 꿈, 생활역학 이야기

정해진 것은 없다

일러두기

- 책 제목은 겹화살괄호(《 》)로, 단편 글 등은 홑화살괄호(〈 〉)로 표기했다.
- 성경 구절은 《쉬운 성경》(아가페출판사)에서 인용했다.

운명은 존재할까, 운명이 있다면 운명학은 과연 무엇일까. 운명 하면 많은 사람이 점쟁이, 무속인, 굿, 부적, 족집게 도사 등을 떠올릴 것이다. 부정적인 단어가 더 많다. 역술가들이 곧잘 사이비로 매도당하는 이유이다. '육갑하네', '육갑 떤다' 같은 말도 제대로 공부하지 않은 사람들이 다른 사람의 운명을 보는 행동을 비하하는 데에서 비롯되었다.

운명학은 아직 학문으로 인정받지 못하는 것이 현실인데, 이는 '운명'을 오해한 데서 기인한다. 국어사전을 보면 운명은 '인간을 포함한 모든 것을 지배하는 초인간적인 힘. 또는 그것에 의하여 이미 정하여져 있는 목숨이나 처지'로 돼 있다. 이런 정의 탓에 운명을 고정불변하는 것으로 보는 시각이 지배적이다.

정말 운명은 결정되어 있는 것일까. 운명(運命)을 풀이하면 '목숨은 움직인다'이다. '움직인다'는 서술어에서 볼 수 있듯이 운명은 결코 타고난 삶을 그대로 살아간다는 뜻이 아니다. 이제는 이런 운명의 뜻에 맞추어 운명학을 다시 정의 내려야 한다. 운명학은 타고난 운명을 알아보는 학문이 아니라 인간 삶의 변화를 예측하는 학문인 것이다.

운명은 숙명(宿命)과 다르다. 숙명은 '날 때부터 정해진 운명 또는 피할 수 없는 운명'을 말한다. 태어난 생년월일시의 별자리로부터 영향을 받아 고정되어 있다. 하지만 운명에는 변화가 함께한다. 이를테면 사주팔자 여덟 글자 중 금(金)이 6개, 화(火)가 2개라면 이 사주의 주인공은 금(金)의 기질, 성격, 특성을 타고난 것이다. 이것은 숙명이다. 여덟 글자에 도화살이 강하다면 타고난 끼 즉, 기(氣)가 넘치는 사람이다. 끼가 넘치니 주색잡기에 빠지거나 유흥업소에 종사해 바람둥이, 술주정꾼이 된다고 한다. 하지만 도화살이 강하다고 해서 꼭 그렇게 되는 것은 아니다. 넘치는 끼를 잘 활용해 연예인, 예술가, 성형외과 의사, 헤어디자이너 등 다양한 직업으로 진출할 수도 있다. 이것이 타고난 숙명을 극복할 수 있는 운명의 힘이다.

운명학의 한 분야인 사주명리학도 족집게처럼 미래를 정확하게 알아맞히는 것이라는 오해를 자주 받는다. 그래서 사주를 보려면 신이 내린 지 얼마 되지 않아 영(靈)이 맑은 무속인 등을 찾아가야 한다고 생각한다. 매스컴에서 운명학을 다룰 때도 무속인이나 역술가가 족집게처럼 알아맞히는가에 더 초점을 둔다.

그렇다면 사주명리학을 비롯한 운명학이 사람의 미래를 한 치의 오차도 없이 정확하게 알아맞힐 수 있을까? 그러려면 사람의 삶이 태어나 죽을 때까지 백 퍼센트 결정되어 있어야 한다. 한 사람의 운명이 자신의 의지와 노력에 상관없이 결정되어 있다면 사주에 대통령이 될 사람은 평생 노력하지 않고 놀고먹어도 대통령이 되고 거지가 될 사람은 제아무리 노력해도 거지꼴을 못 면할 것이다. 빈둥빈둥 놀아도 서울대에 가고 고시에 합격한다면 노력이 무슨 의미인가. 사람의 삶이 이렇게 백 퍼센트 결정되어 있다면 부적이나 굿은 또한 무슨 소용인가. 그런데도 어떤 무속인이나 역술가들은 굿이나 부적으로 타고난 운명을 바꿀 수 있다고 말하니, 얼마나 앞뒤가 맞지 않는 엉터리 논리인가.

운명학은 우리네 삶이 일정 부분 결정되어 있더라도 바꿀 수 있다고 말하는 학문이다. 자신의 타고난 달란트를 적극적이고 긍정적으로 살려 나간다면 미래는 희망적일 수 있다. 운명학이 많은 이에게 희망을 주는 학문으로 우뚝 서길 바란다.

운명을 바꾸어 놓은 지폐 몇 장

초라하기 그지없는 젊은 남자가 소주 한 병을 손에 들고 덜렁거리며 이름 모를 간이역으로 들어섰다. 두 뼘 남짓한 나무 벤치에 고단한 몸을 뉘인 그 남자의 품에는 칼이 숨겨져 있었다. 이리저리 돈벌이에 뛰어다니느라 대학 성적은 'F'투성이인데도 돈을 벌 길은 여전히 막막했고 태생적으로 허약한 몸은 쇠약해질 대로 쇠약해졌다. 해가 뜨면 스스로의 목숨을 끊기 위해 무작정 떠나온 길이었다.

그렇게 잠든 새벽, 그의 품속에 누군가의 손이 들어와 부스럭거렸다. 곧 죽을 작정이었으니 반드시 지켜야 할 것도 없었다. 게다가 주머니에 든 것이라고는 동전 몇 닢뿐이었다. 그런데 아침에 확인해 보니 주머니에 꼬깃꼬깃한 지폐 몇 장이 들어 있었다. 삶의 끝에서 '사람'을 만난 것이다. 나의 삶은 그렇게 다시 시작되었다.

서당과 한의원을 했던 할아버지는 인간 중심적 세계관을 가진 사람이었다. 찾아온 환자에게 무료로 침을 놔 주고 약을 지어 주는가 하면 글 역시 무료로 가르쳐 주셨다. 돈을 거의 못 벌다 보니 아들과 며느리의 원망을 샀지만, 어린 나는 그런 할아버지가 좋았다. 그렇게 '나눔'을 실천하는 할아버지를 동경해 사주명리학을 운명처럼 공부했다.

어떤 사람이든 재능과 장점들을 가지고 있다. 그 재능과 장점을 어떻게 찾아내 갈고닦느냐에 따라 삶이 달라진다. 거듭 말하지만, 사주는 한 사람 속에 존재하는 장점을 찾아내는 학문이다. 똑같은 사주라도 전혀 다른 삶을 사는 사람들이 있는 것도 이 때문이다. 사주에 여자가 많은 남자라면 바람둥이가 될 확률이 크지만 산부인과 의사나 모델 에이전시 등의 직업을 선택하면 성공할 수 있다. 도화살을 타고나도 누구는 유흥업 쪽에 종사하고, 누구는 연기자가 될 수도 있는 것이다.

주변에 보면 사주명리학을 돈 버는 수단으로 악용하는 이가 많다. 굿, 부적 등으로 사람들을 현혹하는 것이다. 그래서 사주명리학, 관상학, 성명학 등을 학문적으로 접근하는 것이 절실하다. 학문이든 종교든 사람에게 도움이 되지 않으면 아무 소용이 없다. 나는 사회 문제에 관심이 많다. 부의 양극화, 청년실업, 빈곤 노인 급증, 만성적인 경기 침체 등을 보이는 사회에서 사회 구성원들은 결코 행복해질 수 없기 때문이다. 사회 구조라는 틀에서 사주명리학, 관상학 등이 학문적으로 자리를 잡아야 하는 이유이다.

운명학은 인간의 삶을 분석하는 학문으로 사주명리학, 성명학, 풍수학, 관상학 등이 여기에 속한다. 이들은 크게 결정된 명(命), 변화하는 운(運), 순간적인 점(占)으로 구성되어 있다. 운명학 중 가장 먼저 살펴볼 사주명리학은 사주팔자를 통해 사람의 삶을 분석하는 것으로 사주학, 명리학, 추명학, 사주팔자학, 자평명리학 등으로도 불린다. 이제 본격적으로 사주명리학을 살펴보자.

1
부

사주명리학
이야기

운명학에 관심을 갖고 있는 사람이 실로 많다. 한국인의 약 70퍼센트가 1년에 한 번 정도 사주 상담을 한다는 통계도 있다. 〈조선일보〉, 〈중앙일보〉 등의 주요 일간지와 〈스포츠서울〉, 〈일간스포츠〉 등의 스포츠 신문에도 일일 운세가 날마다 실린다. 게다가 선거철이 되면 더욱 바빠지는 것이 역학 사무실이다. 그런데 문제는 운명학을 삶의 이정표로 삼고 희망을 찾아가는 것이 아니라, 운명학에 자기 삶을 저당 잡힌 채 끌려가다시피 지나치게 의존하며 산다는 데 있다.

21세기가 끝나 가는 지금도 자신의 노력보다는 무당이나 역술가에 기대어 부적이나 굿을 통해 자기 삶을 지탱하려는 사람이 너무 많다. 이것은 운명학을 공부하는 사람들의 자세도, 상담을 하는 사람들의 자세도 아니다. 운명학, 과학, 종교, 문학, 정치, 법 그 어떤 것도 사람을 지배해서는 안 된다. 사람의 삶에 간섭해서는 안 된다. 그것들은 다만 인간의 삶을 추동하는 것일 뿐이다. 바로 인간을 위해 존재하는 것이 맞다.

예로부터 전해 오는 《골계잡록》에 나오는 이야기다.

강화고을에 두 형제가 살았는데, 갑자기 부친상을 당했다. 형은 음양가에 푹 빠져 그의 말에 현혹되어 꺼리고 피하는 것이 많았고, 동생은 옛 성현들의 글을 읽고 깨달아 대의(大義)를 존중했다. 초상을 치르는 동안 형제는 아버지의 상(喪) 진행 문제로 계속 갈등했다. 동생이 형에게 말했다.

"옛날에 어떤 사람이 평생 먹고 자고 일하는 것을 《책력(冊曆)》에 의존해서 《책력》의 길흉에 따라 살아갔습니다. 어느 날 그의 아버지가 갑자기 병을 얻었는데 의원이 급하니 청심환을 쓰라고 했습니다. 그런데 그는 그날이 약을 쓰는 날로는 흉한 날이라면서 약을 쓰지 않았답니다. 결국 아버지는 돌아가셨고, 모든 자식이 목 놓아 울었습니다. 그러자 그는 오늘이 진(辰) 날이라 우는 것이 좋지 않으니 울지 못하게 했습니다. 처음 상복을 입는 성복(成服)에는 장단성(長短星) 날에 옷을 짓는 일은 좋지 못하다 하여 상복을 입지 못하게 하였습니다. 또한 장삿날이 되어서는 장사는 천월덕(天月德)을 골라서 생기(生氣)나 복덕(福德) 방위에 할 것이요, 흉방(凶方)에는 안 된다면서 산이나 언덕에는 길지(吉地)가 없으니 강가에서 장사를 치르게 했습니다. 장사 지내는 도중에 갑자기 홍수가 나서 도망가야 할 상황이었는데 그는 이날은 이사 등 변동에는 좋지 않다 하며 고집을 피우다 물에 떠내려가 죽었답니다."

동생의 말에 그제야 형은 고집을 풀었다고 한다. 이 이야기는 운명학, 종교 등에 빠져 있는 사람들에게 주는 풍유적 교훈이다.

쓸모없는 풀은 없다

옛날에 아주 유명한 명의가 있었다. 신의(神醫)라 불릴 정도였다. 의술에 관심 있는 사람은 모두 앞다투어 그의 제자가 되려고 했다. 그러나 막상 제자가 되면 글은 가르치지 않고 일만 시켰다. 성질 급한 제자들은 얼마간 버티다가 제풀에 꺾여 떠나가 버렸다. 그런데 끈질기게 인내하며 버티는 한 제자가 있었다. 그는 스승이 시키는 온갖 궂은일을 밤낮을 가리지 않고 묵묵히 해냈다. 그 성실함에 반한 스승이 자신의 비법을 하나둘씩 가르쳐 주었다. 어느덧 10여 년이 흘렀다. 제자는 이제 어느 정도 배운 것 같아 스승 곁을 떠나 독립하고 싶은 마음이 굴뚝같았다.

"스승님, 이제 제 공부가 어느 정도 된 것 같은데, 언제쯤 하산하면 될까요?"

스승은 잠시도 지체 없이 말했다.

"아, 그러고 보니 벌써 10년의 세월이 흘렀구나. 그럼 지금 당장 산에 가서 약초가 되지 않는 풀 한 가지만 구해 오너라. 그러면 당장 하산하도록 해 주겠다."

제자는 신바람이 나서 날아다니듯이 온 산을 뒤졌다. 그런데 아무리 봐도 약이 되는 풀뿐이지 약이 되지 않는 풀은 눈에 띄지 않았다. 밤이 늦도록 찾아 헤맸지만 결국 못 찾고 내려온다. 자신의 공부가 아직도 멀었구나 낙심하면서 말이다.

"스승님 죄송합니다. 온종일 산을 헤매고 다녔지만 넓은 산 어디에도 약이 되지 않는 풀은 없었습니다. 아직도 저는 하산할 때가 멀었나 봅니다. 죄송합니다. 고향 생각 버리고 부족한 공부 더 열심히 하겠습니다."

이 말을 듣고 스승은 껄껄 웃으며 말했다.

"당장 하산하거라. 세상에 약이 되지 않는 풀은 존재하지 않는다. 세상에 소중하지 않은 풀, 소중하지 않은 나무, 소중하지 않은 인간이 어디 있겠느냐? 그것을 깨달은 너이니 의술을 펼칠 자격이 충분하다."

이것은 사주명리학의 근본정신이기도 하다. 누구의 사주팔자든 세상에 쓸모없이 태어난 사람은 없다. 이런 사실을 알려 주는 것이 사주명리학이요, 상담이다. 신은 공평해서서 누구에나 반드시 하나의 장점, 하나의 달란트를 주신다는 것이다. 이 세상에 쓸모없는 풀은 없듯이 이 세상에 쓸모없는 사주팔자는 없는 법이다.

사주명리란 무엇일까

사주명리는 무엇일까.

사주명리는 역학(易學)의 원리를 바탕으로 인간의 운명을 예지하고, 긍정적인 기운을 살려 주고 부정적인 것들은 막아 주는 것이다. 예를 들면, 소 발굽이 벌어지면 흉하고, 합해지면 길하다고 한 것은 나누면 둘이 되고 합하면 하나가 된다는 뜻이며, 음양이 화합하면 길하고 음양이 불화하면 흉하다는 것을 의미한다.

우리나라 역학은 인간 중심 사상이 주류를 이뤘다. 《한서(漢書)》의 〈지리지〉에서도 그런 경향을 엿볼 수 있다.

동이(東夷)는 천성이 유순해 삼방족(북방족, 남방족, 서방족)과는 특이하므로 공자도 도(道)가 실행되지 않는 것을 슬퍼해 뗏목을 타고 바다를 건너 구이(九夷)에 가서 살고 싶다고 한 것은 까닭이 있는 일이다.

동이족은 천성이 유순하다고 전했다. 《산해경(山海經)》에서는 "바다 건너 동쪽에 군자국이 있는데 그들은 의관(衣冠)을 하고 칼을 찼으며 사양하기를 좋아하며 다투지를 않는다"고 했다. 고대 금석 문자에 따르면, 동이족은 동인(東人)이라 하였다. 이(夷)가 아니라 인(人)이다. 갑골(甲骨)에서는 아예 '인(人)'으로만 표기했다. 자신들이 세상의 중심이고 주변국 사람은 모두 오랑캐 이(夷)로 규정했던 중국인들이 이렇게 표현했다는 것은 실로 낯설고도 놀라운 일이다. 우리나라를 동방예의지국, 군자국으로 불렀으니 말이다.

피흉추길(避凶追吉, 흉한 일을 피하고 좋은 일로 나아간다는 뜻)을 연구하는 학문으로 동양오술(東洋五述)이 있는데, 명(命)·복(卜)·의(醫)·상(相)·산(山)이 여기에 속한다.

명은 타고난 기질, 특성, 장점, 성격, 적성에 맞는 직업, 부모와의 관계 등을 보는 학문으로 자평명리학(인간의 생년월일시에 따라 빈부귀천과 길흉화복, 수명, 성패 시기 등을 지하는 학문으로 송나라 대음양학자 서자평이 완성했다. 보통 사주명리학으로 불린다)과 자미두수(紫微斗數, 중국의 도교에서 시작된 점술. 100여 가지의 별들로 이루어진 명반으로 운명을 예측한다), 기문둔갑(奇門遁甲, 고대로부터 내려온 점술로 특히 병법에 많이 응용돼 국가에서 배우는 것을 금지시킨 적도 있다) 등이 있다.

복은 가까운 미래를 예측하는, 순간적인 결정과 판단을 요할 때 필요한 학문으로 주역점, 육임점, 육효점, 태을신수 등이 있다.

의는 타고난 운명을 후천적으로 바꾸고 극복하기 위한 방법을 모색하는 학문이다.

상은 사람의 눈에 보이는 형태나 색상 등을 분석하는 학문으로 사람을 분석하는 상(相)에는 관상(觀相), 수상(手相), 족상(足相), 체상(体相), 골상(骨相), 홍채(虹彩)가 있다. 이름을 분석하는 성명학도 상에 속한다.

산은 자연과 살아가야 할 터 등을 분석하는 학문으로 풍수학이 여기에 속한다. 풍수학에는 살아 있는 사람의 집을 분석하는 양택(陽宅), 살아 있는 사람들의 집단 주거지를 분석하는 양기(陽基), 죽은 사람의 터를 분석하는 음택(陰宅), 죽은 사람들의 공동묘지를 분석하는 음기(陰基) 등이 있다.

사주보다 의지가 먼저다

그는 대학 졸업 후 중학교 체육교사가 되었다. 그런데 부임한 지 두 달이 될 무렵 학생들 앞에서 시범을 보이다가 경추에 손상을 입어 전신이 마비되고 만다. 9년여 뒤 그는 긴 투병 생활을 이겨 내고 구필화가로 새 삶을 시작한다. 붓을 입에 물고 그림을 그리고 시도 쓰며 살게 된 것이다.

일본의 시인이자 화가 호시노 도미히로 이야기이다. 그의 작품은 따뜻하고 섬세한데 그중 그가 쓴 《방울이 울리는 길》에 실린 글이 특히 많은 이의 마음을 울렸다.

휠체어를 타고 생활하니 울퉁불퉁한 길에 신경이 곤두설 때가 많습니다. 그런데 휠체어에 은은한 소리가 나는 방울을 달았더니 길이 요동

칠 때마다 땡그랑 소리가 퍼져서 기분이 한결 좋아졌습니다. 그 소리는 마음을 울리는 맑은 소리였습니다.

방울은 평탄한 길에서는 아무 소리를 내지 않는다. 험난한 길을 넘어갈 때 땡그랑 맑은 소리를 낸다. 도미히로의 말처럼 사람들은 저마다 마음의 방울을 달고 살고 있을 것이다. 그 방울 소리가 마음속에 은은하게 퍼지는 사람도 있고 그 소리에 굳게 닫힌 마음을 더 세게 닫는 사람도 있으리라.

사주를 받아들이는 태도도 마찬가지다. 마음속으로 '내 사주는 좋은 것이 없어'라고 생각하는 사람은 늘 힘들고 고달프다. 하지만 '내 사주는 나빴다 좋았다 하니 좋은 일이 더 좋은 것으로 느껴져! 나쁜 것이 없었다면 좋은 것을 느낄 수 없었을 거야'라고 긍정적으로 생각하는 사람은 이미 복되고 행복한 삶을 누리며 살아가는 것이다.

날지 못한 독수리 이야기

옛날에 인디언 전사가 있었다. 하루는 험한 절벽 길을 걷다가 커다란 독수리 알을 발견한다. 둥지에서 굴러떨어진 모양인데, 다행히도 깨지거나 흠집 난 곳은 없었다. 둥지에 다시 넣어 주고 싶었지만 절벽이 험한 탓에 둥지가 보이지 않아 그럴 수 없었다. 길에 그대로 두면 곰이나 멧돼지 같은 짐승들이 먹어치울 거라 전사는 고민 끝에 알을 집으로 가져왔다.

집에 오자마자 알을 닭장에 넣어 두었는데 얼마 후 부화했다. 독수리 새끼는 주변에 닭과 병아리밖에 없으니 자신이 병아리인 줄 알고 자란다. 그들처럼 모이를 먹고 거의 날지도 못했다.

그러던 어느 날 독수리 새끼는 하늘을 보다가 깜짝 놀랐다. 저 먼 창공에 너무나 멋진 새 한 마리가 날고 있었기 때문이다. 독수리였다. 자신 역시 독수리인 줄 모르는 독수리 새끼는 그 독수리를 부러워하면서 말했다.

"와! 멋지다. 나도 저 새처럼 날아 봤으면."

그러자 옆에 있던 닭과 병아리들이 비웃었다.

"네가 새 중의 왕인 독수리처럼 난다고? 꿈도 꾸지 마!"

독수리는 좌절한 채 하염없이 하늘만 바라봤다. 그리고 평생 자신을 날지 못하는 닭이라 여기며 살았다.

거지 사주, 김구

영화 〈김창수〉는 백범 김구 선생의 청년 시절을 다룬 것이다. 외골수였고 혈기왕성했던 청년 김창수는 명성황후 시해범을 맨손으로 때려죽인 죄로 사형수가 된다. 옥중에서 조선인들의 참혹하고 열악한 삶을 온몸으로 경험하며 자신이 장차 할 일이 무엇인지 깨닫게 된다. 옥에 갇힘으로써 일차 변태를 한 셈이다. 애벌레가 여러 단계를 거쳐 화려한 나비로 날아오르듯이 그 과정을 밟아 가는 중이었다.

김구는 애초에 자신의 신분으로는 관운을 얻기 어렵다는 사실을 알고 있었다. 그러자 아버지가 "네가 바로 깨달았다니 다행이다. 그 대신 풍수나 관상 공부를 좀 해 봐라"고 권했다고 한다. "풍수를 잘 배우면 명당을 얻어서 자손이 복록을 누릴 것이요, 관상에 능하면 사람을 제대로 파악해서 성인군자를 만날 수 있을 것이다"고 위로하면서. 이후 김구는 아버지께 청해 《마의상서》를 빌려다가 독방에서 석

달 동안 꼼짝하지 않고 공부했다. 관상을 공부하면서 거울을 통해 자신의 얼굴도 살펴보았다. 신분제도가 벽이 되었던 조선 시대에 양반으로 태어나지 못했던 자신의 운명이 관상에서는 어떨지 궁금했던 것이다. 그런데 결과는 거지의 상이었다. 관상학 책을 통해 자신의 신분을 극복하려 했지만 자신의 관상을 보고는 더욱 낙심하게 되었던 것이다. 그런 그에게 한 구절이 홀연히 눈에 띄었다.

얼굴의 상이 제아무리 좋아도 몸(신체)이 좋은 것만 못하고, 몸 좋은 것이 마음 좋은 것만 못하다.

김구는 이 문장에서 희망을 보았다. 마음먹기에 따라 삶은 달라질 수 있다는 말이기 때문이다. 김구의 사주팔자를 풀이하면 '배부르고 등 따뜻한 것을 구하려 하지 않는다'로 나온다. 먹는 것과 편안한 집을 추구하지 않는 삶이란 무엇일까. 거지다. 만약 한 사람이 태어난 순간부터 거지로 규정돼 있다면, 얼마나 억울할까.

하지만 언제나 따뜻한 봄일 수는 없다. 곧 뜨거운 여름이 오고 가을이 온다. 추운 겨울도 들이닥친다. 내 의지와 무관하게 주변 환경은 변화한다. 단선적이고 한결같은 일직선의 삶은 존재하지 않는다. 거지의 사주를 뒤집어 보면 놀라운 사실이 드러난다. 마치 캄캄한 밤이지만, 시간이 흐르면 새벽이 오고 찬란한 태양이 뜨는 것과 마찬가지이다.

백범 선생은 자신의 안위를 버리고, 국가와 민족을 위한 삶을 선택하게 된다. 그 순간 삶이 기적처럼 바뀌어 버린다. 평생 돈을 벌지 않고 집을 구하지 않는 것은 거지의 삶이지만, 백범은 사익을 추구하지 않고 국가와 민족을 위한 삶을 선택했으니, 그의 사주가 기막히게 들어맞은 것이다. 생각이 바뀌니 운명도 바뀌었다.

나의 팔자

"관상을 보니 앞으로 역학으로 유명해질 팔자야."

어린 내게 알지 못하는 노인 한 분이 대뜸 한 말이다. 조부께서는 서당과 한의원을 운영하셨다. 인근에 꽤나 유명했던 훈장 선생님이자 한의사셨다. 할아버지는 풍수,《주역》등에도 능통하셨다. 그래서였을까. 전국 각지에서 끊임없이 손님들이 찾아왔다. 개중에는 고위직 공무원이나 정치인, 경제 각료 같은 유명인도 있었고 역학이나 풍수의 달인들도 계셨다. 그중 역학의 대가인 박재완, 이석영 선생님과 풍수의 대가인 장용득 선생님이 기억에 남는다.

4남 4녀 중 막내였던 나는 할아버지 무릎에 앉아 할아버지와 그분들이 나누는 대화를 직접 듣는 영광을 누렸다. 그때 어깨너머로 배운 사주풀이로 학창 시절 제법 족집게 도사 소리도 들었다. 그러다 대학에 입학한 후, 대전에 박 사주라는 유명한 역학자가 있다는 소문을 듣고는 찾아간 적이 있다. 그런데 그분이 바로 어릴 적 할아버지의 지인 중 한 분이셨던 도계 박재완 선생이었던 것이다. 그분이 나를 기억하지 못할까 봐 과거의 인연을 알리지 않고 배움을 청했다. 선생은 대학교 다니는 녀석이 무슨 이런 공부를 하느냐며 오랜 시간 뿌리쳤다가 마침내 이렇게 말씀하시면서 받아 주셨다.

"처음 봤을 때 알아봤었다. 네 할아버지한테 놀러 갔을 때 할아버지 무릎에 앉아 있던 그놈 아니냐? 할아버님이 돌아가시기 전에 나한테 신신당부하셨다. 네가 분명 나를 찾아갈 거니 역학의 길로 들어서지 못하게 해 주었으면 한다고. 역학이나 풍수 같은 길이 혹세무민하지 않으면 굶어 죽기 딱 좋다. 네 할아버님도 그것을 걱정하셨다. 그러나 네가 어차피 역학가, 풍수가가 될 팔자로 타고났거늘 어찌 사람의 힘으로 막겠느냐."

박재완 선생 문하로 들어간 지 한참이 지난 어느 날 선생이 금고에서 초록 비단에 싸인 고서를 꺼내 놓으셨다. 그러고는 "이 책을 그대로 베껴 봐라. 1년만 반복하면 그 이치를 깨달을 수 있을 게다. 1년간 다른 일은 하지 말고 이 책만 보거라"고 하셨다. 그 책이 바로 유명한 《초씨역림(焦氏易林)》이다.

《초씨역림》은 이 분야를 공부하는 사람이라면 누구나 탐을 내던 비서(秘書)였다. 그 후 1년간 밤을 새워 가면서 《초씨역림》을 쓰고 또 썼다. 흐릿하던 역학의 묘리가 머리가 아닌, 마음에 자리를 잡기 시작했다. 《초씨역림》은 다른 《주역》 책과는 달리 64괘의 원괘(原卦)에 다시 64괘를 합한 총 4,096괘로 구성되어 있다. 유달리 아름다운 시체(詩体)여서 한번 읽기 시작하면 책에서 손을 뗄 수가 없을 만큼 매력적이었다. 그렇게 한 해를 넘길 즈음, 선생이 《초씨역림》에 임하는 자세를 가르쳐 주셨다.

"초씨역림은 그 어떤 책보다도 신비한 책이니 함부로 타인에게 내용을 전하지 마라. 이 책은 혼란스러운 시대에 버팀목이 될 것이니 그때에 가서 세상에 내놓거라."

《초씨역림》과의 인연은 이렇게 시작되었다.

의리역과 상수역

《초씨역림》은 중국 전한 말에 초연수(焦延壽)가 쓴 최고의 역서(易書)이다. 《주역》의 64괘를 활용하여 미래를 예측하는 상수역(象數易) 분야에서 중요한 서적으로 인정받고 있다.

《초씨역림》은 춘추 시대 이래 발전을 거듭한 복서(卜筮)의 모든 이치를 총망라했을 뿐만 아니라, 후세 상수역의 모든 기틀을 열어 놓았다. 《초씨역림》을 통하지 않고는 역학의 본령에 이를 수 없다는 것이 역학을 공부한 사람들의 공통된 생각이리라.

《초씨역림》의 뿌리는 《주역》이다. 《주역》은 복희씨가 만든 팔괘(八卦), 주나라 문왕이 만든 괘사(卦辭), 주공(周公)이 만든 효사(爻辭)에 공자(孔子)가 지은 〈십전(十傳)〉이 덧붙여져 하나의 경전이 되었다. 공자가 〈십전〉을 썼다고 해서 《주역》이 완성되었다고 할 수는 없다. 《주역》은 시작도 끝도 없는, 항상 변화하고 변혁을 꿈꾸며 미완성에서 완성의 단계로 나아가는 과정이라 할 수 있다.

《주역》의 64괘 중 마지막이 화수미제(火水未濟)가 된 것도 그런 연유일 것이다. 하나의 서책을 가지고 철학사가 쓰일 정도니, 《주역》은 64괘 384효이지만 실로 내용과 의미를 살펴보면 그 깊이에 심장이 멈출 지경이다. 그러므로 《주역》을 다 이해했다고 말할 자신이 있는 사람은 세상에 없으리라.

동양의 역학은 크게 의리역(義理易)과 상수역(象數易), 두 축을 중심으로 발전해 왔다. 그러므로 《주역》은 하나의 책에 두 가지 원리를 담고 있는 것인데, 의리역은 성리학적 세계관으로 바라본 역학이고, 상수역은 복서의 입장에서 바라본 역학이다.

송나라 이후 성리학이 학문의 주류가 되면서 당연히 의리역이 존중되고, 상수역은 자취를 감추었다. 그러나 17세기 중엽 청나라 강희제가 국가사업으로 연구해 집대성한 《주역절중》을 보면 《주역》은 근본적으로 복서를 위해 지어졌다고 밝히고 있다. 따라서 상수역의 이치를 꿰뚫지 못하고는 의리역을 언급하기 힘들다. 남송 시대 역학에 커다란 발자취를 남긴 소강절 선생도 본래는 상수역으로 이치를 깨달은 경우였다.

상수학의 대표적인 책으로 중국에는 《초씨역림》과 《하락이수》가 있고, 한국에는 《토정비결》이 있다. 《하락이수》는 중국 송나라 때 상수학의 대가인 진희이 선생이 쓰고, 소강절 선생이 내용을 보강한 것이다.

《초씨역림》 같은 권위 있는 책이 아직까지 국내에 널리 소개되지 않은 가장 큰 이유는 우습게도 너무나 훌륭한 책이었기 때문이다. 즉 사제지간에만 은밀하게 전수하던 비서 중 하나여서 아는 사람이 적었다. 《초씨역림》의 괘사를 해독하려면 《시경》, 《서경》, 《주역》, 《춘추》 등의 경전과 중국 고사에 대한 해박한 이해가 필요하다. 터득할 수 있는 사람이 아니라면 전하지 않는 비인부전(非人不傳)의 원칙이 철저히 지켜졌던 책이다. 또 하나의 중대한 이유는 너무나 점사(占辭)가 기이하기 때문이다. 《초씨역림》의 괘사, 효사를 연구하다 보면 신비감을 넘어 경외감을 느끼게 된다. 실력과 소양을 갖추지 못한 사이비 술사들에 의해 악용될 소지가 많아 선학(先學)들께서 널리 알리기를 꺼렸던 것이다.

내 사주 읽는 법

사주팔자를 제대로 보려면 여덟 글자를 정확히 알고 분석해야 하는데 그러자면 시간이 너무 많이 걸린다. 여기서는 간단히 계절(월)과 시간(시)으로만 알아보는 방법을 소개한다. 사주의 50~60퍼센트만 분석할 수 있다고 생각하면 될 것 같다. 전체 사주에서 계절(월)이 30~40퍼센트, 시간(시)이 15~20퍼센트를 차지하기 때문이다.

예를 들어 1993년 양력 5월 16일 오후 6시에 태어난 사람이 있다. 계절(월)과 시간(시)만 가지고 분석해 보면 이렇다. 양력 5월 16일이니 여름에 해당되어 오행 중 화(火)이다. 또한 저녁 6시에 태어났으니 오행 중 금(金)이다. 그러므로 이 사람의 경우 화의 성격이 30~40퍼센트, 금의 성격이 15~20퍼센트 나타난다고 볼 수 있다. 나머지 50퍼센트는 앞서 말한 것처럼 사주팔자를 더 살펴봐야 한다.

1단계: 계절과 시간 보기

목 木	계절	봄
	월(月)	양력 2월 21일~5월 10일(30~40퍼센트)
	시(時)	새벽 3시 30분~아침 9시 30분(15~20퍼센트)
화 火	계절	여름
	월(月)	양력 5월 11일~8월 20일(30~40퍼센트)
	시(時)	오전 9시 30분~오후 3시 30분(15~20퍼센트)

토 土	계절	환절기. 구분하기 어렵다.
	월(月)	환절기. 구분하기 어렵다.
	시(時)	사이(새참). 구분하기 어렵다.
금 金	계절	가을
	월(月)	양력 8월 21일~11월 10일(30~40퍼센트)
	시(時)	오후 3시 30분~오후 9시 30분(15~20퍼센트)
수 水	계절	겨울
	월(月)	양력 11월 11일~2월 20일(30~40퍼센트)
	시(時)	오후 9시 30분~새벽(오전) 3시 30분(15~20 퍼센트)

2단계: 내 성격 확인하기

목 木	색상	청색
	방향	동쪽
	성격	배려심이 깊고, 인정 욕구와 명예욕이 강하 며, 자유와 성장을 지향한다.
	필요한 오행	금(金), 토(土)
	필요한 색상	백색, 황색
화 火	색상	적색
	방향	남쪽
	성격	열정적이고 모험심이 강하며, 적극적으로 경 험하는 것을 좋아하고, 표현력도 강하다.
	필요한 오행	수(水), 금(金)
	필요한 색상	흑색, 백색

토 土	색상	노란색
	방향	중앙
	성격	대인관계가 원만하고, 융통성이 뛰어나다.
	필요한 오행	수(水), 목(木)
	필요한 색상	흑색, 청색
금 金	색상	백색
	방향	서쪽
	성격	원칙을 중요시하고 계획적이며 완벽한 것을 추구한다.
	필요한 오행	화(火), 목(木)
	필요한 색상	적색, 청색
수 水	색상	흑색
	방향	북쪽
	성격	수리에 밝고 정보를 습득하고 암기하는 데 능하다. 사고력이 뛰어나고 창의적이다.
	필요한 오행	토(土), 화(火)
	필요한 색상	황색, 적색

제비족과 산부인과 의사

'남자 사주팔자에 여자가 많다.'

이런 사주라면 당연히 제비족이 되거나 여러 번 결혼해야 될 팔자다. 상담 경험이 많으면 경험을 통해 이론을 깨닫기도 한다. 다양한 업종의 사람들과 다채로운 인생사와 만나면서 자연 터득하게 되는 것이다. 그러므로 가능한 한 다양한 경험을 하고 사람을 만나는 것이 사주 상담을 깊게 하는 데 도움이 된다. 그래서 스승님 중 한 분인 무불 스님도 밑바닥 삶을 경험해 봐야 한다고 말씀하신 것이다. 선생의 가르침을 따르기 위해 나는 구두닦이, 신문팔이, 껌팔이, 넝마주이, 술집 웨이터 등 다양한 직업을 체험해 보았다.

나이트클럽에서 웨이터로 일하면서 수많은 제비족을 만났고, 그들의 사주를 구해 나름대로 통계도 내 보았다. 대학 노트 1권 분량이나 되었는데, 통계를 내 보니 정말 대부분 사주에 여자가 많은 걸로 나왔다. 남자 사주에 여자가 많으면 제비족이 된다는 사실이 증명된 셈이다. 책으로만 공부하던 역학을 실제 사주로 확인하는 순간 전율이 일었다. 이후 사주로 제비족들을 알아맞혀 제비족들한테서 팁까지 두둑하게 받을 수 있었다. 그 바람에 그 바닥에서 제법 용한 도사 웨이터로 소문이 났다.

웨이터 외에도 구두닦이, 신문팔이와 껌팔이, 넝마주이 등으로 일하면서 밑바닥 생활을 체험했고 당구장, 문구사, 광고기획사, 우편취급소, 분식집, 커피숍 등 서민층 대상으로 다양한 사업도 벌였다. 다방면으로 많은 경험을 한 후 서른을 넘긴 나이에 '한국민족역학상담소'를 열었다.

어느 날 정숙해 보이는 한 중년 부인이 찾아왔다. 아들이라면서 30대 중반 남자의 사주를 불러 주었다. 남자의 사주팔자를 뽑아 본 순간 깜짝 놀랄 수밖에 없었다. 사주에 여인이 많았기 때문이다. 술집 웨이터로 생활할 때 수없이 만나 본 제비족들의 사주였다. 짐짓 목소리에 힘을 주고 커다란 소리로 자신감 있게 말했다.

"애석합니다. 아드님이 길을 잘못 들어 여자들과 어울려 지내는 못된 제비족이 되었군요."

너무 잘 맞혀 눈물까지는 아니더라도 감격한 표정을 지을 줄 알았는데 부인의 반응은 의외였다.

"제비족이라니요? 제 아들은 인턴과 레지던트 과정을 마쳤습니다. 학교에 남아 산부인과 교수를 할 건지 아니면 개원할 건지 혼란스러워 이걸 좀 물어보려고 왔는데, 전혀 엉뚱한 말씀을 하시는군요."

그녀는 상담료라며 두툼한 봉투를 내 앞에 얌전히 내밀고는 자리를 털고 일어났다. 나는 봉투를 돌려줄 생각도 못하고 망치로 뒤통수를 얻어맞은 것처럼 한참을 멍하니 앉아 있을 수밖에 없었다. 이 일로 역학에 회의감을 품고 자포자기의 심정으로 방황하기도 했다.

세월이 흐른 후 수많은 사주를 실험해 본 결과 남자 사주에 여자가 많은 것이 제비족만이 아니라는 사실을 알게 되었다. 여자 손님이 많은 산부인과 의사, 여자 팬이 많은 남자 탤런트나 영화배우·가수 등 연예인 사주에도 여자가 많았다. 그야말로 반전이었다. 정치인 중에도 아줌마 부대를 몰고 다니는 사람은 사주에 여자가 들끓었다.

역학이란 바로 이런 것이었다. 역학은 결정되어 있다기보다 자신의 사주팔자의 장점을 판단하고 장점을 최대한 발휘하게 하는 데 목적이 있다.

도화살의 이면

복숭아나무의 우거짐이여

불타오르는 것 같은 화려한 꽃이여

복숭아나무의 우거짐이여

넘쳐 날 것 같은 풍만한 과일이여

복숭아나무의 우거짐이여

눈이 멀 것 같은 빛나는 나뭇잎이여

《시경》에 수록된 시다. 복숭아꽃이 얼마나 아름다웠던지 인간의 이상향을 복숭아꽃이 피는 무릉도원으로 명명했겠는가. 동양에서 복숭아는 유토피아요, 신앙이요, 사랑이요, 탄생을 상징한다. 중국에서는 미인을 '도화유미(桃花柳眉)'라 표현했고 이팔청춘의 처녀를 '도요(桃夭)'라 했다. 꽃피는 봄은 도요지절(桃夭之節)이라 명하였으니 중국에서 아름다움의 대명사는 바로 도(桃), 즉 복숭아였던 것이다.

복숭아는 수많은 신화나 전설 속에서도 오르내린다. 명나라 때 오승은(吳承恩)이 지은 《서유기》에서도 신령스럽고 영험한 힘의 상징으로 나온다. 복숭아 도(桃)라는 한자는 나무 목(木) 자와 조짐 또는 징조를 뜻하는 조(兆) 자로 구성돼 있다. 여기서 '징조'는 임신을 하면 입덧을 하고 신 과일의 하나인 복숭아를 즐겨 먹은 데서 유래되었다. 그래서 복숭아는 임신과 생명의 탄생인 출생을 상징하게 되었고 아이를 낳지 못하는 사람이 복숭아 가지를 안고 자면 아이를 낳을 수 있다고도 믿게 되었다.

이런 도화의 의미가 한순간 다음과 같은 내용으로 퇴색되었다.

'사주에 도화가 있으면 남자는 주색으로 패가망신하고 여자는 기생이 되거나 정부와 타향으로 도망간다.'

이것은 사주의 단편적인 면만 바라본 결과다. 밤이 깊으면 새벽이 오고 낮이 밝아오듯 도화의 이면도 볼 줄 알아야 한다.

'도화살은 인기살이다.'

연예인이나 정치인들의 사주를 살펴보면 도화가 가득하다. 무엇보다도 매스컴이 발달된 지금 시대에 도화살은 성공과 발전의 에너지가 된다. 배우 장나라·심은하, 가수 설현·아이유 등 여러 연예인의 사주를 풀이해 준 적이 있는데, 이들 대부분 사주에 도화살이 있

었다. 자신의 끼를 마음껏 발휘할 수 없던 조선 시대에서나 도화살을
주색잡기에 빠지거나 기생이 될 팔자라고 풀이하지 지금 시대에는
도리어 장점으로 작용할 수 있다.

겁박하지 말고 도와라

　내담자 중에 마음씨 고운 여인이 있었다. 남편과 성격이 맞지 않아 결국 이혼한 처지였다. 그런데 다시 그녀 앞에 한 남성이 나타났다. 그는 비 오는 어느 날, 그녀에게 고백을 했다.

　"밖에서 혼자 비 맞지 말고, 내 우산 속으로 들어오세요. 평생 비 맞게 하지 않겠소."

　그 말에 마음이 흔들렸다. 한 번 실패한 경험 때문에 여인은 그동안 남자를 멀리했는데, 그 남자 말에 커다란 위안을 받은 것이다. 망설임 없이 재혼을 했다. 하지만 두 번째 결혼생활 역시 순탄하지 않았다. 남편이 의처증이 심해 폭력적인 성격으로 변하고 말았던 것이다.

　사랑이란 상대를 내 우산 안으로 들어오게 하는 것이 아니라, 그 사람의 삶을 오롯이 존중해 주는 것이다. 다시 말하면, 내 우산 안으로 들어오게 할 게 아니라 사랑하는 사람에게 우산을 하나 건네주는 것이 바로 진정한 사랑이다.

장점을 함께 찾는 과정

사주 상담의 핵심은 사랑이다. 내담자가 자기 삶을 제대로 살게 도와주는 일이다. 사주 상담의 근본이 '애지욕기생'인 이유다.

좋아하는 동화책 두 권이 있다. 하나는 트리나 폴러스의 《꽃들에게 희망을》이고, 다른 하나는 권정생 선생의 《강아지똥》이다. 《꽃들에게 희망을》은 26년 동안 200만 부 이상이 팔려 나간 베스트셀러다. 수많은 애벌레가 서로 밟고 밟히는 과정을 거쳐 결국 나비로 비상해 꽃들에게 희망을 준다는 이야기이다. 반면 《강아지똥》은 누구도 눈길을 주지 않는 강아지똥에게 민들레 꽃씨가 날아와 아름다운 꽃을 피운다는 내용이다.

《꽃들에게 희망을》은 철저히 서양 관점의 동화다. 상대와 경쟁해 이겨야만 성공할 수 있는, 김위찬 교수가 발표해서 유명해진 블루 오션(Blue ocean)의 정반대인 레드 오션(Red ocean)이 구현된 책이다. 서양의 시선이자 현대 사회를 지배하는 자본주의적 관점이 담긴 것이다. 반면 《강아지똥》은 동양적이고 블루 오션 관점이다. 쓸모없어 보이는 하찮은 강아지똥에도 아름다운 민들레꽃을 피울 수 있는 잠재력이 내재되어 있다고 보기 때문이다. 사주 상담의 근본정신도 이와 같다. 사주 상담은 내담자가 자신만의 삶을 아름답게 할 무엇인가를

갖고 있다는 걸 깨닫게 하고, 그것을 함께 찾아내는 것이다. 각자의
삶을 아름답게 꽃피울 수 있도록 돕는 일이다.

32분을 플러스해야 맞다

줄리안 바버의 이론에 따르면 시간은 하나의 〈지금〉에서 다른 〈지금〉
으로 흘러가는 것이 아니다. 지금들은 영원히 존재하지만 〈플라토니아〉
라는 추상적 공간의 물리학에 의해 정해진 배열을 갖고 있다. 그러므로
어떤 지금들은 서로 연관성을 갖고 있어서 시간이 흐르고 있다는 착각
을 일으킨다. 사실 세상에 존재하는 것은 아무것도 없다. 무엇인가가 어
떤 상태에 있다는 것은 환상이다. 〈존재한다〉는 것 자체가 환상이다. 사
건들의 우주는 〈관계론적인 우주〉다. 모든 성질은 사건들 사이의 관련
성을 통해 기술된다.

    －애덤 프랭크의 《시간 연대기》(에이도스)에서

누군가 그랬다. 시간은 오랫동안 흐르는 강과 같다고. 《물리학의
지평》을 쓴 뉴턴도 시간과 공간은 절대 변하지 않는 무대와 같다고

생각했다. 우리는 늘 '지금'을 살고 있다. 그 지금이 미래를 만들어 내고 발자국처럼 과거를 남긴다.

지금 한국의 표준시는 일본 아카시 천문대 상공에 해가 수직으로 왔을 때를 정오로 삼는 동경 표준시를 따르고 있다. 그래서 우리나라와 일본은 같은 시간대를 쓰고 있다.

일본 천문대는 우리나라 기상대와 8도 차이가 난다고 한다. 지구가 360도 회전하는 데 걸리는 시간이 24시간이니, 1도를 도는 데는 4분이 걸린다. 따라서 동경과 차이 나는 8도를 시간으로 계산하면 4×8=32분의 시차가 생기는 셈이다.

이것은 무엇을 의미하는가?

현재의 시간에서 32분을 빼야 정확한 한국의 시간이 된다는 이야기이다. 역학에서는 태어난 시를 중시하는데, 우리나라 사람들이 자신이 태어난 것으로 알고 있는 시간은 우리의 시간이 아닌 일본의 시간이다. 32분의 오차는 개개인의 운명을 감정하는 데도 잘못을 범하게 한다.

예를 들어 보자. 오후 1시부터 3시까지를 미(未)시라고 하는데, 우리 시간으로 하면 1시 32분부터 오후 3시 32분까지가 정확한 미시이다. 미시는 오행으로 보면 토(土)의 성격을 갖는다. 그런데 어떤 사람이 오후 1시 25분에 태어났다고 하자. 우리 시간으로 하면 11시 32분부터 1시 32분에 해당되는 오(午)시에 해당되고, 오시는 오행에서 화(火)의 성격을 갖는다. 미와 오는 그 성격의 차이가 엄청나다. 따라서 시간 차이를 감안하지 않고 운명 감정을 하면 그만큼 정확도가 떨어지게 되는 것이다. 많은 사람이 우리 시간이 아닌 동경 시간으로 운명 감정을 하고 있는데, 이는 역술가 자신의 연구가 부족한 탓이니 유의할 점이다.

가짜 부적

《운명은 없다》를 출간한 후 한창 유명세를 치르고 있을 때였다. 언론에 '훌륭한 역술가', '21세기 한국을 빛낼 역학자', '가슴 따뜻한 진정한 상담자' 등으로 소개되면서 상담소는 내담자들로 발 디딜 틈이 없었다. 기본적으로 한두 달은 예약이 돼 있었다. 그래서 오전 7시부터 오후 6시까지는 예약 손님을 받고, 오후 6시부터 8시까지는 예약되지 않은 손님을 선착순으로 상담했다.

어느 늦은 봄, 그날 저녁에도 대기실은 사람들로 가득 차 있었다. 상담 종료 시간인 8시가 가까워져 손님들에게 양해를 구해 상담을 다음 기회로 미루고, 한 사람만 더 만나기로 했다.

사무장의 안내로 마지막 손님인 한 부부가 상담실로 들어왔다.

"다급한 사정이 있어 찾아와 7시간 이상을 기다렸는데 못 보고 가는가 싶어 걱정을 너무 많이 했어요."

40대 초반인 여인이 긴 한숨을 내쉬었다. 그녀의 태도에 내심 긴장할 수밖에 없었다. 그녀는 자신의 생년월일시를 조금이라도 틀릴세라 또박또박 불렀다. 한국 여성은 대부분 자신보다 남편 사주를 먼저 부르는데 이 여인은 달랐다. 화장도 전혀 하지 않고 꾸밈새 없는 차림으로 찾아와 자신의 사주를 먼저 내놓은 것이다. 부부 갈등인가? 건강 문제인가? 시한부 생명인가? 상담 전의 지레짐작은 매우 위험하다. 자신의 생각을 이야기하기보다는 사주팔자에 적힌 대로 이야기하는 것이 중요하다.

심호흡을 깊게 한번 하고 마음의 긴장을 풀며 사주를 자세히 살펴 나갔다. 식신(食神), 상관(傷官)이 발달되었으니 입을 가지고 하는 일을 하나, 도화살이 있으니 인기를 누리는 직업을 가지고 있을 것 같았다. 성명학으로 성격을 분석해 본 결과, 집에서만 있을 수 없고 자신의 사업이나 일을 할 것으로 나왔다. 입을 가지고 하는 직업은 교수, 선생님, 관광안내원, 통역사, 보험설계사, 자동차 판매원, 탤런트, 영화배우, 가수, 연극배우, 국회의원, 아나운서, MC, 상담원, DJ 등이다. 인기를 얻고 사는 직업은 음악가(바이올리니스트, 피아니스트, 성악가), 가수, 탤런트, 연극배우, 영화배우, 미술가(화가, 조각가, 서예가, 전위예술가 등), 사진작가 등이다. 둘의 공통점을 가진 직업으로 압축하면 탤런트, 영화배우, 가수, 연극배우다.

"연예인이로군요."

부부는 누가 먼저랄 것도 없이 의자를 바짝 당겨 앉았다. 한마디도 놓치지 않으려는 양 상체를 내 쪽으로 들이밀었다.

"예, 맞습니다. 저 가수예요."

"성명학으로 보니 여성분이지만 리더십도 있고 능력도 있어 사업을 하고 계시겠군요."

"예, 맞습니다."

즉각 대답이 나왔다. 여인은 70년대 말에 유명했던 가수였다. 사주에는 별다른 것이 나오지 않았다. 건강에도 문제가 없어 보였다. 특별한 것이 없어 상담을 마치려고 하자 부부는 다시 자세히 보아 주길 원했다. 다시 《하락이수》, 《초씨역림》, 《육임》으로 점쳐 보았지만 특이점을 발견할 수 없었다.

그제야 부부는 진짜 내담한 목적을 말했다. 얼마 전 어느 유명한 무속인을 찾아갔다가 불길한 얘기를 들어 그 말이 맞는지 확인하러 온 것이다. 그 무속인은 김일성 사망일을 맞혀 유명해진 이였다.

"제가 96년도에 죽는대요. 괴한의 칼에 찔려 죽을 운명이라고 하더군요. 어떻게 하면 좋겠냐고 물으니, 이천만 원짜리 굿을 해야 한다고 합니다. 굿을 하면 생명을 건질 수 있다고요. 너무 황당해 고민하다 선생님이 쓰신 《운명은 없다》를 보고 찾아왔습니다. 너무 유명한 무당이라 겁이 나서 찾아왔습니다."

어이가 없었지만 차분히 그녀에게 되물었다.

"그 무속인은 그냥 나오는데 아무 말도 않던가요?"

"전혀요. 아마 다시 찾아올 거라고 확신하는 표정이었어요."

이제 막 개원한 역학인인 내가 그의 유명세를 이겨 낼 방법은 없었다. 그녀를 이해시키기에는 턱없이 부족한 이력이었다. 서로 신뢰하는 라포(참여 관찰 시의 신뢰 관계)의 경지가 필요한데, 난감했다. 그때 번쩍 떠오르는 생각이 있었다.

"제가 앞으로 7일 동안 밤새워 기도해 부적을 하나 써 드리겠습니다. 그러면 생명에 아무 지장이 없을 겁니다."

생명을 지킬 수 있는 부적을 써 준다고 하자, 안심이 되었는지 부부의 표정이 한결 부드러워졌다. 7일 후에 오겠다며 그들은 돌아갔다. 그녀의 사주에 전혀 이상이 없음을 확신한 나는, 만나기 하루 전날 시장통에 있는 만물상을 찾았다. 그곳에서는 다양한 부적을 종류대로 팔고 있었다. 그중 가장 싼 부적 하나를 사서 준비해 놓았다.

다시 찾아온 부부에게 나는 그 싸구려 부적을 건네주며 7일 밤을 기도한 생사부적입니다. 이제 전혀 걱정할 일 없으실 겁니다. 잘 보관해 두세요" 하자, 부부는 감격하여 굵은 눈물까지 흘렸다. 부부는 내게 10만 원짜리 수표 여러 장을 내놓았지만 나는 1장만 받아 서랍에 넣었다. 하나도 받지 않으면 부적의 효능을 의심할까 싶어 그 정도라도 받아 둔 것이다.

이듬해 봄에 그 부부와 다시 만났다.

"선생님, 정말 고맙습니다. 선생님이 제 목숨을 살려 주셨어요."

그녀는 진심으로 감사한 마음을 표했다. 비로소 나는 사실을 털어놓았다.

"그때 그 부적은 누구나 살 수 있는 싸구려 부적입니다. 그러니 수표는 도로 가져가셔야겠습니다."

부부는 어리둥절한 표정이었다. 잠시 후 부인은 그제야 깨달은 듯 "선생님은 처음부터 제가 죽지 않을 거라는 걸 알고 계셨군요"라며 웃었다. 그날 이후 그 가수의 남편과 의형제를 맺고 지금까지 인연을 이어 오고 있다.

사이비 가려내는 법

많은 사람이 자신의 운명에 대해 알고 싶어 한다. 그래서 철학관이나 점집을 찾아가기도 하고, 또 어떤 이는 역학 관련 자료를 찾아 독학해 자신의 사주를 분석해 보기도 한다. 걱정인 것은 이런 사람들 심리를 이용하는, 상담 실력을 신뢰할 수 없는 자격 미달의 역술가가 늘고 있다는 점이다. 이들로 인한 폐해를 막고 싶다면, 일정 수준의 자격 있는 사람들만 역술가로 활동할 수 있도록 국가에서 전문 교육기관을 두면 좋을 것이다.

여기선 내 경험을 토대로 사이비 역술가 구별법을 얘기해 보겠다.

먼저, 내담자의 사주를 제대로 보지 않고 조상 탓만 한다면 의심해야 한다. 흔히 "조상이 가로막아서 되는 일이 하나도 없어" 혹은 "조상 중에 객사한 사람이 있어" 이렇게 말하는 경우 십중팔구 사이비 역술가이다. 돌아가신 조상이 후손들의 일에 계속 훼방을 놓고 있다고 하니, 내담자 입장에서는 이미 돌아가신 분을 만나 따질 수도 없고 답답하기 이를 데 없는 노릇이다. 또 조상 중에 객사한 사람이 있다는 말로 모든 것을 꿰뚫는 듯이 말하지만, 사실 우리나라에서 객사한 조상이 없는 집이 몇이나 되겠는가? 일제 강점기와 한국전쟁이라는 동족상잔의 가슴 아픈 전쟁을 겪으면서 또 이승만, 박정희, 전두환, 노태우로 이어지는 독재정권 아래서 많이 이가 목숨을 잃었다.

역술가나 무속인을 찾는 사람 대부분은 답답한 현실에서 바늘구멍만 한 희망이라도 찾고 싶은 마음에 상담을 의뢰한다. 그런데 사이비 역술가들은 조상 탓을 하면서 터무니없이 비싸게 부적을 팔거나 조상이 편안해지려면 액막이굿을 해야 한다고 부추긴다. 이런 사이비들에게 절대로 속지 말아야 한다.

두 번째, "신기가 있어" 또는 "살이 끼었으니 안 풀어 주면 큰일 나"라고 말하는 사람들 역시 사이비일 가능성이 농후하다. 눈치를 살피면서 삼재를 들먹여 결국 내담자가 스스로 고민을 털어놓게 한 뒤 어느 정도 자신을 신뢰하는 것 같으면, 살을 풀어 주어야 한다느니 내림굿을 받아야 한다는 등의 이유를 대며 거액의 부적이나 굿 값을 부르는 사람들이 여기에 해당한다. 사주명리학에는 100여 가지의 살이 있으며, 모든 사람이 한두 가지 살을 갖고 태어난다. 따라서 살을 풀어야 한다는 말에 절대로 현혹되면 안 된다.

세 번째, 내담자에게 겁을 주는 사람도 사이비이다. 이들은 먼저 "큰일 났구먼! 당신 곧 죽겠어"라고 겁박한다. 또는 "당신 아이들이 곧 가출할 거야" 하면서 기도나 굿을 하거나, 부적을 써야 한다고 협박한다. 대학교 역학동아리 출신들이 영업하는 곳 중에서 사주를 바꾸어 운을 바꾸어 준다면서 동판이나 은판에 이름과 사주를 새겨 수십만 원에 판매한 곳도 있다는데, 손님 대부분이 젊은이들이라는 데 더 큰 문제가 있다.

마지막으로 여성에게 대뜸 "과부가 될 거야. 여러 남자를 겪을 팔자야"라면서 치명적인 불행을 암시하는 말을 던지며 겁박하는 사람들도 사이비이다. 역술가는 내담자에게 부정적인 말보다는 긍정적인 말을 해 주어야 한다. 만약 정말 위험한 사고나 불행한 일이 예견되면 그것을 피해 가거나 피해를 줄일 수 있는 방법과 주의 사항을 알려 줘야 하는 것이 도리 아닌가.

자기의 인생은 스스로 개척해 나가는 것이다. 인생이란 누가 대신 살아 줄 수 있는 것이 아니다. 굿이나 부적으로 운명이 달라질 수 있는 것도 아니다. 마음의 위안이나 심리적인 효과는 기대할 수 있을지 모르지만 지나친 믿음은 금물이다.

자신의 사주를 어떻게 펼치느냐에 따라 삶이 희망적일 수도 불행할 수도 있다. 역학에 입문한 사람들이나 전문 상담인 모두 사람의 타고난 사주팔자를 읽어 내어 장점을 올바르게 승화시킬 수 있도록 조언해야 한다. 이것은 역학자뿐만 아니라 타고난 자신의 삶을 제대로 펼치기 위해 상담을 의뢰하는 자에게도 필요한 자세이다.

이순신의 주역점

이순신 장군은 진중에서 주역점을 자주 쳤다. 《난중일기》에도 여러 번 등장한다. 유성룡의 《징비록(懲毖錄)》에도 그런 내용이 전해지는데, 이순신이 견내량에 있을 때 해가 뉘엿뉘엿 지고 있었다. 마침 하늘에 기러기 떼가 날아가고 있었다. 장군은 순간 '이는 필시 무슨 징조를 보여 주는 것이다'고 판단하여 주역점을 쳤다. 중천건괘(重天乾卦)의 초구(初九)가 나왔다. 초구의 효사는 '잠룡 물용(潛龍 勿用, 잠긴 용이니 쓰지 말지어다)'였다.

장군은 이 점괘를 깊이 생각한 후에 휘하 장군들을 불러 지시를 내렸다.

"오늘 밤, 조용히 뱃전을 칼로 치면서 순찰해 경계 태세에 만전을 기하라."

모든 군사가 명을 따랐다. 날이 새어 뱃전을 살펴보니 왜구의 손가

락들이 수북이 떨어져 있었다. 밤새 왜군이 배 위로 오르려다 보초의
칼에 손가락이 잘린 것이다.

　이처럼 이순신은 병법은 물론《주역》에도 통달해 전쟁 전 반드시
점을 쳐서 하늘의 이치를 파악하고자 노력했다.

원균의 앞날도 점치다

《난중일기》에는 점에 관한 내용이 7회, 꿈 해몽에 관한 내용이 41
회 나온다. 여기서는 점에 관한 것만 소개하겠다.

1594년(갑오년) 7월 13일(기축)

　홀로 앉아 아들 면의 병세가 어떤지 점을 쳤다. 점괘가 '군왕과 만나
는 것과 같다[如見君王]'가 나와서 매우 길하였다. 다시 치니 '어두운 밤
에 등불을 얻은 것과 같다[如夜得燈]'가 나왔다. 두 번의 괘가 모두 길하
여 마음이 놓였다. 또 유 정승의 점을 쳐 보니 '바다에서 배를 얻은 것
같다[如海得船]'는 괘가 나왔고, 다시 점을 치니 '의심하다가 기쁨을 얻
은 것 같다[如疑得喜]'가 나왔다. 아주 좋다. 비가 올지 갤지를 또 점쳐
보니 '뱀이 독을 뱉는 것 같다[如蛇吐毒]'는 괘를 얻었다. 장차 큰 비가
내린다니 농사가 걱정스럽다.

1594년 7월 14일(경인)

　어제 저녁부터 빗발이 삼대 같았다. 지붕이 새어 마른 곳이 없었다.

간신히 밤을 넘겼다. 점괘 그대로이니 참으로 묘하다.

1594년 9월 1일(병자)

아침 일찍 세수를 하고 조용히 앉아 아내의 병세를 점치니 '여승환속
(如僧還俗)' 즉, '중이 환속하는 것과 같다'는 괘가 나왔다. 다시 점쳤다.
의심한 일이 기쁨을 얻는 것과 같다는 '여의득희(如疑得喜)' 괘를 얻었
다. 매우 길하다. 다시 병세에 차도가 있을지 점쳤다. '귀양 가서 친지를
만나는 것과 같다[如謫見親]'는 괘를 얻었다. 이 또한 길한 괘여서 오늘
중에 기쁜 소식을 들을 징조이다. 순무사 서성(徐渻)의 공문과 장계 초
본이 들어왔다.

1594년 9월 28일(계묘)

새벽에 촛불을 밝히고 홀로 앉아서 적을 치는 일의 길흉을 점쳤다.
처음에는 '활이 화살을 얻은 것과 같다[如弓得箭]'는 괘를 얻었다. 다시
점을 쳤다. '산이 움직이는 것과 같다[如山不動]'는 괘가 나왔다. 바람이
불순해서 흉도 안쪽 바다로 옮겨 진을 치고 머물렀다.

1594년 9월 29일(갑진)

배를 띄워 장문포 앞바다로 돌진해 들어가자, 적의 무리는 험준한 곳
에 숨어서 나오지 않았다. 누각을 높이 짓고 양쪽 봉우리에는 보루를
쌓았는데 도무지 나와서 싸우려 들지 않았다. 선봉 적선 2척을 무찌르
자, 그만 뭍에 내려 달아났다. 빈 배를 불태워 부수고, 칠천량에서 밤을
지냈다.

1596년(병신년) 1월 10일(정축)

이른 아침에 홀로 앉아 왜적이 다시 나타날지 점을 쳤다. '수레의 앞
바퀴가 없는 것과 같다[如車無輪]'는 점괘가 나왔다. 다시 점을 쳤다. '군
왕을 뵙는 것과 같다[如見君王]'가 나왔다. 두 괘 모두 기쁘고 길한 점괘
였다.

1596년 1월 10일

영의정의 천식 증세가 위중하다고 들었는데 나았는지 모르겠다. 척
자점[문자를 쓴 목패(木牌)나 종이를 던져 나타난 문자로 치는 점]을 쳐 보았다.
'바람에 물결이 치는 것과 같다[如風起浪]'는 점괘가 나왔다. 오늘 어떤
길흉을 듣게 될지 다시 점쳤다. '가난한 자가 보물을 얻는 것과 같다[如
貧得寶]'가 나왔다. 이 괘는 매우 길하다.

1596년 1월 10일

맑았다. 이른 아침에 적이 다시 나올지 안 나올지를 점쳤더니 '수레에
바퀴가 없는 것 같다[如車無輪]'는 점괘가 나왔다. 다시 쳤더니 '임금을
보고 모두 기뻐하는 것 같다[如見君王皆喜]'가 나왔다. 좋은 괘였다. 아
침 먹은 뒤에 대청에 나가 공무를 보았다. 우수사 우후, 어란 만호가 보
러 왔었다. 사도 첨사, 웅천 현감, 곡포 권관, 삼천포 권관, 적량 만호도
보러 왔었다.

이순신은 싸움을 개시할 날이나 싸움 결과도 주역점을 통해 예측
했다. 심지어 먼 곳에 계신 어머니의 건강과 안녕까지도 《주역》을 통

해 살폈다.

한번은 자신을 찾아온 참모를 시켜서 당시 삼도 수군통제사 원균의 운명을 점쳤다. 점괘는 '수뢰둔괘가 동하여 천풍구괘로 변하는 괘'였다. 이순신은 변괘가 본괘를 극하는 형상이니 매우 흉하다고 애통해했다. 괘를 풀어 보면 수뢰둔괘는 '막혀서 나가기 어려우니 제자리를 지켜야 이롭다'이고, 천풍구괘는 '갑자기 재난을 당하거나 불운을 만난다'이다. 전쟁을 치를 장군의 입장에서는 진격하지 말아야 하는 것이다. 진격하면 재난을 당하기 때문이다.

하지만 원균은 선조의 적극적인 공격 지시로 칠천량 해전에 대군을 출동시켰고, 점괘대로 일본에 대패하고 전사하고 말았다.

───────── 곁들여 읽기 ─────────

사주를 자주 본 세종

《조선왕조실록》을 보면 세종이 사주를 보았다는 기록이 있다.

임금이 대제학 변계량(卞季良)을 불러서 명하기를 "유순도(庾順道)와 더불어 세자(世子)의 베필을 점쳐서 보고하라"고 명하였다. 변계량이 약간 사주의 운명을 볼 줄 알았고 유순도는 비록 유학에 종사한 자이나 음양술수(陰陽術數)와 의술(醫術)로 진출한 자였다.

─세종 7년(1425)

나는 본래 복자(卜者, 점치는 일을 직업으로 하는 사람)의 말을 믿지 않는다. 그러나 또한 헤아리기 어려운 것이 있다. 연전에 복자들이 말하기를 "7, 8월에 액(厄)이 있다" 하였는데 7월에 병이 났다. 복자가 또 이르기를 "금년에도 액이 있습니다" 하므로 연희궁으로 이어(移御, 임금이 거처를 옮기는 것)를 하려고 하였는데 7월에 경미한 질병을 얻었으니 복자의 말이 허망하지 않은 것 같다.

– 세종 8년(1426)

임금이 어떤 일을 점쳐 보려고 점술가 지화(池和)에게 궁궐 사람을 보냈다. 지화는 집에 없었고 동네를 찾아보니 주막에서 술에 취하여 횡설수설하였다. 또한 교만한 말투로 "오늘은 술에 취하여 점을 칠 수가 없다"고 하였다. 이에 궁궐 사람은 임금에게 그대로 아뢰었다. 임금이 크게 노하여 지화를 의금부에 잡아다가 문초하여 귀양을 보냈다.

– 세종 26년(1444)

《주역》에 매료된 서양 지식인들

칼 융

스위스 바젤에서 출생한 칼 융(Carl Jung)은 심리학자이자 정신과 의사이다. 그는 정신분석의 창시자로 유명한 프로이트(Sigmund Freud)의 수제자로 불릴 정도로 그에게서 많은 영향을 받았다. 하지만 미국 여행 후 두 사람은 사이가 틀어져 결국 결별한다. 이후 융은 자신만의 독자적인 이론들을 창시해 낸다. 융은 콤플렉스 심리학 혹은 분석심리학의 선구자로서 종교, 신화, 연금술, 신비주의 등 다양한 분야를 포괄하여 자기 이론의 체계를 세우려고 했다.

그는 인간의 정신(영혼)은 내향과 외향, 즉 감각과 직관과 같은 대립적 요소로 구성되어 있는데, 건전한 정신은 두 요소가 조화와 균형을 이룬 상태라고 주장했다. 프로이트가 의식, 전의식, 무의식과 원초아, 초자아, 자아 등의 개념을 만들었다면 칼 융은 콤플렉스, 집단무의식, 그림자, 페르소나, 아니마, 아니무스 등의 개념을 새로 도입했다.

칼 융의 집단무의식 개념은 질베르 뒤랑, 조지프 캠벨, 클로드 레비스트로스 등의 문화인류학, 신화학자 들에게 커다란 영향을 끼쳤다. 다만 융은 프로이트와 달리 종교, 신화, 연금술, 신비주의 등 너무 다양한 이론을 접목하다 보니 이론이 난해하고 복잡해져 일반 대중이 그의 이론을 이해하기는 어려웠다.

융이 정립한 개념들을 간략히 살펴보자. 융은, 집단무의식은 우리 행동에 영향을 주는 수없이 많은 원형(archetypes)으로 구성되어 있고 그 원형들은 인류 역사를 통해 전승된 것으로 보았다. 원형에는 페르소나, 아니마, 아니무스, 그림자 등이 있다. 페르소나는 우리가 자기 자신이 아닌 다른 어떤 것으로 표현하기 위해 쓰는 가면 즉 외부 사회에 적응하기 위해 쓰는 가면을 말한다. 아니마는 남성에게 존재하는 여성성, 아니무스는 여성에게 존재하는 남성성이다. 그림자는 원시적인 동물 본능을 말하는데, 밝고 명랑한 사람에게는 내성적인 부분이 있고, 온순한 사람에게는 활발하고 명랑한 부분이 있다는 것이다.

칼 융은 평소 주역점을 잘 쳤다. 그중 한 예다. 어느 날 한 중국 청년이 융을 찾아왔다. 마른 체형이었고 눈썹은 모두 아래로 처져 있었다. 소심한 성격임을 한눈에 알아볼 수 있었다. 청년은 한동안 침묵하다가 말문을 열었다.

"1년 넘게 사귄 여자친구가 있습니다. 결혼해도 좋을지 점을 쳐 보고 싶습니다."

융은 정성스레 산통을 흔들었다. 청년 또한 진중한 마음으로 산가
지를 뽑았다. 천풍구괘였다. 괘사는 '여자가 씩씩하니 여자를 취하지
마라'였다. 여자가 너무 강하니 결혼하면 좋지 않다는 해석이었다.
융은 잠시 머뭇거리다 말했다.

"여자가 너무 강하고 드세서 결혼하지 않는 것이 좋다고 나오는군
요."

청년의 눈가에 눈물이 고이는 것이 보였다.

"네. 맞습니다. 사귀고 있는 여자가 너무 강합니다. 수시로 폭력을
행사합니다. 1년 넘게 사귀었는데도 감정을 조절 못하고 화를 내고
폭력을 휘두릅니다. 결혼할 시기가 돼서 양가 부모님이 결혼 얘기를
꺼내는데 선생님이 주역점을 잘 치신다고 해서 점괘 본 후에 결정하
려고 찾아왔습니다. 점괘대로 결혼을 포기해야겠습니다. 점괘가 현재
내 모습을 그대로 알려 줘 신기합니다."

청년뿐 아니라 융 또한 《주역》의 신비함에 다시 한번 놀랐다고 한
다. 《주역》이 아무리 신통하다고 해도 지금 사귀고 있는 여자친구의
성격까지 맞춘다는 것이 말이 되는가? 이렇듯 현재의 상황이 그대로
나타난다는 것은 정말 오묘하고 신기한 현상이 아닐 수 없다.

융은 이런 점괘의 체험을 통해 공시성(共時性, Synchronicity) 이론을
만들어 냈다. 공시성은 '의미 있는 우연의 일치' 정도로 설명할 수 있
겠다. 예를 들면 환자가 스카라브(scarab, 고대 이집트인이 신성시한 갑충
의 모양을 본뜬 부적)에 대한 꿈을 설명하는데 마침 방으로 딱정벌레가
들어와 날아다니는 경우다. 이처럼 청년이 교제 중인 여성에게서 구

타를 당하고 있었는데 그것이 실제 점괘로도 나온 바탕에는, 그 사건들을 이어 주는 비인과적인 원칙이 있다는 것이다. 즉 융은 마음과 인지되는 현상세계 사이에 공시성이 있다고 주장했다.

헤르만 헤세

전과 같으면 이처럼 애매한 작업에 대해 내가 위험을 무릅쓰고 이 서문을 쓰는 것은 나이도 이제 팔십을 넘었고, 세상 사람들의 변덕스러운 입방아도 어느 정도 견딜 만해졌기 때문이다. 이제 내게는 서구인들의 철학적 편견보다는 동양인들의 사상이 더 값지게 보인다.

리하르트 빌헬름 교수가 영역한 《주역》에 실린, 융이 쓴 서문이다. 융은 《주역》의 가치를 동양인보다 더 잘 이해했다. 이후 서양의 많은 심리학자, 의사, 과학자, 문학가, 철학가 등이 《주역》에 관심을 기울였다. 라이프니츠, 닐스 보어, 아인슈타인, 헤르만 헤세, 존슨 얀, 괴테, 옥타비오 파스 등도 《주역》을 공부하고 자신의 지식 세계에 활용했다.

일례로 헤르만 헤세의 소설 《유리알유희》에서 주인공 요제프 크레히트는 대나무 숲에서 자연을 벗 삼아 생활하는 '노형'이라는 사람을 만나고 그에게서 중국어와 《주역》에 등장하는 여러 상징을 해석하는 법을 배운다. 노형에게서 가르침을 받은 이후 요제프의 가치관이 크게 바뀐다.

이렇듯 《유리알 유희》는 헤세가 동양의 노장사상, 음양사상과 《주역》 등의 영향을 받았음을 보여 주는 작품이다. 헤세는 어느 글에서 "중국은 정신적인 도피처이자 두 번째 고향"이라고 밝히기도 했다.

　헤세가 《주역》에 관심을 갖게 된 건 앞서 말한, 칼 융의 서문이 실린 리하르트 빌헬름 교수의 《주역》을 읽으면서이다. 《유리알 유희》에서 노형은 《주역》의 산수몽괘로 요제프의 앞날을 예언해 준다.

　"이 표시에는 명칭이 있는데 청년의 어리석음이요, 위에는 산, 산 밑에는 물, 위에는 간, 아래에는 감, 산 밑에서 솟아나는 물은 청년을 비유한 것이오.

　청년의 어리석음이 성공을 보았다. 내가 어리석은 그 젊은이를 구한 것이 아니라, 그 어리석은 청년이 나를 구한다. 첫 괘로 가르치는 것은 재차 물으면 불길하고 불길하다면 나는 가르치지 않을 터이니 참는 것이 길하리라."

점괘 덕분에 성공한 작가들

다카노 가즈아키는 소설 《제노사이드》, 《13계단》 등으로 유명해지기 전에 뚜렷한 성과가 없는 시나리오나 드라마를 쓰던 작가였다. 시나리오로 성공하지 못하자 추리소설에도 도전했지만 큰 발전이 없었다. 그는 자신의 운이 좋지 않다고 생각하고 운을 바꾸기로 했다. 풍수를 공부한 후 풍수에 입각해 자신에게 좋은 방향을 정하고 생활도 바꾸었다. 그러자 신인 공모전 최종 후보로 올랐고, 《13계단》의 경우 2001년 심사위원 만장일치로 에도가와 란포상도 받게 되었다.

《삼분의 일》 등으로 유명한 작가 기노시타 한타도 비슷한 일을 겪었다. 첫 시나리오 〈악몽의 엘리베이터〉를 발표했을 때 대중의 반응은 냉랭했다. 자포자기 심정으로 유명한 역술가를 찾았는데 그가 "내년 2월 도쿄로 이사를 하면 일이 술술 풀릴 것이다"고 했다. 역술가 말대로 했다. 그러자 그의 데뷔작이 2년 지나 인기를 얻었고, 영화와 TV로도 제작돼 베스트셀러가 되었다.

《유괴》 등으로 유명한 추리소설가 다카기 아키미쓰의 사례도 흥미롭다. 그는 원래 비행기 엔지니어였는데 일본이 2차대전에서 패전하면서 실업자가 되었다. 그는 시름에 젖어 용한 역술가를 찾았다. 역술가가 그의 얼굴을 살펴보더니 "소설을 쓰면 성공하겠어"라고 하는 것이다. 그는 공대 출신이라 글과는 거리가 멀었다. 하지만 직업이 없으니 어쩔 수 없이 생계를 위한 글을 쓰기 시작했다. 소설을 완성해 여러 출판사에 보냈지만 거들떠보지도 않았다. 다시 그 역술가를 찾아가니 "원고를 출판사에 보내지 말고 대가에게 보내면 인정받고 성공할 거야"라는 것이다. 그 말대로 원고를 정리해 당대 유명한 추리소설가 에도가와 란포에게 보냈다. 란포는 전혀 모르는 사람의 작품인데도 그 소설을 읽었고, 내용에 감탄하여 출판사를 소개해 주었다. 그 소설이 《문인 살인사건》이다. 이 작품은 일본 추리소설 걸작 중 하나다.

한편《벤슨살인사건》,《비숍살인사건》 등으로 이름을 날린 추리소설가 밴 다인은 1928년《추리소설 작법 20가지 규칙》을 발표했는데, 그중 하나가 '점술에 의존하지 마라'였다. 그러나 많은 추리소설에 점술이나 점성술이 활용되고 있다. 시마다 소지의 소설《점성술 살인사건》에서 주인공 미타라이 기요시는 직업이 점성술사이다. 작가 시마다 소지는 등단 전 20대에 점성술을 공부했고, 후배 추리소설가의 필명을 지어 주기도 했다.

신의 언어

　일본은 점 문화가 발달해 일본인들은 주역점도 많이 신봉했다. 사면이 바다인 일본, 타이완 같은 섬나라 또는 제주도 같은 섬 지역에서는 점이 활성화돼 있다. 바다가 주 생산 공간이라 농업이나 공업을 주로 하는 지역보다 많이 위험하기 때문이다. 거친 파도와 태풍 등에 목숨을 잃는 일이 많을 수밖에 없다. 제주도가 바람, 돌, 여자가 많은 '3다' 섬이 된 연유도 여자가 많이 태어나서라기보다 남자들이 뱃일하다 많이 사망했기 때문이다. 생업에 위험 요소가 많다면 요행이나 운을 기대할 수밖에 없어 점 문화가 발달할 수밖에 없는 것이다.

　일본에 전설적인 역술가가 많은 것도 섬나라라는 특징 때문이리라. 대표적인 역술가로《고도역단(高島易斷)》의 저자 다카시마 돈쇼우[高島呑象]가 있다. 다카시마 돈쇼우는 1832년 일본 고바시에서 건축과 재목상을 하는 집안에서 태어났다. 성인이 되어 가업을 이어 받았는데 수완이 뛰어나 호텔·가스·철도·선박 사업, 학교 운영 등 다방면으로 사업을 확장시켜 크게 성공했다. 사업 중에도《주역》공부에 심취하였고《주역》을 "신의 언어"라고 극찬했다. 그가 쓴《고도역단》은 64괘 384효마다 실제 예시를 담고 있어 주역점의 교과서로 불린다.

곁들여 읽기

《주역》으로 국운을 내다본 첸무

1971년 타이완이 유엔 상임이사국에서 퇴출될 위기에 처했을 때 일이다. 타이완 국민은 국가의 장래에 대해 고민이 깊었다. 당대 최고의 역사학자 첸무[錢穆] 역시 마찬가지였다. 첸무는 주역점을 치려다가 부인에게 말했다.

"점을 믿기는 하지만 과연 점으로 해결책이 나올까?"

"일단 쳐 봅시다. 정성스레 물으면 되지 않을까요?"

"점을 볼 때는 먼저 마땅히 삼가고 정성을 다해야 하는데… 이미 점으로 해결될 문제가 아니라는 생각이 강하니 점을 친들 무슨 소용이 있겠소."

"그럼 내가 쳐 보겠습니다."

부인은 몸을 가지런히 하고 향을 피웠다. 바닥에 무릎을 꿇고 엎드려 절을 한 후 한나라의 유명한 상수역학자 경방이 창안한 육효점법

중 하나인 화주림법(火珠林法)으로 괘를 뽑아 점을 쳤다.

산택손(山澤損)괘를 얻었다. 이를 본 첸무는 "역시 주역점이다. 정말 오묘하구나"며 감탄했다.

산택손의 괘사는 '믿음을 가지면 크게 길하고 허물이 없어서 가히 바르다. 가는 바를 두면 이로울 것이다. 두 개의 큰 그릇으로 가히 제사를 지낼 만하다'였다. 해석하면 '연합국이 타이완을 동정하고 적극 옹호할 것이다'였다.

그는 이런 내용을 이틀에 걸쳐 신문에 특집으로 발표했다. 자신의 글이 나라에 "작은 물방울과 먼지만큼의 보탬"이라도 되길 바란다면서.

점괘에 얽힌 이야기

7대손 살린 이이

성리학자 율곡 이이도 《주역》에 능통했다. 임진왜란의 발발을 꿰뚫어 보고 10만 양병설을 주장했고 이순신 장군에게 거북선을 만들도록 명했다. 임진왜란이 있기 8년 전에도 일본의 침략을 예견해 임금께 진언했다. 미리 강화도에 화석정을 지어 임진왜란 때 임금을 피신시킨 것이다. 한번은 이런 일도 있었다.

"오늘은 인운(人運)이 불길하니 집에 있는 사람은 모두 밖으로 나가지 말라."

율곡의 말에 가족과 하인에 이르기까지 모두 대문을 걸어 잠그고 외출을 삼갔다. 그런데 이웃집 아이가 몰래 집에 들어와 감나무에 올라갔다가 떨어져 죽고 만다. 감을 따려는 순간 방문 여는 소리가 크게 울려 놀라 떨어졌던 것이다. 율곡의 당부가 집 밖의 아이에게도 미쳤더라면 좋았으리라.

또한 율곡은 《주역》을 통해 7대손의 죽음도 막았다. 죽기 전 율곡은 아들에게 석함을 남기며 7대손이 위험해지면 열어 보라고 한다. 세월이 흘러 7대손이 죄를 지어 포도청에 끌려가는 일이 생긴다. 7대손은 문득 율곡의 유언이 생각나 석함을 들고 간다. 수령은 그것이 무엇인지 물었고, 후손은 "이이 7대 선조께서 가보로 물려준 것"이라고 답했다. 그러자 수령이 "그렇게 고명하신 분의 유물이라면 내가 한 번 열어 보겠다"면서 자신에게 가져오라고 명한다. 7대손은 "아무리 제가 죄인으로 이곳까지 끌려와 꿇어앉아 있다고는 하지만 7대조 할아버지의 유물이니 수령은 일어서서 받으시오"라고 말했다. 수령도 그 말에 일리가 있다고 여겨 자리에서 일어났는데, 그 순간 수령이 앉아 있던 곳으로 대들보가 무너져 내렸다. 수령이 석함을 열어 보니 아래와 같은 글이 적혀 있었다.

"내가 너의 목숨을 살려 주었으니 너도 나의 7대손을 살려 주기 바란다."

군자의 점괘

퇴계 이황이 병으로 몸져눕자 제자들이 그 소식을 듣고 문병하러 모여들었다. 제자들은 선생이 회복될지 궁금해 주역점을 쳤다. 괘는 '지산겸(地山謙)괘 구삼효(九三爻).' 풀어 보면 '힘써 겸손하니 군자가 마침이 있어 길하다'이다. 제자들은 의견을 나눈 끝에 결론을 얻었다. '선생께서 군자로서 임종할 때까지 정신을 흐트러뜨리지 않고 꼿꼿하게 유지하기 위해 힘쓰며 겸손하니 길하다.'

이는 곧 군자가 생을 마감한다는 뜻이다. 산(山)괘 위에 땅 지(地)괘가 있으니 산 위에 흙이 있는 형상으로 산 위의 묘지를 의미하므로 결국 죽을 것이라는 뜻이었다. 제자들은 장례 준비를 했고 신기하게도 준비한 지 사흘 만에 선생은 돌아가셨다.

선생이 세상을 떠난 후 얼마 지나지 않아 제자 중 한 명이 병이 들었다. 그의 집에 동문수학한 이들이 다시 모여들었다. 또다시 점을 쳤다. 이번에도 '지산겸괘와 구삼효'를 얻어, 장례 준비를 마쳤다. 그러나 얼마 지나지 않아 그는 건강을 되찾았다. 제자들 사이에서 점괘에 대해 의견이 분분했다. 다시 모여 점괘를 해석했는데, 결론은 병이 깊었던 제자가 군자가 아니었다는 것이다. 군자유종(君子有終) 즉 그가 군자였다면 임종한다는 의미다. 그는 군자가 아니어서 죽지 않았다는 얘기다.

성삼문의 이름

조선 단종 때 사육신으로 유명한 성삼문(成三問)의 출산에 관해 구전되어 내려오는 이야기이다. 산달이 가까워지자 성삼문 어머니는 친정으로 갔다. 산통이 시작돼 성삼문의 외할머니가 산실로 들어가려고 하자 외할아버지가 당부했다.

"부인, 다듬잇돌을 들고 들어가시오. 아이가 나오려거든 내가 '됐다'고 소리칠 때까지 그걸로 막아 지연시켜야 하오."

성삼문의 외할아버지는 명리학에 조예가 깊어 출산 일에 맞추어 손자의 사주팔자를 헤아려 보았다. 예정보다 2시간 정도 늦게 태어나면 손자의 사주가 매우 좋다는 것을 알게 되었다. 그래서 그 시간에 맞추려고 했던 것이다. 산통이 심해지자 아이의 머리가 나오기 시작하고 다듬잇돌로 못 나오게 막는 데도 한계가 있었다.

산실에 있던 성삼문의 외할머니는 딸과 손자의 생명이 위험해질까 봐 두려워하면서 밖에 있는 남편에게 세 번을 묻는다. "이제는 됐습니까?" 그러면 남편은 "아직은 아닙니다. 조금만 더 늦추세요"라고 답했다. 잠시 뒤 "지금이면 됐습니까?" 하고 물었을 때도 남편은 "조금만 더 참도록 하세요" 하는 것이다. 한 번 더 물었을 때도 대답은 같았다. 하지만 더는 다듬잇돌로 막을 수 없는 지경에 이르러 결국 딸은 아이를 낳고 말았다. 그러자 외할아버지가 탄식하면서 이렇게 말했다.

"두 시간을 참아야 하는데 한 시간밖에 참지 못했으니, 환갑까지 살 수 있는 아이가 39세에 죽게 되었구나."

성삼문의 '삼문(三問)'이란 이름은 외할머니가 산실에서 세 번 물은 것에서 비롯되었다고 한다.

사마천과 동중서

중국의 역사서 《사기(史記)》를 쓴 사마천(司馬遷)의 집안은 대대로 태사령(太史令)이라는 직책을 이어 내려왔다. 태사령의 임무는 다음과 같다.

'하늘과 시간과 별과 책력을 관장하고 한 해가 저물어 가면 다가오는 새해의 달력을 임금에게 바친다. 국가의 제사나 장례, 결혼 등의 일에 있어서 좋은 날이나 피해야 할 날을 임금에게 고한다. 국가에 상서로운 기운이나 나쁜 기운이 있을 때 이를 기록한다.'

즉 태사령은 천문을 관장하고 역법을 만들고 길일과 흉일을 택일하며 국가의 길흉을 예측하고 기록했다. 일식, 월식, 홍수, 재해 등의 현상을 관찰하고 예측하며 황제의 정치가 잘될 것인지 변란은 없을 것인지 등도 내다보는 것이다.

아버지 사마담(司馬談)은 한 무제 때 봉선의식 날을 잡기도 했다.

봉선의식이란 황제가 하늘과 땅으로부터 황제의 권위를 인정받는 중대한 국가 의식이었다. 수도 장안(長安)에서 태산(太山) 정상까지 도로를 깔고 임시 거처인 행궁(行宮)을 세우는 등 대단위 토목, 건축 작업도 진행되었다. 사마담은 봉선의식 날을 잡고 정작 자신은 참여하지 못해 화병으로 죽고 말았다. 이후 사마천이 아버지를 이어 태사령이 되었다. 사마천은《사기》〈천관서(天官書)〉와 〈역서(曆書)〉에서 천문과 역법의 원리를 체계적으로 서술해 놓았을 정도로 천문과 역법에도 정통했다.

천인감응설 주장한 동중서

하늘과 사람은 하나로 통한다.

이는 중국 전한의 유학자 동중서(董仲舒)가 주장한 천인감응(天人感應)설의 핵심이다. 동중서는 음양가의 이론을 유교에 적용했다. 세상 만물은 모두 음양오행의 규칙에 따른다고 생각했다. 목화토금수(木火土金水)의 오행은 동·서·남·북·중앙의 오방(五方), 청·백·적·흑·황의 오색(五色) 등 물리뿐 아니라 인·의·예·지·신의 오덕(五德) 등 사회적 질서도 규율한다고 믿었다.

농민은 곡식을 다루므로 목(木)이다. 백성의 대부분은 농민이니 역시 목이다. 백성이 반란을 일으키면 관리들이 그 우두머리를 붙잡아 처형

하여 진압한다. 관리는 금(金)이며, 금은 목을 이기기[金剋木] 때문이다. 임금은 중앙에 거처하므로 토(土)다. 임금이 무도하면 온 백성이 일어나 임금을 내쫓게 된다. 목이 토를 이기는[木克土] 것이다.

    －동중서의 《춘추번로》에서

  동중서는 《춘추번로》에서 천자를 정점으로 하는 3공(三公)·9경(九卿)·27대부(二十七大夫)·81사(八十一士) 즉 3, 9, 27, 81의 숫자가 하늘의 수 '천지수(天之數)'에 합치한다는 천인감응설을 펼쳤다. 또한 천(天)이 잘못하면 우선 '재(災)'로 나타나고 이어 하늘의 '이(異)'가 내린다는 재이설(災異說) 등으로 천위(天威)를 강조했다.

  동중서는 《춘추번로》를 기반으로 백·적·흑의 삼통순환설(三統循環說)에 의해 왕조가 바뀐다고 주장했고 그에 따른 역법(曆法)의 개정을 정당화했다.

사주는 고정된 것이 아니라
움직이는 것이다

　영조는 '사람의 팔자는 사주에 달렸다'는 말을 확인하기 위해 자신의 생년월일과 같은 사람을 불러들이도록 전국에 명을 내렸다.

　강원도 영월 두메산골에 사는 노인이 어명에 따라 영조 앞에 당도했다.

　"과인이 너를 부른 것은 사주가 같으면 팔자가 같다는 운명가의 말을 확인하기 위해서다. 너는 어디에 살고, 무엇을 하는가? 생년월일과 시를 아뢰어라."

　영조의 명에 시골 노인은 머리를 조아리며 아뢨다.

　"황공하오나 신은 강원도 영월 두메산골 서부 고을에 살고 있으며, 병진생 5월 10일 오시에 태어났고 지금 약초와 꿀벌을 키우고 있습니다."

　영조는 점술가를 불러들여 물었다.

"사주가 같으면 운명이 같다 하거늘 강원도에서 약초와 꿀벌을 키우는 노인과 과인이 생년월일시까지 같은데, 어째서 과인은 한 나라의 왕이 되고 저 노인은 저리 사느냐?"

그러자 점술가가 머리를 조아리며 대답했다.

"황공하오나 저 노인은 약초로 만인의 병을 고쳐 주는 덕을 베풀고 있으니 이 또한 임금의 마음과 같다 할 수 있을 것입니다. 그래서 같은 사주인 것이지요."

이 말에 영조는 크게 기뻐하며 노인에게 정2품의 벼슬을 내렸다고 한다. 사주팔자가 같다고 해서 똑같은 삶을 사는 것은 아니다. 사주팔자를 숙명이 아니라 움직이는 삶인 '운명(運命)'이라고 하는 까닭이다.

손금을 바꾼 알렉산더 대왕

알렉산더 대왕이 아시아를 점령하려고 출발할 때 유명한 점성술사를 찾았다. 알렉산더는 점성술사에게 손을 펴 내밀었다.

"내가 천하를 제패할 수 있겠소?"

점성술사는 공손히 손을 들여다보며 말했다.

"아주 훌륭한 손금이옵니다."

"내가 물은 것은 천하의 제패에 관한 것이지 않은가?"

"사실대로 말씀드리면 제가 위태롭지 않을까 두렵습니다."

"하하하. 내가 그렇게 속이 좁을 것 같소? 걱정 말고 있는 그대로를 말하시오."

점성술사는 한숨을 내쉬며 할 수 없다는 듯이 말했다.

"운명선과 두뇌선이 1센티미터만 더 길었다면 전 세계를 차지할 수 있었을 텐데 지금의 수상(手相)으로는 힘들겠습니다."

"그래?"

알렉산더는 바로 칼을 빼들었다. 점성술사는 이제 죽는구나 하고 눈을 감았다. 그러나 알렉산더는 칼을 자신의 손바닥에 대고 쭉 그었다. 손금을 1센티미터 더 늘인 것이다.

"자, 이러면 되겠소?"

깜짝 놀란 점성술사는 그 자리에서 무릎을 꿇으며 말했다.

"대왕은 천운을 타고나지는 못했으나 반드시 천하를 호령할 것입니다. 운명을 개척하려는 의지가 대왕의 운을 바꾸어 줄 것입니다."

이 일화의 교훈은 운명이라는 것은 충분히 극복 가능하고 개척의 여지가 있다는 것이다.

암탉이 울면 알을 낳는다

'백말띠의 여인은 팔자가 세다'는 말이 있다. 어머니는 백말띠다. 1930년 경오(庚午)생[갑오(甲午) · 병오(丙午) · 무오(戊午) · 경오(庚午) · 임오(壬午)생이 말띠인데 이 중 경오생이 백말띠다]으로, 시골 마을에서 호랑이 여인으로 소문이 자자했다. 예로부터 사람들은 백말띠를 꺼렸다. 심지어 "백말띠 며느리를 얻으면 집안이 망한다"는 말까지 있었다. 그래서 백말띠 여성은 한 살을 낮추거나 올려 맞선을 보는 경우까지 있었다. 한마디로 백말띠 여성은 기가 드센 남편의 기를 누르거나 남편을 요절케 해 청상과부가 된다고 믿었던 것이다.

역학의 길로 접어든 지 30년이 넘도록 백말띠 여성을 수없이 만나 상담을 해 보았다. 소문대로 그녀들은 강한 기운을 지니고 태어났을까? 살펴본 결과 백말띠 여인들 중에는 활동가가 많았다. 그들은 자신감 있게 자신의 일을 찾아 나서고 싶어 한다. 또한 정체된 삶을 거부한다. 가부장적이고 남성 중심적인 사회에서 그녀들이 찾고자 했던 것은 주체적인 삶이었다.

남성들 입장에서는 백말띠 여성처럼 보기 싫은 존재가 없었을 것이다. 그러니 백말띠를 철저하게 누르고 박해해왔던 것이다.

"암탉이 울면 집안이 망한다." 그 어느 나라에도 없는 우리나라에만 있는 속담이다. 우리나라에서는 여성은 무조건 요조숙녀이기를 바랐다. 한 남자를 만나면 평생 그 남자만을 위해서 살기를 강요해 온 것이다. 그래서 여성이 일찍 남편을 잃고 평생을 혼자 살아가면 열녀비를 세워 주는 풍속마저 생겨났다.

사회가 변해 세계화, 국제화를 부르짖어도 남성들의 지배하고 싶어 하는 마음 때문에 백말띠에 대한 거부 반응은 아직도 여전하다. 강한 여성을 거부하는 남성들, 기득권을 계속 누리고 싶어 하는 남성들에게 역학도 사주팔자도 기여하고 있는 셈이다. 그러나 나는 과감하게 주장한다. 이제 시대가 변했고, 속설도 바뀌어야 한다. "암탉이 울면 알을 낳는다"고. 백말띠 여성을 아내로 맞이하면 집안이 부흥한다. 그녀들은 당당한 커리어 우먼으로 사회 발전에도 크게 기여하리라 확신한다.

캐나다 밴쿠버올림픽에서 김연아 선수가 피겨스케이팅 금메달을 땄을 때다. 한 기자가 본인을 향한 칭찬 중 어느 것이 가장 마음에 드느냐고 묻자 김 선수는 캐나다 언론이 보낸 "한국에서 온 살아 숨 쉬는 예술품"이란 찬사가 가장 마음에 든다고 말했다. 하지만 나는 김연아 선수를 두고 "한국 여성들은 참 강하다"고 한 당시 힐러리 미 국무부 장관의 칭송이 가장 인상적이었다. 김연아 선수도 말띠다.

역사 속 역술가들

김치

조선 15대 임금인 광해군의 말년에는 폭정이 하늘을 찔렀다. 대북파가 권력을 휘어잡아 인목대비를 서궁에 유폐하고, 영창대군을 강화도 교동에서 쪄서 죽이는 등 광해군의 정치는 악행의 연속이었다. 이 시기에 현실 정치에서 소외된 서인의 거두 김유, 이귀, 심기원, 신경진(신립 장군의 아들) 등이 어지러운 정치를 바로잡기 위해 반정을 꾀했다. 가담자들은 반정에 대한 성패를 알 수가 없으니 불안할 수밖에 없다. 주모자들은 거사의 성사 여부를 알고 싶어 당시 장안에서 주역, 명리학의 대가로 이름이 높았던 김치 선생을 찾았다.

안동 출신인 김치 선생은 호는 남봉이고 진주대첩 김시민 장군의 후손이며 선조 30년에 급제한 인물이었다. 거사 당사자들은 장차 임금으로 받들 정원군의 아들 능양군과 김유, 이귀, 심기원, 신경진 등의 사주를 내보이며 미래의 운세를 물었다. 김치 선생은 능양군의 사주를 한참 뚫어지게 보고 있다가 심각한 표정으로 아무 말 없이 일어나 소반에 붉은 보자기를 깔았다. 그 위에 능양군의 사주단자를 놓은 다음 네 번 절을 했다. 심기원, 신경진 등이 깜짝 놀라며 이유를 묻자 김치 선생은 안색을 바꾸며 말했다.

"나에게 주인공의 사주가 어떤지, 내가 사주단자에 왜 절을 하는지 묻기 전에 먼저 그대들이 여기에 온 이유를 알려 주시오. 그렇지 않으면 나도 말을 할 수가 없소이다."

심기원, 신경진은 어쩔 수 없이 반정에 관해 이야기했고, 그 말을 들은 김치 선생은 사주에 대해 설명했다.

"내가 본 사주가 누구 것인지는 모르겠지만 반드시 군왕이 될 사주입니다. 나머지 사주도 재상의 지위에까지 이를 귀인들의 사주입니다."

이에 반정 인사들은 용기를 내어 거사를 신속하게 진행시켜 마침내 성공한다. 이후 김치 선생은 거사에 공헌한 공로로 정사공신(靖社功臣)에 봉해졌고 관찰사에까지 이른다.

김륜

승문원판사(承文院判事)를 지낸 신경광(申景光)이란 사람은 사람들의 생년월일시를 적어 모으는 괴벽이 있었다. 그걸 가지고 장안의 유명한 사주쟁이를 만나 사주풀이 능력을 시험하곤 했다. 그러다 김륜이란 사람이 용하다는 소문을 듣고 그를 찾아갔다. 점필재(佔畢齋) 김종직의 사주를 내밀었다. 잠시 후 김륜이 말했다.

"실없으신 일입니다. 이 사주의 주인공은 벌써 두 번 죽임을 당했군요. 이런 사람의 사주를 왜 보라고 하십니까?"

사실 김종직은 죽은 후 부관참시까지 당했으니 두 번 죽은 셈이다. 신 판사는 흠칫 놀랐지만 어쩌면 김륜이 김종직의 사주를 예전에 본 일이 있어 맞춘 것일지도 모른다고 여겨, 이번엔 얼마 전에 태어난 자기 집 강아지 사주를 내밀었다.

"진정 대단하시오. 내가 그대의 재주를 보려고 옛날 양반의 사주를 적어 주었소. 이렇게 맞히다니 신비롭기까지 하구려. 이건 태어난 지 얼마 안 된 어린것의 사주인데, 한번 보아 주시오."

사주를 살피던 김륜이 고개를 갸웃거리며 말했다.

"이것이 대감의 어린 아기의 사주이옵니까? 이 사주는 너무 괴상합니다. 사주를 보면 세 살 되는 해에 박살이 나고 사지가 찢길 운명인데, 대감의 아기로야 어찌 이런 일이 있겠습니까? 아무래도 육축(六畜)의 새끼를 가지고 저를 속이신 것 같습니다."

그 말에 신 판사는 크게 놀라며 김륜의 재주에 반해 버렸다.

석천숙

"최영과 이구수가 언제 배척을 당하겠느냐?" 하니 석천숙이 말하기를 "오래지 않으리라 하였다."

《고려사》114권 〈열전〉에 나오는 이야기다. 기록에 따르면 오인택의 아들과 부인이 맹인인 석천숙에게 점을 보았다. 고려 시대 시각장애인들도 조선 시대와 마찬가지로 점치는 일로 먹고살았는데, 이들은 귀족들에게도 불려 가서 점을 쳐 주었다. 그러다 정치적 희생양이 되는 일도 있었다. 일례로 《고려사》130권에 맹인 승려 백량이 반역 사건에 길흉을 점쳐 준 죄로 사형당하고 재산까지 몰수당한 이야기가 실려 있다.

고려 시대엔 장애인이 기본적으로 직업을 가질 수 있는 터전을 마련해 주고 자립해 살아갈 수 있도록 했다. 특히 시각장애인들 중엔 언급한 것처럼 점복업 종사자가 많았다. 이런 배경으로 고려에서 조선 중기 이전까지는 점복업이 성행했다. 임금도 왕릉을 정하거나 궁궐을 증축하거나 왕비를 간택할 때 그들에게 물어 결정했다.

흥선대원군을 찾아온 관상가

구한말 흥선대원군 시대에 뛰어난 관상가가 있었다. 백운학이란 사람이다. 그는 젊었을 때 청도 운문사에서 일허선사(一虛禪師)를 만나 관상학의 교과서라 할 수 있는 《신상전편(神相全編)》을 사사받았다.

일허선사는 백운학을 보자마자 대뜸 "너는 애꾸가 되어야 한다. 그래야 사람들을 정확히 볼 수 있다"고 충고했다. 그 한마디에 백운학은 한쪽 눈을 담뱃불로 지져 애꾸로 만들었다. 그 고난을 거쳐 관상가로 높은 경지에 이르렀다.

한양으로 올라온 백운학은 당시 대원군이 살던 운현방을 찾아가 마당에서 팽이를 치며 놀던 13세 소년 명복(命福)에게 큰절을 올렸다.

"상감마마 절 받으십시오."

이 소식을 전해 들은 대원군은 백운학을 불러 자초지종을 듣는다.

"제가 이곳 한양에 올라와 보니 운현방에 왕의 기운이 서려 있었습니다. 그래서 한걸음에 달려와 보니 명복 도련님이 팽이를 치고 계셨지요. 한눈에 제왕(帝王)의 상(相)을 갖춘 분임을 알아서 큰절을 올린 겁니다."

잠시 한숨을 쉰 후 백운학은 다시 이야기를 이었다.

"저에게 복채를 주셔야겠습니다. 복채는 적게는 안 받겠습니다. 3만 냥을 주셔야겠습니다. 다만 당장 달라는 것이 아니고 4년 후에 주시면 됩니다."

당시 대원군은 돈이 없어 당연히 지불할 능력이 없었다. 백운학도 4년 후를 기약했고 대원군은 그 자리에서 약속어음 비슷한 증서를 써 주었다고 한다.

그로부터 정확히 4년 후 명복은 고종으로 즉위했다. 그 소식을 들은 백운학이 약속어음을 들고 대원군을 찾아갔다.

"약속한 대로 3만 냥을 주시고 벼슬도 내려 주십시오. 벼슬도 못하고 죽으면 신위(神位)에 현고학생(顯考學生)이라 써야 하는데, 제가 학생(學生)은 면하고 싶습니다."

대원군은 그 자리에서 3만 냥을 주었을 뿐만 아니라 청도 현감이라는 벼슬까지 내려 주었다.

이병철과 백운학

1960년대 초반 두 명의 걸출한 관상가가 양대 산맥을 이루고 활동하고 있었다. 백운학 선생과 우종학(禹鐘鶴) 선생이었다. 백운학은 종로5가 보령약국 뒤에 있던 제일여관 안채를 빌려서 관상을 보았고, 우종학은 화신백화점 뒷골목에 위치한 한옥에서 관상을 보았다. 백운학 선생은 간판 없이 활동했고, 우종학 선생은 집 앞에 '운수우거처(雲水寓居處)'라는 조그만 팻말을 붙이고 활동했다.

이병철의 조언자

백운학은 삼성 설립자 이병철 회장과 떼려야 뗄 수 없는 인물이다. 이병철 회장은 합리적인 사고와 신비적인 관점을 종합해서 판단하는 이사무애(理事無碍)의 경지를 추구했다. 삼성그룹을 이끄는 첨단산업의 전문가이면서 역술에 정통한 술객들과도 어울리는 독특한 인물이었다.

이병철 회장이 1977년 8월 67세 때 일본 경제 주간지와 인터뷰했을 때이다. 채용 시 무엇에 비중을 두냐는 질문에 이 회장은 이렇게 답했다.

"필기시험도 보는데 의미가 별로 없습니다. 응모자 95퍼센트 이상이 상위 대학 출신이고 성적도 우수합니다. 학력 차이가 별로 없기 때문에 선발 기준은 인물에 초점을 맞춥니다. 인간 내면을 체크하는 기계는 없으니까 짧은 시간 면접 때 대화를 나누어서 판단하기도 힘듭니다. 나는 먼저 정신적, 육체적으로 건강한 사람인가 봅니다. 그리고 인상이 좋은가를 봅니다."

이런 이병철 회장의 충실한 조언자 중 한 사람이 백운학 선생이다. 신입사원 뽑을 때도 도움을 줄 정도였다. 이 회장은 유능하면서도 성실하고 단정한 관상을 선호했다. 이러한 관상에는 반골의 기질이 약하기 때문이다. 이 회장은 관상뿐만 아니라 역학, 풍수학 등에도 조예가 깊어 건물 하나를 지어도 문구 하나를 달아도 역학, 풍수학을 참고했다고 전해진다.

그렇다고 해서 이병철 회장이 백운학 선생에게 빠져 휘둘린 것은 아니다. 자신이 할 수 있거나 확신에 찬 일이라면 독자적으로 처리했다. 다만 결정하기 애매한 상황에서만 조언을 구했다고 한다. 백 선생 또한 이 회장을 현혹시켜 자기 이득을 챙기기 급급한 사람이 아니었다. 삼성과 이병철 회장을 위해 최선을 다해 조언하고 상담에 임했다.

우종학은 찾아오는 사람들의 얼굴색만 보고도 그의 현재 삶을 죽 설명해 나갔다고 한다. 그리고 가까운 과거와 미래를 족집게처럼 맞혔다.

관상 초보자는 얼굴 이목구비의 크기나 조화를 보고, 전문가는 얼굴색을 보고, 대가는 마음을 읽는다고 했다. 우종학은 얼굴이 밝게 빛나는가, 어두운가, 청색인가, 백색인가 등 찰색(察色)을 살피어 현재 그 사람의 삶을 진단하고 판단했다. 우종학의 찰색관상법은 매우 적중률이 높아서 서울에 소문이 자자했다. 그 덕분에 고위 관료, 정치인, 사업가, 연예인 등 당대의 수많은 명사가 그를 찾았다. 당시 체신부 장관이 우종학에게 집 한 채 값에 맞먹는 백색전화를 설치해 주었다니, 인기가 어느 정도였는지 가히 짐작할 수 있다.

운명을 알고 노력하면 더 좋다

"착한 일을 하면 하늘이 복을 베풀고 악한 일을 하면 하늘이 화로 갚는다."

"타고난 운명대로 산다."

"끊임없이 노력하고 운명에 집착하지 않으면 운명도 바뀐다."

"자신의 운명을 아는 것이 우선이다."

"마음을 잘 쓰는 것이 중요하다."

운명은 무엇이고 노력은 무엇이고 마음은 무엇일까? 오랜 시간 '운명이다'와 '운명은 바꿀 수 있다'는 주장이 대립돼 왔다. 송나라 유학자 정자(程子)는 다음을 깨달으면 마음과 운명의 우선순위를 가리는 것은 큰 의미가 없다고 보았다.

몸 밖에는 마음이 없고(身外無心), 마음이 하늘에 있으면 천명(天命)이라 말하고 사람에 있으면 성(性)이라고 말한다. 귀함 – 천함 – 장수 – 단명 [貴賤壽夭]은 하늘이 관장하는 천명이며 어짐 – 의리 – 예의 – 지혜[仁義禮智] 또한 운명이다."

　운명이라는 것이 무조건 노력한다고 바뀌는 것도 아니고 무조건 순응한다고 되는 것도 아니다. 나에게 부여된 운명을 알지도 못하고 무조건 마음만 곱게 쓰고 성실하게 노력한다고 올바른 삶인가? 타고난 운명을 제대로 분석하여 알고 그 운명에 맞추어 마음 곱게 쓰고 성실하게 노력하는 것이 올바른 삶일까?

　당연히 자신의 운명을 모르고 노력하는 것보다 자신의 운명을 알고 노력하는 것이 삶의 미래로 보면 옳을 것이다. 자신의 운명을 아는 사람은 앞날을 대비한다. 장자는 "죽음과 삶은 운명이다. 밤과 아침이 늘 있는 것은 하늘이다. 사람이 얻지 못하는 것이 있는 것은 모두 물(物)의 정(情)이다"고 했다. "명을 알지 못하면 군자라 할 수 없고 예를 알지 못하면 설 수 없으며 말을 알지 못하면 남을 알 수 없다"는 《논어》의 말도 새겨 두면 좋겠다.

부조리한 사회에서는
좋은 사주도 기를 못 편다

영화 〈관상〉의 마지막 장면이다. 한명회가 관상쟁이 내경을 찾아와 후대를 위해 역모자의 상을 그려서 남겨 달라고 요청한다.

이때 내경이 말한다.

"난 사람의 모습을 보았을 뿐 시대의 모습은 보지 못했소. 시시각각 변하는 파도만 본 격이지. 바람을 보아야 하는데, 파도를 만드는 것은 바람인데 말이오."

내경은 관상은 잘 분석했지만 시대의 흐름과 환경의 변화를 읽지 못했다. 북한에서 태어난 사람과 남한에서 태어난 사람의 사주가 같아도, 환경이 다르면 운명은 바뀐다. 조선 시대에 태어난 사람과 현대에 태어난 사람의 운명 또한 다르다. 국가의 운명, 사회의 운명이 한 개인이나 가정의 운명을 통제하고 간섭하기 때문이다.

사주명리학을 포함한 모든 운명학은 개인이 타고난 사주팔자에 적합한 노력을 하면 어느 정도 성공할 수 있다고 말한다. 하지만 가정, 사회, 국가 등은 개인 삶에 지대한 영향을 끼친다. 가정과 사회와 국가가 올바르게 자리 잡아 다툼, 부조리, 불의가 없어야만 제 운명을 올바르게 운용할 수 있는 것이다. 계급사회, 독점사회에서는 아무리 사주가 좋아도 삶이 어렵다. 평등하고 민주적인 사회에서 운명학은 비로소 제 꽃을 피울 수 있다.

2
부

성명학
이야기

문자는 곧 '소리의 기호'이다. 중세 시대에 독서는 곧 구독(口讀) 기술이었다. 묵독은 당시 악마의 소행으로 여겼다. 어느 사제는 "오늘 무서운 것을 보았다. 조카가 소리 없이 책을 읽고 있었다"고 말할 정도였다. 한 사람의 이름을 쓰고 부른다는 것은, 그 소리와 의미가 세상의 만물에 부딪혀 공명하고 특별한 작용을 이루어 내는 행위다.

이름은 사주를 보완하는 역할을 한다. 물질인 의자는 효용가치가 생길 때 비로소 의자가 된다. 사주와 이름의 관계 역시 그렇다. 운명처럼 고정돼 있는 사주가 본질적인 의자라면, 필요한 장소로 옮겨져 제 역할을 하는 의자는 이름인 셈이다. 이름은 사주에서 부족한 오행의 균형을 맞추어 주는 역할을 한다. 이를테면 사주에 뜨거운 화(火)의 기운이 넘쳐 나면 한여름 시원한 소나기처럼 차가운 수(水)의 기운을 뿌려 적정한 기온을 유지해 주는 식이다.

성씨의 기원

내가 그의 이름을 불러 준 것처럼
나의 이 빛깔과 향기에 알맞은
누가 나의 이름을 불러다오.
　─김춘수의 시 〈꽃〉에서

　누구나 자신의 빛깔과 향기에 알맞은, 좋은 이름을 갖고 싶어 한다. 이름이란 그 사람을 표현하는 대표 이미지이며, 나아가 그의 성격과 운명을 만들기도 하기 때문이다. 개명이 비교적 자유로워지자 이름을 바꾸는 사람들이 꾸준히 늘고 있다는 것이 이를 증명한다.

　예절에 관한 책인 《예기(禮記)》에는 '유명관자(幼名冠字)'라는 말이 있다. 직역하면 어릴 적에는 이름[名]을 짓고 성인이 되어서는 자(字)를 짓는다는 뜻이다. 중국에서는 아이가 태어나면 석 달이 되기 전에 이름을 짓고 성인식을 올리고 나면 자를 짓는 관습이 있었다. 이것을 예절의 한 부분으로 섬기고자 《예기》에까지 실어 놓은 것이다.

성명(姓名)의 중요성은 《예기》나 《춘추좌씨전》 같은 고서들에도 기록돼 있는데, 성명은 언제부터 쓰기 시작했을까?

성은 모계 사회에서 시작되었다. 성(姓)이란 글자는 계집 '여(女)' 자와 낳는다, 탄생한다를 뜻하는 '생(生)' 자가 조합된 것인데, 이것만 보아도 곧바로 유추할 수 있다. 계집 또는 여자는 보통 어미를 상징하기 때문에 원래 성은 어미의 성을 의미했다. 그러다 부계 사회로 바뀌면서 아버지 성을 따르게 되었고 그때는 성을 씨(氏)라 부르게 되었다. 부계 사회가 완전히 정착된 후에는 성이나 씨나 모두 아버지의 성을 상징하게 되었다.

성씨(姓氏) 중에는 직업이나 지명에 근거한 것도 많다. 직업에 근거한 대표적인 성이 복씨(卜氏), 윤씨(尹氏), 사씨(史氏)다. 복씨는 중국에서 축씨(祝氏), 무씨(巫氏)와 함께 원시 시대에 제사를 주관했던 제사장이나 점복관들에서 유래했다. 윤씨, 사씨는 역사의 기록을 담당한 사관(史官)에서 비롯되었다. 그 외에도 사마씨(司馬氏)는 말을 관리하던 사람들에서, 궁씨(弓氏)는 활을 만들던 사람들에서 유래했다.

우리나라 성씨의 역사

　우리 선조들은 언제부터 성(姓)을 사용했을까. 비문의 기록 등을 살펴볼 때, 고구려는 장수왕 시대(412~491년), 백제는 근초고왕 시대(346~375년), 신라는 진흥왕 시대(540~576년)부터 쓰기 시작한 것으로 보인다. 그러나 이것은 중국식 성씨를 따른 때를 이르는 것이고, 실제 성씨는 훨씬 이전부터 사용돼 온 것으로 보인다. 예를 들어 고대 부족국가인 삼한(三韓) 시대 진한은 해(解)씨 성의 나라로 해모수, 해부루 등의 인물이 존재했고, 변한은 기(箕)씨 성의 나라로 기자의 자손이라 했다. 마한은 한(韓)씨 성의 나라였다.

성을 쓰기 시작한 삼국 시대

《삼국사기》,《삼국유사》 등에 따르면, 고구려 왕실의 성씨는 고(高)씨인데, 건국 시조 주몽이 국호를 고구려라고 한 데서 비롯되었다. 주몽은 신하인 재사(再思)에게는 극씨(克氏), 무골(武骨)에게는 중실씨(仲室氏), 묵거(墨居)에게는 소실씨(小室氏)를 내려 주었다고 전한다. 하지만 중국《한서》에 기록된 인명을 보면, 주몽은 그대로고 장수왕은 고연(高璉)으로 돼 있다. 고구려 왕실의 성을 고씨로 기록한 건 이 책이 처음이다. 이로 미루어 볼 때 장수왕 시대부터 성을 사용했을 것으로 보인다. 장수왕이 사신으로 보낸 고익, 마루, 손참구, 동마 등의 이름에도 모두 성이 쓰였다.

고구려 시대의 성씨로는 고(高), 을(乙), 예(芮), 송(松), 목(穆), 간(看), 주(州), 마(馬), 손(孫), 동(董), 채(蔡), 연(淵), 명림(明臨), 을지(乙支) 등이 있다.

다음은 백제이다.《삼국사기》,《삼국유사》 등에서는 백제 왕실의 성씨를 시조 온조(溫祚)가 부여 계통에서 나왔다 하여 부여(夫餘)씨라 기록했지만 중국의《후한서》,《삼국지》,《진서》 등에는 왕의 이름만 기록돼 있다. 그런데《송서》에 따르면 근초고왕(13대)부터 위덕왕(27대) 때까지는 여(餘)씨로 표기하다가 무왕(29대)부터 부여씨로 기록해 놓았다. 이로 볼 때 백제의 경우 근초고왕 때부터 성씨를 사용했을 것으로 보인다. 그 외의 성씨로 사, 연, 협, 해, 진, 국, 목, 왕, 장, 사마, 수미, 고이, 흑치 등이 있다.

이번엔 신라의 경우이다.《삼국사기》,《삼국유사》에 따르면 신라에는 박(朴), 석(昔), 김(金) 세 개의 성이 전해져 왔고 유리왕 9년(32)에 왕이 직접 육부(六部)의 촌장에게 각각 이(李), 정(鄭), 손(孫), 최(崔), 배(裵), 설(薛)씨의 성을 내려 주었다고 한다. 하지만 중국의 《북제서》를 보면 진흥왕이 금진흥(金眞興)으로 기록돼 있다. 김(金)씨라는 성이 여기서 처음 보인 것이다. 이로 볼 때 신라의 경우엔 진흥왕 시대부터 성씨가 쓰였을 것으로 보인다. 박, 석, 김씨와 이, 정, 손, 최, 배, 설의 육부 성씨 외에 장과 비 등의 성씨도 있었다. 《삼국사기》에 따르면 당시엔 성을 사용한 사람보다 성을 사용하지 못한 사람이 더 많았다.

세력 확장을 위해
성을 하사한 왕건

고려 시대에는 어땠을까. 태조 왕건은 개국공신들과 지방 토호 세력들을 규합하기 위해 전국을 군, 현으로 개편하면서 성도 하사한다. 그로 인해 우리나라 성씨의 체계가 확립되었다. 개국공신 홍유(洪儒), 배현경(裵玄慶), 신숭겸(申崇謙), 복지겸(卜智謙) 등도 처음에는 성이 없었다. 그 전에 홍유는 홍술(弘述), 배현경은 백옥(白玉), 신숭겸은 삼능산(三能山), 복지겸은 복사귀(卜沙貴)였다. 성을 하사받은 후 이들은 각 성의 시조가 되었으니 홍유는 남양 홍씨(南陽 洪氏), 배현경은 경주 배씨(慶州 裵氏), 신숭겸은 평산 신씨(平山 申氏), 복지겸은 면천 복씨(沔川 卜氏)의 시조가 되었다. 이처럼 고려 초기부터 귀족, 관료들은 거의 다

성을 썼던 것으로 보인다. 하지만 고려 문종 9년(1055)에 성이 없는 사람은 과거 시험에 응시할 수 없다는 법령을 내린 것을 보면, 이때까지도 성을 쓰지 않는 사람이 많았던 것 같다. 귀족, 관료들만 성을 사용하고 민중은 성을 쓰지 못했을 것이다. 문종 이후부터 서서히 성이 늘어났고 사람을 시조로 하는 성씨도 늘어 갔다.

앞서 말한 것처럼 태조 왕건은 개국 초기부터 측근 세력을 구축하기 위한 유화 정책의 일환으로, 개국공신들에게 성을 많이 하사했다. 또한 중앙과 연결된 호족들도 그들 나름대로 성을 가지게 됨으로써 많은 성이 나오게 되었다.

《목은문고》16권 〈현복군 권공 묘지명〉에 따르면 권씨는 김행(金幸)이 시조다. 김행은 신라 때 복주(福州)를 지키고 있었는데, 왕건이 신라를 치려고 복주에 왔을 때 왕건에게 항복하고 고을을 바친다. 천명이 왕건에게 돌아갔다고 확신한 것이다. 이에 왕권은 기뻐하면서 그에게 '권'이라는 성을 내렸다.

왕건은 고창(古昌)전투에서 승리하자 동쪽 지역이 편안하게 되었다며 안동이라 지명을 바꾸고, 김행과 함께 왕건을 도운 김선평과 장길에게도 안동 김씨, 안동 장씨를 하사했다.

또 왕건은 남한강에 이르렀을 때 서목(徐穆)이 전투를 돕자 지역 명을 이천군으로 바꾸고 서목에게 이천 서씨를 하사했다.

왕건은 전쟁이 끝난 후 중국 씨족 제도를 모방해 성씨를 반포함으로써 보통 사람들도 성을 가질 수 있게 제도화했다. 토성분정(土姓分定) 정책이었다. 토는 지역을 가진 본관을 뜻하고 성은 혈연으로 연결된 성씨를 뜻한다. 중국에서는 지역을 분할해 주고 성을 하사하는 것이 황제의 의례적 행사였다. 이때 정(鄭), 곽(郭), 송(宋), 오(吳) 등이 나라의 이름이면서 제후의 성으로 본관이 되었다. 본관은 신라 시대에도 있었지만 신라 때는 극히 일부만 사용했다.

왕건은 토성분정 정책으로 제후들에게 땅을 일정하게 나누어 주고 통치하게 하였으며, 성을 주어 종족을 세움으로써 나라를 안정시켰다. 또 항복한 경순왕에게 경주를 식읍으로 제공했다. 이로 인해 경주 이씨, 경주 정씨, 경주 최씨, 경주 설씨, 경주 배씨, 경주 손씨 등이 탄생했다.

백성도 성을 쓸 수 있었던
조선 시대

조선 시대에는 개국 초기부터 일반 백성도 성을 사용했다. 다만 노비와 천민 계급은 조선 후기까지도 성을 사용할 수 없었다.

그러다 1909년 새로운 민적법(民籍法)이 시행돼 누구라도 성과 본을 갖게 되었다. 당시에는 성이 없는 사람이 원하면 호적을 담당한 동(洞) 서기나 경찰이 마음대로 성을 지어 주기도 했다. 머슴의 경우 본인이 원하면 주인의 성과 본관을 따르기도 했고 다른 명문가의 성씨를 자신의 성씨로 삼는 경우도 많았다.

《앙엽기(盎葉記)》와 《세종실록지리지(世宗實錄地理志)》, 《동국여지승람(東國輿地勝覽)》에는 성씨 종류가 정확히 기록돼 있다. 이덕무가 쓴 《앙엽기》에는 486개의 성씨가, 《세종실록지리지》에는 265개, 《동국

여지승람》에는 79개의 성이 기록되어 있다. 대략 500개의 성씨가 존재한다고 볼 수 있겠다. 하지만 이후 소수만 사용하던 성씨들은 사라지고 유명한 성씨들만 남아 성씨가 반 이상 줄어들어 현재는 250여 개만 남아 있다.

이름은 왜 생겼을까

이제 이름에 대해 알아보자. '밤이 되니 상대를 구별할 수 없어 생겨난 것이 이름'이라고 한다. 즉 밤에는 잘 볼 수가 없으니 이름이 생겨났다는 것이다. 명(名) 자를 풀어 보면 이해하기 쉽다. 명 자는 저녁 석(夕)과 입 구(口)가 합쳐져서 만들어진 글자이다. 풀이하면 '저녁에 어두워 보이지 않을 때 상대를 찾으려고 부르던 것'이라는 뜻이다. 성이나 씨는 존재하는데 이름이 없었던 시절에는 낮에는 눈짓, 손짓 또는 몸짓으로 상대를 부를 수가 있었다. 그러나 밤이 되면 상대를 부를 방법이 없었다.

《춘추(春秋)》, 《예기》 등을 보면 이름으로 쓸 수 있는 글자와 쓸 수 없는 글자를 정해 놓았다. 예를 들어 나라 이름이나 관직 이름, 강이나 산 이름, 질병·가축·그릇이나 물건의 이름들은 사용하지 못하게 했다. 다음은 《춘추좌씨전》의 〈환공(桓公)〉 편에 나오는 내용이다.

노나라 환공 6년 9월 정묘 날에 태자가 태어났다. 태자가 태어났으니 예를 갖추어 생일잔치를 열었다. 소, 양, 돼지의 음식을 준비하고 점쟁이에게 좋은 선비를 고르게 하여 태자를 업히고 또한 점쟁이에게 부탁하여 선비의 아내 중에서 선발해 유모로 삼았다. 환공은 태자 이름을 어떻게 지을지 대부인 신수에게 물었는데, 그는 다음과 같이 대답했다.

"이름을 짓는 데는 다섯 가지 방법이 있습니다. 신(信), 의(義), 상(象), 가(假), 류(類)가 그것입니다. 출생 시를 반영해 짓는 신(信), 장래의 번영을 생각하며 덕 있는 이름으로 짓는 의(義), 아이의 용모를 반영해 짓는 상(象), 사물에서 이름을 취하는 가(假), 부모와의 유사점을 취하여 이름 짓는 류(類)가 있습니다. 제후의 나라 이름이나 벼슬 이름, 산천 이름, 질병 이름, 제사 지낼 때 쓰이는 짐승 이름, 예물로 쓰이는 그릇 이름은 아이의 이름을 지을 때 사용하지 않습니다. 주나라 사람은 생전의 이름을 꺼려 휘(諱)로써 조상을 섬기는데, 생전의 이름은 그 사람이 죽었으니 꺼려 사용하지 않는 것입니다. 또한 나라 이름으로 이름을 지으면 그 인명을 고치고, 관직 이름을 사용하면 관직 이름을 고치고, 산천의 이름을 사용하면 산천의 이름을 고치고, 가축 이름을 사용하면 가축을 제사 때 사용하지 못하고, 예물에 사용하는 그릇 이름을 사용하면 그 그릇을 예물에 쓸 수 없습니다."

진나라 희공이 사도라는 관명으로 이름을 지었기 때문에 사도를 중군(中軍)으로 고친 바 있다. 또한 송나라 무공(武公)이 사공(司公)이라는 관직 이름으로 이름을 지어 관직 이름을 고친 바 있고, 노나라 헌공(獻公)의 이름은 구(具)이고 무공(武公)의 이름은 방(放)이었기 때문에 구산(具山), 방산(放山)의 산 이름과 방과 구가 들어가는 동네 이름을 바꾸었다. 이처럼 귀중한 것의 이름으로 명명(命名)하는 것은 아니 되는 것이다. 환공이 말했다. "이 아이가 나와 생일이 같으니 그러면 동(同)이라 하겠다."

의식을 치르듯
이름을 지은 선조들

옛날에는 아이의 출생과 관련된 것을 매우 신성시해 작명에도 무척 신중했다는 사실을 알 수 있다. 태어난 아이는 딴 방을 마련해 거처하도록 하였고 보모를 두었다. 태어난 지 석 달이 되면 그달 그믐께 머리 손질을 해 준 후 정식으로 아버지를 만나게 해 주었다. 이러한 내용이 《예기》의 〈내칙(內則)〉에 자세히 나와 있다.

세자가 아이를 낳으면 임금은 목욕하고 조복(朝服)으로 갈아입는다. 왕비 역시 이와 같이 한다. 모두 작계(作階)에 서서 서쪽을 향한다. 세자의 부인(아이의 엄마)이 아들을 안고 서쪽 계단으로부터 올라온다. 임금은 이름을 지어 주고 곧 내려간다. 서자는 외침(外寢)에서 보이는데 임금이 아이의 머리를 어루만져 주고 어린애의 웃음소리를 듣고 이름을 지어 준다. 예절은 세자 때와 같으나 말은 하지 않는다. 대체로 아들에게 이름을 지어 주는데 달과 태양을 가지고 짓지 않고, 나라와 질병 이름으로 짓지 않으며, 대부나 선비의 아들은 감히 세자와 이름을 같게 하지 않는다.

후궁이 아들을 낳으면 임금은 사람을 시켜서 하루에 한 번 소식을 듣는다. 태어난 지 석 달이 되면 후궁은 옷을 정갈하게 갈아입은 후 아이와 함께 내실로 가서 임금께 인사를 드린다. (…) 서민은 별실이 없는 자는 출산 날에 남편이 나가서 내실에 거처한다. 출산 소식을 묻는 것은 아들이 아버지를 뵙는 때와 다를 것이 없다. 할아버지가 손자의 이름을 지어 주는 예절은 아들이 아버지를 뵙는 때와 같고 말만 없다.

이렇듯 동양에서는 이름의 중요성이 강조되어 왔고 이것이 성명학으로까지 발전되었다고 볼 수 있다.

성명학의 종류

동양에서 성명학의 체계가 갖추어지기 시작한 것은 송과 명나라 때쯤으로 추정할 수 있다. 명대의 만육오(萬育吾)가 쓴 《삼명통회(三命通會)》〈오음간명법(五音看命法)〉에 사람의 이름이 가지고 있는 소리 즉 발음의 작용이 운세에 어떻게, 어떤 영향을 끼치는지 적혀 있다. 그래서 만육오를 발음성명학의 시조로 본다. 만육오 전에 채구봉(蔡九峰)이 《팔십일수원도(八十一數元圖)》를 지었는데 이름의 획수로 길흉을 설명한 것이다. 수리성명학(數理姓名學)의 시초가 되는 책이다.

다양한 성명학

성명학의 종류는 상당히 많다. 앞서 말한 발음성명학, 수리성명학

외에도 음양성명학(陰陽姓名學), 용신성명학(用神姓名學), 측자파자성명학(測字破字姓名學), 성격성명학(性格姓名學), 오행성명학(五行姓名學), 육효성명학(六爻姓名學), 주역성명학(周易姓名學) 등이 있다.

수리성명학은 이(利)격, 형(亨)격, 원(元)격, 정(貞)격 이 4격(四格)을 가지고 81수리(數理)의 조견표에 비교하여 운명을 풀어 가는 방법과 5격(五格)을 가지고 81수리 조견표에 비교하여 운명을 풀어 가는 방법인 일본식(日本式) 수리성명학 두 가지가 있다. 수리성명학은 통계적인 타당성이 없어 버려야 할 성명학이다.

음양성명학은 성명의 획수가 짝수인 2, 4, 6, 8, 10획은 음(陰)이고 1, 3, 5, 7, 9획은 양(陽)으로 하여 음양이 조화를 이루도록 작명하는 방법을 말한다. 김대중을 예로 들어 보자.

金 8 짝수이니 음

大 3 홀수이니 양

中 4 짝수이니 음

음양성명학 측면에서 봤을 때 '김대중'은 이름에 음도 있고 양도 있어 음양이 조화로운 이름이다.

타당성 있는 이론만 걸러 내야

용신성명학은 타고난 사주팔자에 필요한 오행을 찾아 이 필요한 오행을 자원오행(字原五行)이나 발음오행(發音五行)으로 하여 작명하는 방법이다.

측자파자성명학은 성명의 글자 한 자 한 자를 측자(測字)하거나 파자(破字)해 나가면서 길흉을 판단해 나가는 것이다. 측자파자는 분리나 결합이 자유로운 한자의 독특한 특징을 활용해 응용한 성명학이다. 보통 측자와 파자는 동의어처럼 사용하지만, 엄밀히 살펴보면 서로 의미가 다르다. 측자는 글자의 오른쪽이나 왼쪽 편에 획수 또는 점 등을 더하거나 없애거나 하여 다양한 해석을 하는 것으로, 길흉을 예측하는 일종의 점술로 활용되어 왔다. 파자는 글자를 분리해서 해석한다고 하여 탁자(柝字)라고도 했다. 측자와 파자는 서로 유래나 사용 방법이 달랐지만, 조선 시대에 주로 점술로 사용하던 측자술(測字術)이 파자점(破字占)으로 불리면서 측자와 파자가 혼용돼 쓰이다 현대에 이르러 측자파자라고 붙여 쓰게 되었다. 측자파자는 자칫 코에 걸면 코걸이요 귀에 걸면 귀걸이라 성명학에 사용하기에는 어려움이 있다.

성격성명학은 비견(比肩), 비겁(比劫), 식신(食神), 상관(像官), 편재(偏財), 정재(正財), 편관(偏官), 정관(正官), 편인(偏印), 정인(正印) 이 10가지 유형을 음양으로 나누고 20가지 유형의 운명을 분류하여 그것을 토대로 작명하는 방법이다.

성명의 자원오행이나 발음오행, 수리오행(數理五行) 등을 가지고 오행의 상생(相生)과 상극(相剋), 비화(比和)의 원리를 살펴 가는 것이 오행성명학이고, 육효성명학은 주역의 대성괘(大成卦)인 64괘에다 청룡(靑龍), 주작(朱雀), 구진(勾陣), 등사(騰巳), 백호(白虎), 현무(玄武) 이 6가지 동물의 상징인 육수(六獸)를 붙여 운명을 판단하는 것을 말한다.

　주역성명학은 성명의 획수를 《주역》 8괘인 건(乾), 태(兌), 리(離), 진(震), 손(巽), 감(坎), 간(艮), 곤(坤)으로 바꾸고 이것을 다시 64괘로 바꾸어 운명을 풀어 가는 것이다.

　이외에도 다양한 성명학이 있어 헤아리기 어려울 정도다. 100여 종류가 있을 것으로 생각되나 검증되지 않은 것이 너무 많아, 언젠가는 반드시 분석을 통해 타당성 있는 이론만을 활용하는 날이 왔으면 한다.

―――――――――――― 곁들여 읽기 ――――――――――――

상생, 상극, 비화

　오행성명학에는 발음오행성명학과 자원오행성명학, 획수오행성명학(劃數五行姓名學) 세 종류가 있다.

　오행성명학을 알려면 먼저 오행의 상생(相生), 상극(相剋), 비화(比和)를 알아야 한다. 오행이란 목화토금수(木火土金水) 다섯 가지를 말하는데, 이 목화토금수는 서로 생(生)하기도 하고 서로 극(剋)하기도 하고 서로 비화(比和, 생과 극을 서로 피하고 같은 것이 만나는 것)하기도 한다.

　먼저 상생을 알아보자.

　목(木)은 화(火)를 생하고(나무는 나무를 땔감으로 삼아 태우고)

화(火)는 토(土)를 생하고(다 탄 것은 재가 되어 흙으로 돌아가고)

토(土)는 금(金)을 생하고(흙 속에서 썩은 물체들이 바위가 되거나 보석이 되고)

금(金)은 수(水)를 생하고(바위 틈 속에서 물이 나오고)

수(水)는 목(木)을 생한다.(물은 나무의 양분이 되어 준다)

이 상생의 흐름을 그림으로 표현하면 다음과 같다.

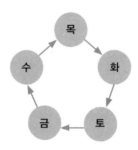

이번엔 상극에 대해 알아보자.

목(木)은 토(土)를 극하고(나무는 흙 속의 양분을 빨아먹거나 산들이 떠내려 가지 못하게 뿌리를 내려 준다)

화(火)는 금(金)을 극하고(불은 금속을 녹여 주고)

토(土)는 수(水)를 극하고(흙은 제방이 되어 물을 가두어 두고)

금(金)은 목(木)을 극하고(금속은 도끼나 톱 등이 되어 나무를 자르고)

수(水)는 화(火)를 극한다(물은 불을 꺼 준다).

상극을 그림으로 표현하면 다음과 같다.

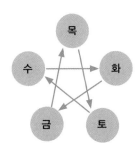

마지막으로 비화에 대해 알아보자. 같은 오행을 비화라고 한다. 그러므로 목과 목, 화와 화, 토와 토, 금과 금, 수와 수가 비화가 되는 것이다.

상생과 상극과 비화를 알아보았으니 오행의 작용에 대해서도 알아보자.

같은 오행이 함께 있으면 힘의 작용이 매우 크다.

木一木, 火一火, 土一土, 金一金, 水一水

생하는 오행과 함께 있으면 힘의 작용이 약해진다.

木一火, 火一土, 土一金, 金一水, 水一木

극하는 오행이 함께 있으면 힘의 작용이 약해진다.

木一土, 火一金, 土一水, 金一木, 水一火

극을 받는 오행이 함께 있으면 힘의 작용이 약해진다.

木一金, 火一水, 土一木, 金一火, 水一土

생을 받는 오행이 함께 있으면 힘의 작용이 왕성해진다.

木一水, 火一木, 土一火, 金一土, 水一金

오행성명학을 활용하면 성격성명학은 활용할 수 없는 경우가 많이 생긴다. 오행성명학보다 성격성명학이 중요하므로 두 성명학이 서로 배치될 때는 오행성명학을 포기하고 성격성명학을 우선하여 작명할 수밖에 없다.

수리성명학의 문제

　성명학 종류에 수리성명학이 있다. 시중에 유통되는 성명학 책은 대다수가 수리성명학에 근거한다. 그러나 아직 체계적으로 완성되지 못하고 글로만 전달되다 보니, 실제 적용에 많은 어려움이 따르고 감정상 틀리는 경우도 잦다.

　수리성명학이란 한마디로 성명의 한자를 획수로 풀어 운명을 감정하는 방법이다. 요즘은 수리성명학을 장사에 활용하는 경우가 있는데 대표적인 것이 도장업이다. 성명을 수리학적으로 풀어 주면서 거기에 맞는 빛깔의 도장에 이름과 문양을 새겨 간직하라는 것이다. 그러나 결론적으로 말하면 그다지 신빙성이 높지 않다고 할 수 있다.

　수리성명학은 이격, 형격, 원격, 정격으로 나눈다. 이격은 성과 끝 이름자 획수의 합, 형격은 성과 첫 이름자 획수의 합, 원격은 이름자 획수의 합, 정격은 전체 획수의 합을 말한다. 그러나 이러한 감정법은 상담 과정에서 오류가 많고 유명인과 대조해도 어긋나는 경우가 많다. 한 예로 김영삼 전 대통령을 들어 보자.

金	泳	三
8	9	3

수리성명학대로 풀면 이격은 11획이니 흥가운(집안을 일으켜 세우는 운)이라 무난하고, 형격 또한 17획이니 강건운이라 무난하다. 원격 12획은 파괴운(단명운)이라 부모·처자 인연이 박하고, 고독한 삶에 재혼의 불상사가 있다. 정격은 20획이니 단수운이 되어 자녀 불효, 부부 이별 등의 불상사가 따른다.

그러나 김 대통령이 88세로 서거했으니 단명운은 맞지 않다. 또 부모와 처자 인연이 박하다고 하나 김 대통령의 경우 거제의 부잣집 자제이고, 부부가 해로한 것은 세상이 다 아니 이 또한 맞지 않는다. 이 예로 보아도 수리성명학의 학문적 가치는 다시 검토해 볼 필요가 있다.

시중에 범람하는 수리성명학 책을 역학자들이 함께 검토하고 개정해야 할 것으로 보인다.

또 성명학에서는 이름으로 좋지 못한 글자들을 정해 놓았다. 이러한 글자를 쓰면 운명에 장애가 생긴다는 이야기이다. 이 또한 타당성이 부족하다. 다음의 예들을 보자.

성명학에서는 '목숨 수(壽) 자를 이름에 쓰면 단명할 수 있다. 수명에 대해 너무 깊이 생각하다 보면 짧아질 수 있다'고 하는데, 김수환

(金壽煥) 추기경만 봐도 87세에 돌아가셨으니 장수한 삶이다.

또 '이름에 용 용(龍) 자를 쓰면 좋을 것 같지만 그렇지 않다. 용꿈은 좋으나 이름자에는 좋지 않다. 발전이 어렵고 성공률이 낮다'고 하는데, 상당히 높은 지위까지 올랐던 김덕룡(金德龍) 전 국회의원만 보더라도 이 또한 풀이가 맞지 않는다. 이처럼 수리성명학이나 다른 성명학 중에도 맞지 않는 부분이 존재하니 절대화할 것이 못 된다.

역학이란 종합적인 판단을 요구하기 때문에 한두 가지 갈래를 갖고 운명을 판단하면 정확도가 떨어지기 마련이다. 학문적으로 깊이 연구하고, 더불어 여러 측면에서 폭넓게 종합적으로 판단하는 게 중요한 이유다.

일생을 함께하는 '이름'

송나라 문호인 소순(蘇洵)이 쓴 글에 〈두 자식의 이름을 지은 설 (說)〉이 있다. 거기에는 두 아들의 이름을 지은 배경이 실려 있다. 소 순의 큰아들은 식(軾), 작은아들은 철(轍)이다.

큰아들을 식이라 지은 연유는 이러하다. 식은 수레 앞에 가로로 댄 나무를 가리키는데 평소에는 눈에 잘 띄지 않는다. 소순이 살던 시절 은 세상이 혼란스럽고 위태로웠다. 그로 인해 언제 어떤 화를 당할지 모른다는 불안감이 사회적으로 팽배해 있었다. 이런 세상에서 외양 이 두드러지거나 눈에 잘 띈다면 더욱 큰 화를 입을 것이다. 하여 사 람들의 눈에 띄지 않는 모습을 지니면 화를 덜 당하리라는 생각에서 식이라 이름 지은 것이다.

수레가 지나간 흔적을 철(轍)이라 하는데, 모든 수레는 바퀴의 흔적 을 남긴다. 바퀴의 흔적이 없는 수레는 이미 수레가 아니다. 비록 수레가 고장 나서 제구실을 못하더라도 바퀴 자국은 남게 된다. 수레가 사람과 물건을 실어 나르고, 또한 비탈길이나 자갈길을 다니느라 힘든 상황에 처할지라도 철은 그 직접적인 화를 입지는 않는다. 그래서 소순은 둘째아들의 이름을 철이라 지었다.

《춘추좌씨전》에서 말한 다섯 가지 명명법에서 소식과 소철의 이름은 덕 있는 이름을 짓는다는 의(義)에 속한다.

이처럼 옛 성현들은 고심해서 자식의 이름을 지었다. 이에 비하면 요즘 부모들은 너무 가볍게 이름을 짓는 경향이 있다. 아이가 이 이름을 좋아할까, 이 이름이 아이에게 어떤 영향을 미칠까, 이 이름 때문에 놀림을 받지는 않을까, 이 이름을 자랑스러워할까 등 진지하게 고민할 필요가 있을 것이다.

선박 이름을 짓는 선박 명명법도 있고, 하물며 남북정상회담 때 맞교환한 진돗개와 풍산개에도 통일, 평화, 자주, 단결 등 뜻깊은 이름을 지어 준다. 만물의 영장인 사람에게는 더욱 소중한 것이 이름이니 함부로 이름을 지어선 안 될 것이다.

일생을 함께하는 존재

청주의 서원대학교 평생교육원에서 역학, 풍수, 성명학 강의를 할 때 일이다. 평생교육원이나 사회교육원은 일반인 대상으로 교육하기 때문에 수강자 연령과 직업이 매우 다양하다. 20대부터 80대까지, 자영업부터 현직 공무원, 정년퇴직한 교장 선생님까지 가지각색의 사람이 모여 배운다. 그중 한 분이 질문을 했다.

"K 철학관을 아시나요?"

입소문을 들어 이미 알고 있는 곳이었다. 잘 안다고 말하자, 재차 "그곳이 이름을 잘 짓습니까?"라고 물었다. 난감했다. 뭐라 말해야 하나 고민하는 찰나, "그놈, 엉터리입니다"고 한 수강생이 소리를 질렀다.

수업을 듣던 이들의 시선이 그에게로 쏠렸다. 그는 자신의 경험담을 털어놓았다. 이야기의 전말은 이러했다.

귀한 아들을 얻었기에 작명으로 유명하다는 소문을 듣고 그 철학관을 찾았다. 소문대로 손님들이 문전성시를 이루고 있었다. 대기실은 발 딛을 틈이 없었다. 꽤 오랜 시간을 기다린 끝에 상담실에 들어갔으나 앉자마자 생년월일을 묻더니 1분도 안 되어 뚝딱 이름을 써 주더라는 것이다. 이름이 영 마음에 안 들어 어렵게 다시 지어 줄 것을 요청했더니 또 1분도 안 되어 지어 주더란 것이다. 미심쩍지만 유명한 사람이고 해서 받아 들고 왔다. 1년이 지나도록 마음이 불편해서 그 이름을 들고 다시 그 철학관을 찾아갔는데 그때도 여전히 사람이 많았다고 한다. 오랜 시간 기다려 1년 전에 지어 준 이름을 내놓고 감정을 요청했더니 대뜸 소리를 쳤다.

"어떤 놈이 이런 이름을 지었어. 이것도 이름이라고 짓다니. 이런 이름을 갖고 있으면 큰일 나. 빨리 바꿔야 해."

그 말에 너무 어이가 없어 "그 어떤 놈이 바로 당신이야"라고 소리친 후 뒤도 안 돌아보고 나왔다는 것이다.

이름은 평생 자신과 함께 생을 이루어 나가기 때문에 매우 중요하다. 옷을 한 벌 살 때도 여기저기 살핀 후 신중하게 고른다. 어느 때는 몇 시간 동안 이 옷 저 옷 입어 보아도 마음에 드는 것이 없어 그냥 나오기도 한다. 길어야 몇 년 입을 옷 사는 데도 한나절 이상을 투자해야 할 때가 있거늘 평생 부를 이름이야 말해 무엇 하랴. 어감이 좋다고, 또는 그냥 예뻐서 무조건 자신의 생각만 고집해 쉽게 이름을 지어선 안 될 일이다. 자신과 평생 함께할 귀한 존재가 이름이기 때문이다.

이름과 사주의 관계

아카시아 향기가 진하게 퍼지던 오월, MBC의 〈PD수첩〉, SBS 〈그 것이 알고 싶다〉에서 훌륭한 역술가로 소개된 탓인지 사무실로 손님 들이 밀려들었다.

해가 뉘엿뉘엿 져 하루를 마감하려는 때에 40대 중반의 신사가 상 담실로 들어섰다. 이름을 물어본 후 생년월일시를 받아 적고 사주팔 자를 뽑아 대운과 그의 운세를 파악해 갔다.

먼저 이름 풀이를 했다. 학자나 연구직이 어울릴 것이나 사업은 적 성에 맞지 않았다. 사주에서 그 사람의 그릇과 건강을 살펴보았고 대운을 읽어 내려가는 데 38세부터 43세 사이에 오화(午火)대운이 보 였다. 현재 그의 나이 44세이니, 이제 막 그 운이 지나간 상황이었다. 오화대운이란 한마디로 개점하자마자 휴업하는 운이다.

"오화대운이 있었으니 엄청난 재산 손실을 입고 파산지경에 이르렀겠군요."

그때껏 여유롭게 팔짱을 낀 채 미동도 않던 내담자 표정이 순간 일그러졌다. 그러더니 의자를 바짝 끌어당긴 후 진지한 표정으로 물었다.

"그런 것도 나옵니까?"

그는 지난 5년간의 사정을 털어놓았다. 5년 전 일간지에 사주풀이하는 역술가를 찾아가 사주를 불러 주고 사업 성패를 물어보았다고 한다. 그 역술가가 상호만 잘 짓는다면 큰돈을 벌 수 있다고 해서 무려 1500만 원에 작명을 맡겼다. 하지만 그가 운영하던 동대문시장 포목점과 지방의 공장은 참담하게 망했다.

상호나 이름의 작명은 개인의 사주에 맞추어 잘 지어야 한다. 그런데 그 역술가는 삶의 조언자 역할을 망각하고 돈 욕심만 냈던 것이다. 그건 역술가의 도리에 어긋나는 일이다. 사주팔자에는 성격, 적성에 맞는 직업, 잘해 낼 수 있는 직무 등 다양한 정보가 담겨 있다. 사업가로서 성공할 사람이 있고 공무원이나 선생님의 직업이 더 잘 어울리는 사람이 있다. 상담가나 혹은 의사로 재능을 발휘할 사람도 있다.

사주는 거짓말을 하지 못한다. 역술가는 그 사람의 장점을 부각시켜 좋은 운을 끌고 가게 도와야 한다. 그런 의미에서 사주는 타이밍이 중요하다. 생명에도 골든아워가 있듯이 각자의 삶에도 골든아워가 있다. 나의 삶이 흥할 때와 쇠할 때를 알고 대처하는 것이 현명하다.

이름을 보면 성격이 보인다

    미용실은 머리를 다듬는 곳이지만, 때론 사회 사랑방 역할도 한다. 헤어스타일을 바꾸는 동안 귀로 많은 삶의 정보를 얻는다. 손님들의 대화 속에는 당대의 정서와 생각, 생활 문화 등이 살아 있어 시대감각을 저절로 체득하게 된다. 역학가는 그런 사람들의 운명을 족집게처럼 맞히는 것도 좋지만, 그들의 아픔과 정서에 공감하고 이해해 주는 것에 상담의 일차 목적을 두어야 한다.

    어느 날 단골 미용실에 들어섰다. 그날따라 원장을 포함해 직원들 시선이 예사롭지 않았다. 평소 자신들의 운명을 상담하고 싶어도 선뜻 입을 떼기 어려워 눈치만 살핀다는 것은 어렴풋이 알고 있었지만 그날만은 여느 때와 분위기가 달랐다. 마침 미용실 안에 손님들이 별로 없었던 탓인지 헤어디자이너들과 원장이 내 주변으로 몰려들었다. 그들은 잠시 머뭇거리더니 흥분한 듯 이야기를 털어놓았다.

며칠 전 떠돌이 도장 파는 사람이 찾아왔다. 그는 이곳에 근무하는 모든 사람의 이름을 풀어 주고 홀연히 떠났다. 그런데 그가 남긴 말이 사람들 마음을 흔들어 놓았던 것. 그는 미장원의 한두 명 빼고는 모두 이름을 잘못 지어 어떤 이는 교통사고로 죽을 수 있고, 누구는 암과 같은 치명적인 질병으로 죽을 수 있고, 또 어떤 이는 결혼해도 곧 배우자가 죽을 운명이라고까지 했다는 것이다.

그러고는 이런 액운을 극복할 방법을 가르쳐 주었는데, 자기 이름에 점 하나를 추가한 도장이나 인(印) 자나 장(章) 자를 함께 새겨 넣은 도장을 수시로 사용하면 운명이 바뀐다고 말했다.

그런데 문제는 그 도장 가격이 터무니없이 비싸 모두 망설이고 있었던 모양이다. 그 남자는 며칠 후에 다시 올 예정이었다. 원장을 비롯한 직원들이 실례를 무릅쓰고 내게 상담을 요청한 이유였다.

지방의 한 도시에 유명한 작명가 한 분이 있었다. 이분은 고객이 오면 개명시키고 그 이름을 수저에 새겨 식사를 하라고 시켰다. 좋은 이름을 새긴 수저로 밥을 먹으면 복이 밥을 따라 입으로 들어온다는 것이다. 개명한 이름을 은수저에 새겨 꽤 비싼 값에 팔고 있었는데 많은 사람이 그 말에 현혹되어 그 은수저를 샀다. 실로 엉뚱한 발상이다. 친구나 주변 사람들이 불러 주는 이름과 수저에 새긴 이름이 서로 다른데, 수저로 밥을 떠먹는다고 해서 복이 들어올 리가 있겠는가.

현실적으로 사주팔자는 고칠 수 없지만 이름은 바꿀 수 있어 이름을 통해 운명을 바꾸어 보려는 것이다. 그러나 단언컨대 잘못된 이름이 교통사고나 암, 사별, 단명 등을 불러들일 수는 없다.

성명은 운명보다는 성격에 관여한다. 따라서 성격이 급하면 심장병이나 고혈압 등에 걸릴 위험이 높다는 것은 타당하다. 흔히 공주병, 왕자병이라 하듯 자신밖에 모르는 이들은 부부 갈등을 예상할 수도 있을 것이다.

하지만 이름 자체만으로 단명이나 사별을 단정할 수는 없다. 또한 도장이나 수저에 이름을 새겨 사용한다고 해서 운명이 달라지는 것은 결코 아니다. 이름은 다른 사람들이 불러 주고 본인도 직접 사용할 때 성격에 영향을 미치게 된다. 이름 주인의 인간관계에 이름이 크든 작든 관여하기 때문이다.

어느 부인의 속사정

철학관을 찾는 남녀의 비율을 살펴보면, 단연 여성이 월등히 많다. 여성이 남성보다 철학관을 더 적극적으로 찾는 이유는 여성의 고민거리가 남성보다 많다는 방증이리라.

중년 여성 두 사람이 상담실로 들어섰다. 성격이 정반대로 보였다. 한쪽은 갸름하고 역삼각형 얼굴에 다소 신경질적인 느낌을 주었고, 다른 한쪽은 전체적으로 몸체가 풍만하고 다소 남성적인 인상을 주었다. 남성적인 여성이 먼저 이야기를 꺼냈다.

"이 친구 남편 사주 좀 한번 봐 주세요."

남편의 성명을 묻고 사주팔자를 적었다. 성명을 보니 고집과 지나치게 강한 자존심이 엿보이는 이름이었다.

"남편께서는 없어도 없다는 표현을 하지 않는, 자존심이 강한 분이로군요. 누구한테 지배당하기를 싫어하는 성격이라 상사와 다툼도 심해 직장생활이 평탄치는 않을 것 같으니, 자기 사업을 하고 계시겠군요."

당사자인 그녀는 얌전히 고개만 끄덕였다. 나는 계속해서 성명에 나오는 성격만을 가지고 남편에 관한 이야기를 풀어 나갔다.

"그러나 사업에서도 일을 벌여 놓고 마무리를 짓지 못하고 타인의 말에 잘 넘어가는 스타일이라 문제가 있겠습니다. 돈은 없으면서 사업은 크게 벌여 놓고 있으며, 친구나 선후배에게 자주 보증을 서 주거나 돈을 빌려 주고 받지 못하는 일이 생기겠군요. 또한 감언이설에 속아 넘어가거나 실속 없이 사업 확장에만 힘쓰고 겉모양에만 신경 쓰는 경향도 있고요. 타인에게는 그렇게 착하고 좋은 사람인데 부인한테는 잘못을 하고도 사과하기를 싫어하고 오히려 자기 일에 간섭한다며 강압적인 모습을 보이기도 하겠군요."

그녀는 갑자기 소리 내어 울기 시작했다. 한참을 울고 난 뒤 자신의 이야기를 풀어놓았다.

그녀의 남편은 괜찮은 직장에 다니고 있었는데 상사와 다투고서는 다른 직장으로 옮겼고, 거기서도 적응하지 못하고 또 다른 곳으로 옮기기를 서너 번, 끝내 훌쩍 사표를 내고 자기 사업을 하겠다고 나섰다는 것이다. 그녀와 시부모님은 극구 말렸지만 그의 고집을 꺾을 수 없었다. 의외로 사업이 잘되어 승승장구했지만, 생활비를 집에 가져오는 경우는 전혀 없었다. 오래 지나지 않아 친구들에게 보증을 서 주거나 돈을 빌려 주어 손해 보는 일이 잦았다. 아내가 몇 차례

자제하라고 충고했지만 그때마다 남편은 자기 일에 간섭한다며 손찌검을 했고, 지금은 습관적으로 폭력을 행사한다는 것이었다. 거기다 한술 더 떠 친정에서 돈 좀 가져오라고 강요해 부득이하게 친정에도 손을 벌려야 되는 처지가 되었다. 그런 행태는 이후로도 계속되었고 사업마저 점차 기울어지면서 술과 폭력만 더욱 늘어났다는 것이다. 친정으로 피신하자, 손발이 닳도록 빌어 다시 함께 살기는 하지만 너무 삶이 힘겨워 찾아왔다고 고백했다.

그 남자의 사주는 볼 필요도 없었다. 이름 하나만 가지고서도 그의 향락성과 사치성을 알 수 있었다. 친구들에게는 훌륭한 사람이지만 가정에서는 냉혹한 얼굴의, 양면성을 가진 사람인 것이다. 그 여성은 지금은 집을 뛰쳐나와 혼자 살고 있는 친구 집에서 지낸다고 했다. 주변 사람들은 착한 남편을 놔두고 집을 뛰쳐나갔다며 수군댄다고 한다. 참으로 답답한 노릇이다.

이러한 문제는 비단 이 중년 여성만의 문제가 아니다. 철학관을 찾는 여성 중 많은 이가 남편의 사치, 외도, 도박, 구타로 인한 어려움을 호소하고 있다. 매 맞는 여성이 예상외로 상당이 많다는 것은 철학관을 운영하면서 뼈저리게 느낄 수 있었다.

이 부부는 궁합은 괜찮았다. 그런데도 불화가 끊이지 않고 있다. 이 경우엔 궁합보다 성명이 이 둘 관계에 더 크게 작용했기 때문이다. 그러므로 이름은 함부로 지어서는 안 된다. 이름이 한 사람의 운명을, 아니 한 가정을 파탄의 구렁텅이로 빠뜨릴 수 있기 때문이다. 성명이 운명에 중요한 영향을 미친다고 하면 사람들이 잘 믿지 않는다. 그러나 단적인 예를 하나 들어 보겠다.

비슷한 시간대에 태어난 사람은 사주가 같다. 시간을 두 시간씩 간격을 두어 계산하기 때문이다. 그런데 쌍둥이의 운명은 왜 다를까? 또 쌍둥이는 아니지만 비슷한 시간대에 태어나는 사람이 전국적으로 많은데 이 사람들의 운명은 왜 같지 않을까?

조물주는 우주를 창조하고 인간을 만들 때 인간에게 자신의 운명을 후천적으로 개척할 여지를 어느 정도 부여했다. 그것이 바로 이름이 갖고 있는 역할이다. 운명은 신이 정해 준 것이라면, 성명은 사람이 만든 것이다. 그러면 성명은 어떻게 인간의 운명에 영향을 미치게 되는가? 만물이 존재하는 이 지구상에는 어느 곳에나 소리가 있고 인간이든 동물이든 소리가 없어서는 존재할 수 없다. 인간은 이 소리의 파장으로 의사 전달을 한다. 특정 이름이 한 사람에게 집중되면 그 부르는 파장의 기운, 즉 에너지가 그 사람의 뇌에 영향을 미쳐 성격을 좌우하게 된다고 볼 수 있다. 따라서 이름을 작명할 때는 반드시 음양오행을 감안해야 한다.

이름에 맞게
직무를 배치하면 좋다

성명학에서 ㄱ·ㅋ은 오행에서 목(木)이요, ㄴ·ㄷ·ㄹ·ㅌ은 화(火)요, ㅇ·ㅎ은 토(土)다. ㅅ·ㅈ·ㅊ은 금(金)이요, ㅁ·ㅂ·ㅍ은 수(水)다. 성격은 이름에 좌우되는데 태어난 해의 간지가 자신의 이름자 첫 자를 극(剋)할 때 명예운과 관운이 나타난다. 이런 사람은 직장에서 돈을 받고 다니기보다는 명예를 소중히 여기기 때문에 개인 사업이나 윗사람의 간섭이 없는 직업을 선택하게 된다. 고집이 세고 남의 지배를 받기 싫어하며 추진력이나 리더십이 뛰어나다.

한 예로 1917년생의 이름의 첫 자가 ㅅ, ㅈ, ㅊ일 때를 살펴보자. 1917년은 정사(丁巳)생이고 정사는 오행에서 화(火)가 되어 금(金)을 극하니 이름 첫 자가 ㅅ, ㅈ, ㅊ인 사람의 경우 강한 리더십과 고집을 불러들여 명예운과 관운을 얻는다. 다른 예도 보자. 23년은 계해(癸亥)생이고 계해는 수(水)로 화(火)와 극하니 이름 첫 자가 ㄴ, ㄷ, ㄹ,

ㅌ인 사람 역시 명예운과 관운을 얻는다. 28년은 무진(戊辰)생이고 무진은 토(土)로 수(水)와 극하니 이름 첫 자가 ㅁ, ㅂ, ㅍ인 사람, 49년은 을축(乙丑)생이고 을축은 토(土)로 역시 수와 극하니 첫 자가 ㅁ, ㅂ, ㅍ인 사람, 74년은 갑인(甲寅)생이고 갑인은 목(木)으로 토(土)와 극하니 이름 첫 자가 ㅇ, ㅎ인 사람, 79년은 기미(己未)생이고 기미는 토(土)로 수(水)와 극하니 이름 첫 자가 ㅁ, ㅂ, ㅍ인 사람 역시 직장생활에 적응하지 못하고 개인 사업이나 자유로운 직업을 선택하게 된다. 대표적인 1917년생으로 박정희가 있고, 23년생으로는 김대중 전 대통령이 있다.

그러므로 자녀들의 이름자가 여기에 해당한다면 억지로 직장을 권할 일은 아니다. 또한 이들은 다른 사람과 비교당하는 것을 싫어하니 칭찬을 많이 해 주거나 믿고 일을 맡기는 것이 좋다. 일례로 이런 사람을 부하로 두었다면 직책을 주어 어느 한 부서를 맡게 하면 능력을 한껏 발휘할 수 있다.

이름으로 쓸 수 없던
글자들

조선은 신분제 사회였다. 그래서 윗사람의 이름을 함부로 부를 수 없었다. 특히 지존의 위치에 있는 임금의 이름을 함부로 부르면 목숨을 잃을 수도 있었다. 심지어 동음이의어(同音異義語)인 글자도 음(소리)이 같기 때문에 피해야 했다.

조선 시대 왕의 이름은 한 글자였다. 세종의 이름은 도(裪), 연산군은 융(隆), 영조는 금(昑), 사도세자는 선(愃), 정조는 상(祘)이었다. 왕의 이름은 휘(諱)라 했는데, 존엄하고 거룩해서 백성이 함부로 부르거나 사용할 수 없게 했다. 이를 피휘(避諱)라 한다. 연산군 때 유생들이 임금의 이름자를 사용해 귀양살이를 한 일도 있다.

지명도 예외는 아니다. 임금이나 성현의 이름자는 못 쓰게 했다. 대구(大丘)를 대구(大邱)로 바꾼 것도 공자의 이름 구(丘)가 쓰였기 때문이다.

《조선왕조실록》에 재미있는 기록이 남아 있다.

> 대구(大丘)의 구(丘) 자는 바로 공부자(孔夫子)의 이름자로서 향교(鄕
> 校) 신전(神前)에서 축(祝)을 읽으면 곧바로 이름자를 범하게 됩니다.

하지만 곧바로 영조의 윤허를 얻지 못했고, 정조 시대에 와서야 조금씩 대구(大邱)라는 지명을 쓰기 시작했다.

조선 정조 때 이긍익(李肯翊)이 쓴 역사책 《연려실기술(燃藜室記述)》에 보면 영조의 이름에 대한 일화가 있다. 영조 때 승지(비서)가 상소문을 읽다가 영조의 이름자인 '금' 자가 나오니 벌벌 떨었다. 그러자 영조가 말했다.

"괜찮다. 그냥 읽어라."

이렇듯 영조는 통 크게 넘어갔다.

중국에서 시작된 피휘

앞서 말했듯이 휘는 원래 임금의 이름자를 말한다. 피휘는 임금뿐 아니라 성현, 조상의 이름에 쓰인 글자를 사용하지 않는 관습을 말한다. 때에 따라서는 글자뿐 아니라 음이 비슷한 글자도 모두 피해야 했다. 이 관습은 고대 중국에서 시작돼 한국, 일본 등 주변 한자권으로 전파되었다.

좀 더 자세히 말하면, 중국에는 기휘(忌諱)라는 풍습이 있었다. 책이나 공문서에 선친의 이름이 나오면 그 자리에 '휘(諱)'라고 쓰는 것이 관례였다. 예에 집착하는 고집 센 선비들은 선친의 이름자가 있으면 아예 책을 덮어 버리거나 공문서에 결재도 하지 않았다.

휘의 종류에는 국휘(國諱), 가휘(家諱), 성인휘(聖人諱), 원휘(怨諱) 등이 있다. 국휘는 군주의 이름을 피하는 것인데 황제는 위로 7대까지, 왕은 위로 5대까지 이름을 피했다. 가휘는 집안 조상의 이름을 피하는 것이다. 성인휘는 공자, 맹자 같은 성인의 이름을 피하는 것이다. 원휘는 원수지간인 사람 이름을 피하는 것이다.

피휘 방법은 다양했다. 피해야 할 글자를 소리가 같거나 비슷한 다른 글자로 대체하는 대자(代字) 피휘법이 있고, 피해야 할 글자를 쓰지 않고 비워 놓는 결자(缺字) 피휘법도 있으며, 피해야 할 글자의 한 획을 긋지 않는 결획(缺劃) 피휘법도 있었다. 이 경우 보통 마지막 획을 긋지 않는다.

중국의 피휘 예를 보자.

진나라 때 유명한 문장가로 왕희자(王羲子)가 있었다. 그 아버지의 이름자에 정(正) 자가 쓰여 있기에, 그는 정월(正月)을 초월(初月)이나 일월(一月)로 썼다. 정직(正直)이란 글자도 정직(政直)으로 썼다. 이런 이유로 그가 남긴 문장들에서 바를 정(正) 자를 찾는 것은 불가능했다.

천재 시인 두보(杜甫)의 아버지 이름이 두한(杜閑)이었다. 그래서 그의 시에서 한가로울 한(閑) 자를 찾아보기 힘들다. 한(閑) 자가 다른 시인들에게서는 시적인 말로 흔하게 사용된 것을 보면, 두보도 기휘 풍습을 따랐음을 알 수 있다.

한나라 경제의 이름이 유계(劉啓)여서 12절기인 계칩(啓蟄)을 경칩(驚蟄)으로 바꾸었다. 진시황의 이름 정(政) 자 부분인 정(正)을 피하려고 정월(正月)을 단월(端月)로 바꾸었다. 당나라 태종 이세민(李世民)의 성씨 이(李)와 소리가 같다는 이유로 잉어를 뜻하는 한자인 이(鯉)를 사용하지 못하게 했다. 황(皇) 자와 비슷하다는 이유로 고(皐) 자를 죄(罪)로 바꾸기도 했다. 위나라 황제 이름이 조황(曹璜)이었는데, 황(璜) 자를 많은 사람이 사용하고 있어 조환(曹奐)으로 바꾸었다.

읽지 않고 "애고애고" 곡을 하다

이번엔 우리나라의 피휘 예를 보자.

고려 시대 충선왕은 이름이 장(璋)이었는데, 즉위하면서 경상도 장산현(章山縣)을 경산현(慶山縣)으로 바꾸었다. 장산현의 장이 장(璋)과 발음이 같아 피하기 위해서이다.

조선 시대 흥선대원군은 경복궁을 복원할 때 홍례문(弘禮門)의 이름을 홍례문(興禮門)으로 바꾸었는데, 청나라 건륭제의 이름 홍력(弘曆)을 피하기 위해서였다.

조선 선비들은 최소한 위로 5대조까지는 피휘를 지켰는데 선조의 이름자가 나오면 읽지 않고 "애고애고" 하며 곡으로 대신하거나 소리를 내지 않고 묵음(黙音)으로 슬그머니 넘어갔다.

《춘추좌씨전》에는 임금처럼 지위가 높은 사람, 성인(聖人), 부모의 이름은 이름으로 사용할 수 없고 함부로 부르지도 못한다고 쓰여 있다. 또한 《예기》에는 두 자로 된 선친이나 선조의 이름을 한 자 한 자 떼어 부르라고 되어 있다.

한국인은 이름에 대한 집착이 유난히 강하다. 이런 풍습은 한 인물을 극단적으로 몰고 가는 경향으로도 나타난다. 놀부, 광해군, 연산군, 대원군 하면 강하고 고집 세며 흉포한 이미지들이 떠오를 것이다. 또한 이순신, 흥부, 세종, 이율곡 하면 훌륭한 인품과 관련된 단어들이 저절로 연상된다. 이렇듯 한국인은 이름자 속에 한 인물의 됨됨이가 담겨져 있다고 생각해 자신의 선친이나 조상의 이름이 함부로 회자되는 것을 극도로 꺼린다.

이름에 대한 이런 애착은 '청풍 김씨', '경주 김씨', '안동 권씨' 등 족보에 대한 집착으로 이어지고 자칫 잘못하면 지연 집착으로도 확장될 수 있다. 즉 이름에 대한 집착이 지역, 출신학교 갈등으로 증폭된 것은 아닌가 생각된다.

《안씨가훈(顔氏家訓)》은 한국인과 중국인의 의식 형성에 큰 영향을 미쳤다. 이 책은 중국 남북조 시대 말기의 귀족 안지추(顔之推)가 자손을 위해 쓴 교훈서인데, 내용 중에 이름과 관련하여 새겨 보아야 할 좋은 문답(問答)이 있다.

혼백이 사라지고 살과 뼈도 썩어 없어지면 후에 남는 이름이야 매미의 허물(껍질)과 같은 것으로 죽은 사람과는 아무런 연관이 없을 것인데, 왜 성인들은 그토록 이름을 소중히 여겼습니까?

한 사람이 백이(佰夷)의 이름을 높이 칭송한다면, 천만인이 그를 우러러 본받게 되지 않는가. 세상 사람은 모두 이름을 드날리길 동경하므로 성인은 이러한 사람들의 성향을 이용하여 그들을 선한 곳으로 유도하려는 것이다.

항렬자

피휘 영향으로 우리 선조는 조상이나 선친의 이름이 입에 함부로 오르내리는 것을 금기시했다. 그것을 '부덕의 소치'로 여기고 엄격히 피했다. 이러한 생각은 이름자에도 영향을 미쳐 항렬자가 등장했다. 항렬자는 그 집안의 몇 대손인가를 말해 주고, 친척끼리의 서열이나 질서도 나타낸다.

선조 이름을 댈 때도 법도가 있었다. 예를 들어 김상호(金相浩)일 때 상호라 말하지 않고 "김(金) 자, 상(相) 자, 호(浩) 자"라고 말해야 뼈대 있는 집안의 자손이라고 여겼다. 이보다 더 심하게 예절을 차리는 사람은 "나무 목(木)에 눈 목(目) 자(字)에, 물 수(水)에 아닐 고(告) 자입니다"고 뜻풀이까지 해야 최상의 존중이라고 생각했다.

피휘를 중히 여기는 선비들은 관직명에 선조나 선친의 이름자가 들어 있으면 벼슬도 마다했다. 세종 때 유계문(柳季聞)이란 선비가 있었다. 그는 예의나 예절에 철두철미하고 실생활에서도 예와 인을 실천하면서 살았다. 그러던 그가 경기관찰사로 발령을 받는다. 유계문은 경기관찰사의 관(觀)과 부친 이름인 유관(柳觀)의 관(觀) 자가 똑같다고 하여 관직을 거부한다. 하는 수 없이 그의 부친이 이름을 유관

(柳寬)으로 개명한다. 그 후에야 유계문은 발령을 받아들였다고 한다.

　항렬(行列)자는 성씨별로 정해져 있어 자손들이 그냥 따르게 되는 경우가 많다. 항렬자 순서는 성씨별, 가문별로 조금씩 다르지만, 보통 오행(木火土金水)을 한자 이름 안에 넣어 사용한다. 예를 들어 이름자로 목(木)이 들어가는 글자인 상(相)이나 송(松)을 썼다면, 바로 아랫대에서는 오행 순서에 따라 화(火)가 들어가는 병(炳)이나 환(煥)을 쓰고, 그 아랫대에서는 토(土)가 들어가는 규(奎)나 준(埈)을 이름자로 쓰는 식이다. 이외에 많이는 아니지만 천간(甲乙丙丁戊己庚辛壬癸)의 순서를 따르는 경우도 있고, 지지(子丑寅卯辰巳午未申酉戌亥)의 순서를 사용하는 경우도 있다. 간혹 일이삼사오육칠팔구십 등의 숫자를 쓰는 경우도 있다. 또한 천간, 지지, 오행, 숫자를 혼합해 쓰는 경우도 있다.

　항렬자는 대체로 가운데 글자와 끝 글자에 번갈아 가며 쓰인다. 예를 들어 아버지 대에서 가운데 이름자에 항렬자를 썼다면 아들 대에서는 끝 글자에 항렬자를 쓰고, 다시 손자 대에서는 가운데 이름자에 항렬자를 쓰게 된다. 항렬자 위치를 이렇게 바꾸는 이유는 선대와 후대가 같은 자리에 있지 않게 하려는 의도다.

왜 광해군에는 '군'이 붙었을까

묘호(廟號)는 왕의 신주를 종묘에 모실 때 쓰이는 이름으로, 나라를 세운 왕은 태조(太祖), 뛰어난 업적을 이룬 왕은 태종(太宗), 제도와 문물을 완성한 왕은 성종(成宗)이라 부른다. 고려의 태조는 왕건, 조선은 이성계였다. 고려와 조선에도 성종이 있었다. 또 선왕의 적자(嫡子)로서 왕위를 이은 임금은 '종(宗)', 그렇지 않은 자가 왕이 되면 '조(祖)'라 불렀다.

이런 종, 조 개념이 조선 후기에 달라진다. 조(祖)는 업적이 많은 왕으로, 종(宗)은 덕이 많은 왕으로 변화한 것이다. 영조, 정조, 순조는 원래 영종, 정종, 순종이었으나 순종은 철종 8년(1857)에, 영종은 고종 26년(1889), 정종은 광무 3년(1899)에, 순조, 영조, 정조로 바뀌었다.

조선 제10대 왕인 연산군과 제15대 왕 광해군에는 왜 군(君)이 붙었을까? 폐위된 왕에는 군이 붙었다. 그래서 조나 종의 왕에 관한 것은 《조선왕조실록》에 기록되고, 군은 《연산군 일기》, 《광해군 일기》로 따로 불리었다. 임금 자리를 잇는 세자는 대체적으로 정실(正室)의 아내가 낳은 맏아들로 정했다. 황제의 아들은 황태자로, 왕의 아들은 왕세자라 했다. 왕의 아들들은 대군(大君)과 군(君)으로 나뉘었는데, 왕비의 몸에서 태어난 아들은 대군, 후궁의 몸에서 태어난 아들은 군(君)이라 했다. 왕의 딸들은 왕비의 몸에서 태어나면 공주(公主), 후궁의 몸에서 태어나면 옹주(翁主)로 불리었다.

양반인 아버지와 평민인 어머니 사이에서 태어난 아들은 서자, 양반인 아버지와 천민인 어머니 사이에서 태어난 아들은 얼자라 했다. 서자와 얼자는 과거시험 문과에는 응시할 수 없고, 무과와 잡과에만 응시할 수 있었다.

그 글자는 양반만
쓸 수 있었다

성명학의 이론은 오래되지는 않았지만 다양하고 복잡하다. 성명학자마다 이론이 다르고 자신의 것이 최고라고 주장한다. 그중 불용한자의 허구를 밝혀 보려 한다.

성명학에서 이름자로 사용하면 안 된다는 글자들을 불용문자(不用文字)라고 한다. 부정적인 뜻 때문에 불용문자가 되기도 하지만, 대다수는 뜻이 너무 커서, 너무 좋아서, 너무 훌륭해서 사용할 수 없다는 아무런 근거 없는 불용문자 또한 많다.

현대에는 이름자로 사용할 수 있는 글자의 한도를 대법원에서 정해 놓고 있다. 그런데 그 글자 중에서 성명학의 불용문자 이론 때문에 쓰지 못하는 한자가 많다. 뜻이 나쁜 경우는 그런대로 이해되지만 뜻이 너무 좋아서 이름자로 사용할 수 없다고 하니 이름을 짓는 입장에서는 황당할 수밖에 없다. 그렇다면 불용문자가 정말로 사람의 운명에 나쁜 영향을 미치는가? 당연히 불용문자와 운명에 절대 관계란 건 없다.

불용문자가 탄생하게 된 연유를 살펴보면 금방 알 수 있다. 동양에서는 충효사상이 매우 중요했고 세상을 지배했다. 임금, 양반, 웃어른 등에 대한 집착적 존경을 강요당하며 살아왔다. 그렇다 보니 책이나 문장에서 임금이나 양반 등 높은 이의 이름자가 나타나면 삼가는 뜻을 표하기 위해 뜻이 통하는 다른 글자로 읽거나 획의 일부를 생략하거나 했다. 앞서 살펴본 피휘를 말하는 것이다.

우리나라에서는 고려 시대부터 피휘가 유행했다. 태조 왕건의 이름 건(建)이 들어 있는 문장은 입(立)으로, 혜종(惠宗)의 이름인 무(武)는 호(虎)로, 성종의 이름인 치(治)는 이(理)로 바꾸어 사용했다. 예를 들어 후한(後漢)의 연호인 건안(建安)은 입안(立安)으로 부르는 식이었다. 백성의 불편함을 감안해 잘 사용하지 않는 글자를 임금의 이름자로 사용하기도 했다.

임금, 양반, 조상 등의 이름자를 함부로 부르지도 쓰지도 못하고 피하는 피휘가 확대되어 급기야 임금, 양반들만 사용할 수 있는 글자도 생기기 시작했다. 이를테면 임금 제(帝), 재상 재(宰), 임금 군(君), 임금 황(皇), 큰 대(大), 클 태(泰, 太), 용 용(龍), 베풀 선(宣), 어질 인(仁), 목숨 수(壽), 큰 덕(德) 등 뜻이 너무 크거나 좋은 글자는 백성이 쓰지 못했다.

베풀 선(宣)의 경우 왕이나 양반이 베풀고 살아야지 상놈이나 백정이 베푸는 것은 있을 수 없다고 생각해서 금지한 것이다. 상민이나 천민은 왕이나 양반 등의 지배계층이 베푸는 것만 받는 동물 비슷한 존재로 취급해서이다. 목숨 수(壽) 또한 비슷한 이유에서 금지했다. 왕이나 양반이 장수해야 한다고 본 것이다.

이런 사고가 불용문자 이론으로 정착되어 성명학자들에게 널리 퍼진 것이다. 그러나 현대는 신분사회도 계급사회도 아니다. 누구나 대통령이 될 수도, 국회의원이나 법조인, 의사가 될 수도 있는 민주사회다. 그런 까닭에 뜻이 너무 크거나 좋아서 이름자에 넣을 수 없다는 불용문자론은 사라져야 할 성명학 이론이다.

조선 시대의 사인

조선 시대에는 삼국 시대나 고려 시대와 달리 개인이 토지를 소유할 수 있었으며, 이 경우엔 신분의 귀천도 상관없었다. 물론 왕실과 양반들이 압도적으로 많은 토지를 소유했다. 토지매매엔 계약서가 필요했는데, 양반들은 상거래를 천하게 여겨 그 일을 노비에게 위임했다. 양반의 노비가 위임 문서인 패지(牌旨)를 가지고 계약을 했다. 패지에는 양반의 이름과, 매물 내용, 거래 사유, 노비의 이름 등이 적혀 있었다.

《경국대전》에는 계약이 체결되면 100일 이내에 관청에 신고하도록 규정해 놓았다. 매매계약서는 명문, 문기, 문권 등으로 불렸는데, 노비·물품 등을 거래하는 다양한 종류의 계약서도 있었다. 계약서에는 당연히 사인(Sign)하는 곳이 있었고, 사인하는 것을 수결(手決)이라 했다.

사인의 종류에는 문자형, 수장형, 수촌형 등이 있는데 문자형은 문자 형태의 사인을 이른다. 수장형은 손바닥을 대고 그린 것을 말하고, 수촌형은 왼손 가운뎃손가락의 첫째와 둘째 마디 사이의 길이를 재어 그림으로 그린 것을 말한다. 수장형과 수촌형은 글자를 모르는 평민 등이 많이 썼다고 한다.

조선 시대 관리들은 업무를 볼 때 문서에 일심(一心)이라는 수결을 사용했는데 나랏일을 돌볼 때 한마음으로 일하겠다는 다짐이다. 일심이라 쓰는 것을 일심결(一心決)이라고도 한다. 이순신은 자신만의 수결을 만들기 위해 일기장에서 연습을 되풀이했다고 한다.

조선 시대 사람들은 각종 문서, 편지에도 사인을 했는데 이를 서압(署押)이라 했다. 주로 초서(草書)로 썼으며, 서자(署字)·화압(花押)·화자(花子)·첨명(簽名)이라고도 한다. 꼭 글자가 아니어도 되었다. 자연의 모양 즉 나무, 배, 구름, 종 모양 등 다양했다. 서압은 자기 이름을 초서나 그림으로 써서 위조할 수 없게 하는 자신만의 사인이다.

자신을 확인시키는 수단

사인은 현대에 들어와서 도장 대신 많이 사용되는, 자신을 확인시키는 수단이다. 국가와 회사 같은 조직에서는 개인의 신용을 증명해주는 것이다. 아직까지는 도장의 효력이 크지만, 인터넷에서 신용카드로 결제할 때도 사인이 이용되는 등 그 쓰임새가 확산되고 있다.

내 사무실 근처에는 연예기획사가 많다. 그래서 근처 음식점에 가면 연예인들을 종종 만날 수 있고 그들이 음식점에 남긴 사인들도 보게 된다. 벽면을 가득 채운 그 사인들은 유명 연예인들이 자주 찾는 집임을 알리는 증표와도 같다.

사인에는 그 사람의 성격이 담겨 있다. 2018년 남북정상회담 합의서에는 문재인 대통령과 김정은 국무위원장 사인이 나란히 있다. 마음을 합하여 서로의 이름을 불러 주니 호응도가 높았다.

내가 그의 이름을 불러 주기 전에는
그는 다만 하나의 몸짓에 지나지 않았다.

내가 그의 이름을 불러 주었을 때
그는 나에게로 와서
꽃이 되었다.

김춘수의 시 〈꽃〉의 시구처럼 서로의 이름을 다정히 부를 때 비로소 관계의 향기가 피어나고 마음에 꽃이 피어나는 것이다. 남북정상회담 합의서에 나란한 정상들의 이름처럼 남북 관계 또한 어깨 나란히 따스하게 꽃피워 나갔으면 하는 바람이다.

이름에 얽힌 이야기 1

연개소문

신채호의 《조선상고사》에는 갓쉰동, 즉 연개소문에 관한 이야기가 있다. 특히 연개소문 이름에 얽힌 이야기가 흥미롭다. 연개소문은 당나라를 무너뜨리고 고구려 영토를 넓혀 기틀을 다진 인물이다. 고구려 서부의 세습 호족으로, 서부의 명칭이 연나(淵那)였으므로 성씨가 연이었다고 한다.

연개소문의 아버지는 재상이었는데, 나이 오십이 다 되도록 자식이 없었다. 그래서 매일매일 간절히 하늘을 향해 아들을 점지해 달라고 기도를 올렸다. 그 치성에 하늘도 감동했던지 어느 날 부인에게 태기가 보였고 열 달 뒤 아들이 태어났다.

아버지는 어렵게 얻은 이 옥동자 이름을 어떻게 지을까 고심하다가, 갓 쉰 되던 해에 얻은 아들이라는 뜻으로 '갓쉰동'이라 하였다. 아이는 어릴 때부터 대범하고 재주가 뛰어났다. '갓쉰동'은 이두 표기다. 개(蓋)를 '갓'으로, 소문(蘇文)은 '쉰'으로 읽은 것이다.

죽지랑

죽지랑은 김유신과 함께 백제의 군사를 도살성에서 대파하고 삼국을 통일하는 데 공헌했다. 진덕여왕, 태종무열왕, 문무왕 3대에 걸쳐 조정에서 일하며 나라를 안정시켜 이름을 떨쳤다.

죽지랑의 아버지는 진덕여왕 때 대신을 지낸 술종공이다. 그가 강원도 서북쪽 일대를 관할하는 지방장관인 삭주 도독사로 임명되어 가는 길이었는데, 일행이 죽지령에 이르렀을 때 고갯길에서 한 거사(居士)가 길을 닦고 있는 모습이 보였다. 술종공과 거사는 서로를 바라보며 남다른 느낌을 받았다. 이후로도 서로 잊지 못하고 인상적으로 기억하게 되었다.

술종공이 삭주 도독사로 부임한 지 한 달이 지난 어느 날 꿈을 꾸었다. 죽지령의 고갯길을 닦던 그 거사가 방 안으로 들어오는 것이었다. 그런데 그날 술종공의 부인도 같은 꿈을 꾼 게 아닌가. 거사의 소식을 들으러 갔다 온 사람이 말하길 거사가 죽은 지 며칠 되었다는 것이다. 술종공이 그날을 헤아려 보니 바로 술종공과 부인이 꿈을 꾼 날이었다. 술종공은 다시 군사를 보내어 죽지령의 북쪽 봉우리에 거사를 묻고 돌미륵을 만들어 무덤 앞에 세워 주었다.

숨종공의 아내는 거사의 꿈을 꾼 날 아기를 가졌고 열 달 후 사내 아이를 낳았다. 숨종공 부부는 아들 이름을 어떻게 지을까 고민하다 거사가 닦았던 고갯길의 이름인 '죽지'를 따서 죽지랑이라 지었다.

정몽주

정몽주(鄭夢周)는 고려 말 문신이자 학자이다.

그를 임신했을 때 어머니가 난초 화분을 안았다가 갑자기 떨어뜨리는 꿈을 꾸었는데, 꿈에서 난을 보았다 하여 이름을 몽란(夢蘭)이라 지었다.

태어났을 때 어깨에 검은 사마귀 일곱 개가 북두칠성처럼 그려져 있어 가족들 모두 범상치 않은 아이임을 직감했다고 한다.

몽란이 아홉 살이었을 때 어머니가 낮잠을 자다 또 꿈을 꾸었다. 검은 용이 집 뒤 동산 한가운데 있는 배나무로 올라가는 꿈이었다. 꿈속에서 용을 보았다고 하여 몽란을 몽룡(夢龍)이라 고쳤다. 성인이 되어 다시 몽주(夢周)로 이름을 바꾸었으니 세 차례 바꾼 것이다.

안성

안성(安省)은 고려 말과 조선 초에 벼슬을 지낸 문관이다. 고려 우왕 6년(1380)에 문과에 급제하여 직제학, 상주 판관 등의 벼슬을 지내면서 청렴한 관리로 이름을 떨쳤다. 조선 시대에 강원도 관찰사가 되었을 때도 청백리로 명성이 높았다.

안성은 태어났을 때부터 한쪽 눈이 유난히 작아 두 눈이 비대칭을 이루었다. 부모는 이런 특징을 살려 안성을 소목(少目)이라 불렀고 이것이 이름이 되었다.

안성이 문과에 급제한 후 임금을 알현하려고 입궁했을 때이다.

"그대는 이름이 특이한데 왜 소목이라 하였소?"

안성은 임금의 물음에 사실대로 아뢰었다. 임금은 벙긋이 웃으면서 제안했다.

"이름에 사연이 깊구려. 이제 소목이란 이름은 아명으로 남겨 두고 새로운 이름을 짓는 것이 어떻겠소?"

"지금까지는 이름에 대하여 별 생각 없이 살아왔는데 전하께서 이름을 하사해 주시면 그것으로 사용하겠습니다."

안성의 말이 떨어지자마자 임금이 말했다.

"소(少)와 목(目)을 합치면 성(省) 자가 되니 외자로 살필 성(省) 자를 사용하면 어떻겠소?"

이후 안성은 비록 눈은 작지만 세상과 민심을 자세히 살펴 올바른 정치를 펴 나갔다. 그는 평생 청백리로 살았다.

범일과 김대성

신라 말, 어느 진골 가문의 처녀가 지금의 강원도 강릉시의 한 마을에 살고 있었다. 그녀는 마땅한 남자를 만나지 못해 혼기를 놓친 상태였다.

하루는 그녀가 석천(石泉)이라는 샘물에 물을 길러 갔다. 그날따라 강렬한 햇살이 샘물 위로 쏟아지고 있었다. 그녀는 반사된 햇빛 때문에 얼굴을 찡그리며 물을 한 바가지 떠 마셨다. 물동이를 이고 집으로 돌아오는 길에도 햇살이 강렬하게 그녀를 내리쬐었다. 그날 이후부터 그녀의 몸이 이상해지더니 14개월 만에 사내아이를 낳았다. 시집도 안 간 처녀가 아이를 낳았으니 처녀 자신도 놀랐고 집안도 발칵 뒤집혔다.

"어허 이게 웬 망신인고. 집안에 무슨 변고가 생기려고 이런 꼴을 당하는가. 당장 아이를 갖다 버려라."

아버지가 호통을 쳤다. 그녀는 포대기에 싼 아기를 몰래 학바위 밑에 두고 내려오면서 눈물을 흘렸다. 아무것도 모르는 핏덩이를 버리고 왔으니 도저히 잠을 이룰 수가 없었다. 거의 매일 밤을 뜬눈으로 지새우다가 사흘째 되던 날 새벽, 아버지 몰래 학바위로 갔다. 그런데 아기는 포대기에 감싸인 채 쌔근쌔근 자고 있었다. 누군가 아기를 돌보아 준다고 확신한 그녀는 학바위 뒤에 숨어 지켜보았다.

이글거리던 태양이 넘어가고 어둠이 산줄기를 타고 내려오고 있었다. 얼마나 시간이 지났을까. 자정이 가까워질 무렵 학 한 마리가 하늘에서 내려왔다. 학은 아기 옆에 앉아 주위를 살핀 후 두 날개로 아기를 덮어 주었다. 그러다 아침이 되자 붉은 열매 3개를 뱉어 아기 입에 넣어 주고는 홀연히 어디론가 날아가 버렸다.

학이 아기를 떠나자 그녀는 아기의 포대기를 잘 여며 준 후 집으로 내려왔다. 저녁에 그녀는 또다시 학바위로 올라갔고 아기는 포대기 속에서 방긋방긋 그녀를 보며 웃었다. 어두워지자 학은 다시 하늘에서 내려와 아기를 덮어 주었고, 아침에 붉은 열매 3개를 아기 입에 넣어 주고는 다시 사라졌다.

그녀가 초저녁에 집을 나갔다가 새벽녘에 돌아오는 것을 이상히 여긴 집안사람들이 몰래 그녀 뒤를 따라갔다. 그리고 그들 모두 학을 보게 되었다. 학이 아기를 돌보아 주는 모습을 본 그녀의 부모는 아기가 범상치 않다고 생각했다. 그래서 딸에게 아기를 데려다 기르도록 허락하고 이름도 지어 주었다. 햇살이 비추어 임신을 하게 되었다 하여 이름을 범일(梵日)이라 하였다. 그가 바로 신라 말 선종의 기틀을 다진 승려 범일이다. 대관령 산신으로도 추앙받는 인물이다.

다시 태어난 김대성

통일신라 시대 금성 모량리에 경조라는 이름의 부인이 아들과 살고 있었다. 아들은 머리가 크고 이마가 넓어 마치 성(城)처럼 생겼다. 그래서 부인은 아이 이름을 큰 성이란 뜻의 대성(大城)이라 하였다. 부인은 남편 없이 복안이라는 부잣집의 집안일을 돌보아 주고 삯을 받아 어렵게 살아갔다.

어느 날 매우 유명하고 덕망 있는 고승(高僧) 점개가 시주공양을 하러 다니다가 복안의 집을 찾았다. 복안은 점개를 반갑게 맞아들였다.

"저의 절 흥륜사에서 재(齋)를 올리는데 시주를 얻기 위해 오늘 이렇게 어른을 찾아뵙게 되었습니다."

"저희는 부처님 은덕으로 살아가고 있으니 당연히 시주를 하여야지요."

복안은 하인에게 베 50필을 가져오도록 명령했다. 점개는 정중히 감사를 표한 후 대문에서 말씀보시를 하며 축원을 올렸다.

"시주를 풍족히 하시었으니 부처님의 자비가 항상 넘치실 것입니다."

어머니와 같이 집안 허드렛일을 하던 대성이 그 축원 장면을 보게 되었다. 대성은 다급하게 어머니에게 달려가 말했다.

"하나를 시주하면 만 배의 행운을 얻는다니 품팔이해서 얻은 재산을 시주하여 보답받는 것이 어떨까요?"

"얼마 되지 않는 밭이지만 네 뜻대로 부처님께 시주하도록 하자."

어머니는 대성의 뜻에 선뜻 동의해 주었다. 시주를 한 후 얼마 안되어 대성이 죽었는데, 그날 밤 재상 김문량의 집에 큰 소리가 들려왔다. 가족이 모두 모여 저녁을 먹는 자리였다.

"모량리의 대성이란 아이가 너의 집에서 다시 태어날 것이다."

김문량과 가족들은 모두 놀랐다. 김문량은 그 소리가 의심쩍어 모량리에 대성이란 아이가 있는지 알아보도록 하인을 보냈다. 모량리에서 돌아온 하인은 "모량리에 살던 대성이란 아이가 오늘 죽었다고 합니다"며 아뢰었다.

이상한 소리를 들은 그날 밤 김문량의 아내는 임신했고 열 달 뒤 아이를 낳았다. 그런데 이상하게도 아이가 왼손을 꽉 쥐고 펼 생각을 하지 않는 것이다. 이레가 지나서야 손을 폈는데, 금으로 된 패에 '대성'이란 이름이 적혀 있었다.

"정말 신기한 일도 다 있네요."

김문량의 아내는 놀랐다.

"하늘에서 들려온 소리와 아이의 손에 쓰인 이름이 똑같다니 정말 신기하군. 하늘의 뜻이니 아이 이름을 대성이라 짓도록 합시다."

김문량 말에 부인 또한 흔쾌히 받아들였다.

"아이의 이마 또한 큰 성을 쌓은 것처럼 넓으니 이 또한 대성 같군요."

이 김대성이 바로 불국사와 석불사 건립에 큰 공을 세운 인물이다.

낙원동은 '낙원'이다

지역의 이름은 그냥 지어지지 않는다. 따라서 지역 이름의 역사를 돌아보면 당시의 생활상과 풍속, 종교, 산업 등을 살펴볼 수 있다. 심지어 이름 속에 미래가 예언돼 있는 경우도 종종 있다.

건건리(乾乾里): 수원 근교의 화성에 있는 마을이다. 마를 건(乾) 자가 쓰였다. 신기하게도 5만여 평의 부지 주변에 내(川)나 강(江)이 전혀 없다. 그만큼 건조한 마을이다.

고교리(高橋里): 고교리는 '높은 교각의 마을'이란 뜻이다. 충북 제원군 금성면에 있다. 본래는 높다랏골이라 불렸는데 한자로 표기하면서 고교리가 되었다. 약 300년 전 마을 사람들이 하천에 작은 다리를 놓고 있는데 한 노승이 지나가면서 말했다. "나중에 물이 많아져서 높은 다리가 만들어질 것입니다." 스님의 말을 참고해 '다릿골'이라는 이름이 지어졌다. 이후 충주댐 건설로 마을은 물속에 잠겼고 그 위에 노승의 말대로 교각 높이가 67미터나 되는 높은 다리가 세워졌다. 물이 많아져서 다리가 높아진다던 노승의 예언이 정확하게 맞아떨어진 셈이다.

구자곡면(九子谷面): 구자곡면은 충남 논산군 서남부에 위치한 곳으로, 풀이하면 '아홉 골들의 자식들이 모인 골짜기'이다. 남한은 현재 제주도를 포함해 9개 도로 구성돼 있다. 논산은 각도의 청년들이 모여 군사훈련을 받고 있는 곳이다. 그러므로 '아홉 골들의 자식들이 모인 골짜기'라는 지명이 딱 맞아떨어지는 것이다. 구자곡면은 1914년 논산시에 편입되고 63년에 읍으로 승격되었다. 읍 이름인 연무라는 의미 역시 '쇠를 달군다'이다. 연무하듯 훈련에 임하라는 뜻이리라.

금천동(金泉洞): 금천(金泉)은 말 그대로 '금물'이다. 지명대로 일제 때 금을 캐는 금광이 들어섰다.

김포(金浦): 김포는 경기도 북서단에 위치한 군으로 삼국 시대부터 금포현(金浦縣)으로 불렸다. 김포란 '쇳덩어리가 오가는 항구'로 풀이할 수 있다. 커다란 쇳덩어리인 비행기가 드나드는 공항이 들어섰으니 감탄할 만하다.

낙원동(樂園洞): 낙원동의 '낙원'은 천국이다. 한마디로 즐거운 곳이다. 이름대로 악기상과 술집들이 줄지어 들어서 있다.

만우리(萬宇里): 만우리는 문자 그대로 '만 채의 집이 들어서는 곳'이다. 현재 만 세대 이상이 사는 아파트 밀집 지역이다.

망우리(忘憂里): 고려를 몰락시키고 조선 왕조를 세운 이성계가 한양을 도읍지로 정한 후 무학대사, 하륜 등과 함께 자신의 묏자리로 잡아 놓은 터를 둘러보았다. 한양으로 돌아오는 길에 어느 고개에서 잠시 쉬면서 "이제야 근심할 일이 없구나" 한 데서 망우리라는 이름이 비롯되었다. 오늘날 이곳엔 대규모 공동묘지가 들어서 있다. 망우리를 풀이하면 '죽은 사람들이 모든 시름과 근심을 잊고 흙으로 돌아간 땅'이니, 지명이 주는 의미와 유사하다.

비하리(飛下里), 비상리(飛上里): 충북 내수면의 마을이다. 두 곳에 비행장과 국제공항이 들어섰으니 옛 선조들의 혜안이 놀라울 따름이다.

수내리(水內里): 강원도 인제군 남면에 있던 마을이다. 소양댐 건설로 마을이 수몰되었으니 '물속에 있는 동네'라는 의미대로 된 것이다.

시동리(始動里): 청주에서 속리산 방면으로 가다 보면 가덕운전면허시험장이 있다. 그곳의 이름이 시동리(始動里)다. 흔히 차를 움직일 때 '시동을 건다'고 표현한다. 그곳에 면허시험장이 생겼으니 이 또한 신묘하다.

쌍봉리(雙鳳里): 전남 남동쪽 여수반도에 위치한 마을이다. 1986년 여천시로 승격되었다. 쌍봉이란 이름은 '전봉산의 봉황과 구봉산의 봉황이 싸우다가 지쳐서 모두 이곳에 떨어져 죽었다'는 전설에서 유래했다. 쌍봉리와 바로 이웃한 소라면의 중촌 부락에 쌍봉산이 있다. 쌍봉산 근처 마을은 마을 주산의 정기가 모인 곳이라 주민 대부분이 쌍둥이를 낳아 '쌍둥이 마을'로 유명하다. 75세대가 살고 있는데 그중 35세대가 38쌍의 쌍둥이를 낳았다. 이 중 3가구는 연달아 쌍둥이를 낳아 화제가 되기도 했다. 원래 쌍봉산과 중촌 부락 사이에 바닷물이 들어왔지만 간척공사로 바닷물을 막으면서 쌍둥이가 태어나기 시작했다고 한다. KBS와 가톨릭 의대 산부인과 의사팀이 함께 여러 조사를 했지만 원인을 밝혀내지는 못했다.

영광(靈光): 전남의 원자력 발전소가 있는 곳이다. 영광의 뜻은 '신령스러운 빛'이다. 지명에 걸맞게 원자력 발전소가 들어섰다.

영종도(永宗島): 원래 이름은 자연도(紫燕島)였다. 조선 중기 이후 길고 높다는 뜻의 영종도로 개명됐다. 길고 높다는 뜻의 영종은 활주로를 상징하니 훗날 비행장이 들어선 것도 이름이 작용한 결과라고 볼 수 있겠다.

온양(溫陽): 백제 시대에는 탕정(湯井), 온정(溫井)이라고 했다. 고려 시대에 온수(溫水), 조선 시대에는 온양(溫陽)이라 불렀다. 온양은 '따뜻한 물' 혹은 '끓는 물'을 뜻한다. 실제로 온천 지역으로 유명하다.

일산(一山): 이곳은 현재 아파트가 산을 이루었다. 일산은 산이 많은 곳이 아니다. 그러나 옛날부터 이곳을 일산이라고 명명했으니, 오늘날 아파트가 산을 이루고 말았다.

정자동(亭子洞): 정자는 '쉬며 놀 수 있는 공간'이다. 그러니 사람들이 모여들어 휴식을 취하는 아파트가 들어서는 것이 어쩌면 당연할지 모르겠다.

춤다리 마을(무교): '춤다리 마을'은 충남 공주에 있는 마을인데, 마을 이름에 '춤'이 들어가 있다. 이 마을 주위에 마곡온천이 있어 관광버스가 수없이 왕래한다. 관광객들이 춤을 추며 노는 풍경이 쉽게 연상된다.

평촌(平村): 이곳 역시 아파트촌이 들어서 있는데, '평지에 촌락'이 생긴 꼴이다.

학포(鶴浦): 학포는 '학이 날아드는 포구'란 뜻이다. 새처럼 생긴 비행기가 날아드는 포구이니 비행장이 들어설 만하다.

한수면(寒水面): 처음엔 충북 중원군 서쪽에 있다 하여 원서면(遠西面)이라고 했다. 1914년 군·면 통폐합에 따라 충주군의 덕산면으로 편입되었다. 이후 증산리와 월악리까지 덕산면으로 이관하면서 지금의 한수면이 되었다. 주변에 충주댐이 생기면서 강물이 가득 찬 면이 된 것이다. 한수면은 그대로 풀이하면 '차가운 물'이다. 신기하게 그 이름대로 충주댐이 들어섰다.

흑성산(黑城山): 흑성산은 '검은 성'을 뜻한다. 이는 곧 죽음을 의미하니 향후 공원묘지나 추모의 장이 될 것이다.

'중랑천'이 된 사연

    중랑천은 한강의 가장 큰 지류로 도봉구, 노원구, 성북구, 중랑구, 동대문, 성동구 6개구를 거쳐 한강으로 흘러든다. 서울의 대표적인 도시 하천으로 한때 오염으로 악명 높았지만, 지금은 생태 하천으로 변모했다. 물고기가 다시 찾아오고, 천 주변에 유채꽃밭 등도 잘 가꾸어져 있어 근처 시민들이 휴식처로 자주 찾는다고 한다.

    중랑천은 그동안 송계천, 중랑포, 충량포 등 다양한 이름으로 불려 왔다. 송계천이라는 이름은 냇물 동쪽에 송계원이 있던 데서 유래했다. 송계원은 조선 시대 나라에서 세운 여관 중 하나인데, 당시 나라에서는 공무를 처리하기 위해 지방으로 떠나는 관리들의 숙박 문제를 해결하려고 각 도로 통하는 길목에 여관을 지어 운영했다.

    중랑포라는 이름에서 랑(浪)은 큰 물결 '랑'이다. 하천의 모양이 넓은 물결 같아서 붙여진 것으로 보인다.

중랑천에는 한 효녀에 관한 뭉클한 이야기가 전해 내려온다.

조선 초기에 태종은 태조의 능인 건원릉에 참배하기 위해 이 지역을 자주 거쳤는데 그때 송계교도 지났다. 후대 임금들도 마찬가지였다. 그러니 송계교(지금의 월릉교 아래 묻혀 있다고 추정된다)가 중요하지 않을 수 없었다. 자주 보수를 할 수밖에 없었는데, 송계교를 목교에서 석교로 개축할 때 인근 마을의 장정이 모두 부역에 동원되었다.

그런데 부역자 중에 '중이'라는 눈먼 홀아비가 있었다. 장님에게 고된 노동을 하라니 하늘도 무심한 일이었지만, 나라의 명령이라 거역할 수도 없는 딱한 처지에 놓였다. 이를 안 열여섯 살 된 딸이 아버지 대신 부역을 하겠다며 양주 관아로 찾아갔다. 딸은 거절하는 관아 앞에서 여러 날을 지새우며 간청했다. 효심에 감동한 관아로부터 드디어 부역 허가가 떨어졌다. 그런데 한 가지 조건이 있었으니 꼭 남장을 해야 한다는 것이었다.

딸은 남장은 별문제가 아니었지만, 생리 현상을 어떻게 처리할지가 가장 큰 걱정이었다. 화장실이 따로 없어 일하다 동료들 사이에서 볼일을 봐야 하니, 난처한 일이 아닐 수 없었다. 딸은 고민 끝에 한 가지 방법을 생각해 냈다. 대나무를 잘라서 옷 속에 넣고 그 관으로서 일을 보는 것이었다. 또 아무리 갈증이 나도 참고 물을 최소한으로 마시는 등 볼일 보는 횟수를 줄이려고 노력했다.

이후에 이런 눈물겨운 사연이 밝혀져 관아에서는 마침내 중이의 부역을 면해 주었다. 같이 일하던 동료들은 이 효녀가 남자인 줄 알고 중낭자(仲郎子)라고 불렀다. 그만큼 남자들 중에서도 인물이 뛰어났던 것이다. 그런데 '남장을 한 여인'이라는 사실이 밝혀지면서 '중랑'이라 불렸고, 이 말이 중랑천의 어원이 되었다고 한다. 이런 사연 때문인지 요즘 중랑천 물길이 더 아름다워 보인다.

이름에도 유행이 있다

"내 성을 갈겠다."

어떤 일을 다시 하지 않겠다고 맹세하거나 단언할 때 쓰는 말이다. 조선 시대 이후 유교의 영향으로 우리나라 사람들은 성씨는 절대 바뀌지 않는다고 믿어 왔고, 이 원칙이 철저하게 지켜져 왔다. 이러한 절대적인 의미 때문에 상대방에게 어떤 약속이나 맹세를 할 때 그것을 지키려는 자신의 의지를 강조하기 위해 '만약 실수하면 내가 성을 간다'는 말을 쓰게 되었다.

하지만 대법원 통계에 따르면 2017년 한 해 개명을 신청한 사람이 무려 16만 2899명이다. 신청이 완료될 경우 하루에 500명 가까운 사람이 개명을 하고 있다는 것이다. 개명한 이름 중에는 고동태, 안테나, 오징어, 고구마, 강도범, 선풍기, 수국화, 서성교, 차유리, 방구년, 박혁혁, 최왈왈, 박엑스, 윤가스 등이 있다. 그리고 박근혜, 이명박, 전두환, 강효순, 유영철 등 과거나 현재 구속되었거나 재판을 받고 있는 사람들의 이름도 개명 명단에 들어가 있다.

남녀 중에서는 여성들이 개명을 원하는 경우가 훨씬 많다고 한다. 가부장 사회여서 딸의 이름은 대충 짓거나 심지어 아들을 바라는 마음을 담아(끝녀, 말숙 등) 지은 경우가 많아서일 것이다.

최근에는 특별히 개명할 이유가 없어 보이는데도 개명을 원하는 경우도 많다. 이름이 마음에 안 들어서, 사주를 보니 이름이 안 좋다고 해서 그리고 뭔가 일이 잘 안 풀려서 등의 이유로 이름을 바꾸고 싶어 한다.

법원에서는 개명을 쉽게 허용하는데, 사람들이 주체적으로 자신의 이름을 바꿀 수 있다고 보기 때문이다. 부모에게 물려받은 이름을 함부로 바꾸면 안 된다는 생각은 점점 더 옅어지고 있다. 부모에게 물려받은 얼굴에 칼을 대는 성형수술도 일상사가 되고 있으니 어쩌면 당연한 현상일 것이다.

아들의 장수를 바라 자주 쓰인 '영'

"엄마, 내 이름 왜 이렇게 촌스러워?"

패션에 유행이 있는 것처럼 이름에도 유행이 있다. 1945년부터 2005년까지 시대별로 우리나라 사람들이 가장 선호하는 이름을 보면 많은 변화가 있다. 예를 들어 40년대에 가장 인기를 끈 남자 이름은 영수, 70년대에는 정훈, 2000년대에는 민준이다. 40년대와 70년

대에 유행했던 이름이 2000년대에도 인기 있을 리는 없다. 여자 이름
은 40년대에는 영자, 70년대에는 미영, 2000년대에는 서연이다. 그래
서 현재 70대 이상의 여성 중에 영자라는 이름이 많고, 40대 이상에
서는 미영이란 이름이 많다. 2000년대에 태어난 여성들에서는 유독
서연이란 이름이 많고 말이다.

변화의 이유는 무엇일까? 먼저 1940년대 남성들 이름에는 유난히
'길 영(永)' 자가 많이 들어 있다. 40년대에 유행한 10개의 이름 중 다
섯 개(영수, 영호, 영식, 영길, 영일)에 영 자가 들어가 있을 정도다. 일제
강점기와 한국전쟁 직후 한국 남성의 평균수명이 35세에 불과했다.
부모들은 아들의 장수를 바라며 길 영 자를 이름에 넣었던 것이다.

1945년 전후 여성의 이름을 보면, '아들 자(子)'가 들어간 이름이
많다. 인기 있는 이름 10개 중 무려 9개에 들어가 있다. 일제 강점기
에 일본식으로 이름을 짓다 보니 그렇게 된 것이다. 또한 남아선호사
상 영향도 있다. 여자아이 이름에 '아들 자'를 넣으면 남동생을 본다
는 속설을 따른 것이다.

1975년 전후 우리나라는 한국전쟁이라는 폐허를 딛고 일어나 경
제적으로 안정을 찾으며 고도성장의 길로 접어들기 시작했다. 이 시
기의 부모들은 자신들이 겪은 가난의 고통을 자식들에게 물려주지
않겠다는 각오가 매우 강했고, 그 바람은 자연스럽게 아들의 성공과
출세로 향하게 되었다. 그렇다 보니 '이룰 성(成)', '공 훈(勳)'을 아들
이름자에 많이 썼다. 이 시기 여자아이의 이름은 튀지 않으면서 이전
보다는 조금 세련되고 여성적인 느낌을 주는 미영, 은정, 은영, 현주
등이 인기를 얻었다. 1980, 90년대에는 초롱, 빛나리, 햇살, 바람, 한

결, 고은, 한샘, 돌샘 같은 한글 이름이 인기였다.

2005년 이후부터는 아들딸 가리지 않고 하나만 낳는 가정이 많이 늘어났다. 그래선지 항렬자 같은 돌림자를 사용하기보다는 자식에게 가장 어울리는 이름을 원하는 부모가 많아졌다. 남자 이름으로는 민준·현우·동현 등이, 여자 이름으로는 서연·민서·서현 등이 인기를 끌고 있다. 또 한 가지 특징이 있다면, 자녀 수가 줄어들면서 남아선호사상이 옅어지고 여성의 사회 참여가 높아지면서 남자 이름인지 여자 이름인지 구분하기 어려운 이름들이 나타나기 시작했다는 것이다. 중성적인 이름은 개성 있고 독특한 느낌을 주어 신세대 부모들 사이에서 인기가 많다.

2019년 현재는 세련된 한자 이름을 선호하는 것으로 보인다. 한글 이름은 자칫 가벼워 보일 수 있고, 또 성명학이 한자 이름을 근거로 하기 때문이다. 즉, 사람들은 이전 경험을 토대로 좀 더 종합적인 시각에서 이름을 짓게 되었다는 뜻이다. 발음이 촌스럽지 않고 성명학적으로도 좋은 이름이기를 원하기 때문이리라.

신체발부수지부모(身體髮膚受之父母)

−《효경》에서

부모에게서 물려받은 몸을 소중히 여기는 것이 효도의 시작이라는 공자의 가르침이다. 신체와 터럭과 살갗 외에 이름도 부모에게서 물려받은 것이다. 유교 사상에 충실했던 조선 시대 사람들은 머리를 함부로 자르지 않았다. 상투를 틀어 올렸다. 부모가 지어 준 이름을 바꾸는 일은 더더욱 없었다. 하지만 시대가 변했다. 머리는 이미 오래전부터 잘랐고, 부모가 지어 준 이름도 이제는 성년이 되면 자신의 생각에 맞춰 개명하는 시대이다.

영어 이름이 늘고 있다

싸이, 블랙핑클, 레드벨벳, 씨엘, BTS….

유명 가수들의 영어 이름이 이제는 낯설지 않다. 이름을 짓는 새로운 추세 중 하나가 영어 이름이나 외국인이 발음하기 쉬운 한글 이름으로 짓는다는 것이다. 아이를 국제적으로 키우고 싶어서 혹은 세계화 시대에 발맞추기 위해 외국인이 발음하기 쉬운 이름으로 지어 주길 원하는 부모가 많아졌다. 아울러 영어 이름으로 개명하는 성인도 많아지고 있다.

한국사회언어학회가 2004년에 발간한 보고서 〈한국인의 영어 이름 사용 실태와 작명 방식 변화에 대한 영어의 영향〉은 S대학 재학생 131명과 S전자의 20대 후반부터 30대 사이 사원 100명, 총 231명을 대상으로 설문 조사한 결과이다. 영어 이름에 대한 한국인들의 생각을 엿볼 수 있는 보고서인데, 설문 대상자 대부분은 영어 이름에 대한 거부감이 크지 않았다. '현재 영어 이름과 한국 이름을 함께 사용하고 있는가?'라는 질문에 20대 94명 중 64명, 30대 128명 중 70명 등 과반수가 '그렇다'고 대답했다. '자식의 이름을 지어 줄 때 외국인이 발음하기 쉬운 이름으로 지어야겠다고 생각해 본 적이 있는가?'

라는 질문에 '그렇다'가 여성은 17퍼센트, 남성은 4.5퍼센트였다. 여성에 비해 남성의 반대 의견이 강했다. 2019년 현재에는 남성들도 이전보다 훨씬 더 개방적인 태도를 보이리라 추측해 본다. 이 역시 세계화 시대에 따른 자연스러운 현상일 것이다.

─── 곁들여 읽기 ───

왜 시몬은 베드로가 되었을까

성경에서도 이름이 바뀌는 얘기가 많이 나온다.

본명	개명	근거
아브람	아브라함	내가 너를 여러 나라의 조상으로 만들었으니, 이제부터 너의 이름은 아브람이 아니라 아브라함이 될 것이다.(창세기 17장 5절)
사래	사라	하나님께서 아브라함에게 말씀하셨습니다. "너는 네 아내의 이름을 사래라고 부르지 말고, 이제부터는 사라라고 하여라."(창세기 17장 15절)
야곱	이스라엘	그 사람이 말했습니다. "네 이름은 이제부터 야곱이 아니라 이스라엘이다. 네가 하나님과 씨름했고, 사람과도 씨름을 해서 이겼기 때문이다."(창세기 32장 28절)
베노니	베냐민	라헬은 아들을 낳고 죽었습니다. 라헬은 죽어 가면서 그 아들의 이름을 베노니라고 지었습니다. 그러나 야곱은 그 아들의 이름을 베냐민이라고 불렀습니다.(창세기 35장 18절)

요셉	사브낫바네아	그는 요셉에게 사브낫바네아라는 이름을 주었습니다. 또 요셉에게 아스낫이라는 사람을 아내로 주었습니다. 아스낫은 온의 제사장인 보디베라의 딸이었습니다. 요셉은 이집트의 모든 땅을 다스리게 되었습니다.(창세기 41장 45절)
호세아	여호수아	이것은 모세가 가나안 땅을 정탐하러 보낸 사람들의 이름입니다. 모세는 눈의 아들 호세아에게 여호수아라는 새 이름을 붙여 주었습니다.(민수기 13장 16절)
기드온	여룹바알	그래서 그날, 기드온은 여룹바알이라는 이름을 얻었는데, 그 뜻은 '바알 스스로 싸우게 하라'입니다. 기드온을 이렇게 부른 것은 기드온이 바알의 제단을 무너뜨렸기 때문입니다.(사사기 6장 32절)
솔로몬	여디디야	여호와께서는 예언자 나단을 통해 그 아기의 이름을 여디디야라고 부르게 하셨습니다. 그 이름은 여호와께서 그 아기를 사랑하신다는 뜻입니다.(사무엘 하 12장 25절)
다니엘, 하나냐, 미사엘, 아사랴	벨드사살, 사드락, 메삭, 아벳느고	환관장이 그들에게 바빌로니아식 이름을 지어주어, 다니엘은 벨드사살로, 하나냐는 사드락으로, 미사엘은 메삭으로, 아사랴는 아벳느고로 불렸습니다.(다니엘서 1장 7절)
시몬	베드로	그리고 나서 안드레는 시몬을 예수님께 데려왔습니다. 예수님께서는 시몬을 보시고 "네가 요한의 아들 시몬이구나. 이제 너를 게바라고 부르겠다"라고 말씀하셨습니다('게바'란 '베드로'란 뜻입니다).(요한복음 1장 42절)
야고보와 요한	보아너게	'천둥의 아들들'이란 뜻으로 예수님께서 보아너게라는 이름을 지어 주신 세베대의 아들 야고보와 그의 동생 요한.(마가복음 3장 17절)

이름에 얽힌 이야기 2

박혁거세

박혁거세(朴赫居世).

신라의 첫 왕이자 박씨의 시조이다. 《삼국사기》에 따르면 고조선에서 건너온 유민들이 지금의 경상도 지방에 알천양산촌(閼川楊山村), 돌산고허촌(突山高墟村), 취산진지촌(觜山珍支村), 무산대수촌(茂山大樹村), 금산가리촌(金山加利村), 명활산고야촌(明活山高耶村) 여섯 마을을 이루었다.

기원전 69년 3월 1일에 마을 촌장들이 알천 언덕에 모여 나라를 세워 임금을 모시고 도읍도 정할 것을 논의하고 있었다. 그때 양산 밑 나정(蘿井)이라는 우물 근처로 신비한 빛이 쏟아져 내렸는데, 그 모습이 마치 신령스러운 백마 한 마리가 꿇어앉아 절하는 형상이었다. 그곳에 가 보니 큰 알이 하나 있었다. 말은 홀연히 하늘로 날아가고, 사내아이가 알을 깨고 나왔다. 모습이 단정하고 아름다웠다. 아이를 동천(東泉)에서 목욕시켰더니 몸에서 찬란하게 빛이 났다. 많은 새와 짐승이 와서 아이 주변에서 춤을 추었다.

알의 크기가 박과 같다고 하여 성을 박(朴)이라 하였다. 또한 몸에서 빛이 나 이름을 혁거세 또는 불구내(弗矩內)라고 지었다. 돌산고허촌 촌장 소벌공(蘇伐公)이 아이를 데려가 길렀다. 많은 촌장이 그 아이를 신비롭게 여겨 존경했다. 아이는 13세 때 왕으로 추대되었다.

석탈해

석탈해(昔脫解).

신라의 네 번째 왕으로 석씨의 시조다. 용성국의 왕과 적녀국의 왕녀 사이에서 커다란 알이 태어났는데 왕이 불길하게 여겨 버리도록 했다. 비단에 싸서 보물과 함께 궤짝에 넣어 바다에 띄워 보내니 계림 동쪽 아진포에 이르렀다.

한 노파가 궤짝을 발견하여 열어 보니 잘생긴 사내아이가 나왔다. 알을 깨고 나왔다고 하여 이름을 탈해라고 지었다. 아이는 고기잡이를 하며 양어머니인 노파를 봉양했다. 아이가 보통이 아님을 안 양어머니가 공부를 시키니 학문과 지리에 능통하게 되었다.

탈해는 당시 이름난 신하 호공의 집터가 명당임을 알고 그곳에 몰래 숫돌과 숯을 묻어 놓는다. 그러고는 자기 집이라고 우겼다. 황당한 호공이 무슨 소리냐고 따졌지만 탈해는 오히려 큰소리를 쳤다. 말씨름 끝에 둘은 관청에 갔다.

재판관이 탈해에게 네 집이란 근거가 무엇이냐고 묻자 탈해는 "우리 조상이 본래 대장장이었는데 잠깐 이웃 마을에 간 사이에 호공이 집을 빼앗아 산 것이다"면서 의심스러우면 땅을 파 보라고 했다. 이렇게 잔꾀로 탈해는 호공의 집을 차지했다. 석씨 성은 다른 사람의 것을 빼앗은 데서 비롯되었다고 전해진다.

김수로왕

김수로왕(金首露王).

금관가야와 김해 김씨 시조이다.

어느 날 김해 구지봉(龜旨峰)에서 이상한 소리가 들려왔다.

"여기에 사람이 있는가?"

모여 있던 사람들이 놀라 대답했다.

"예, 여기에 저희가 있습니다."

그러자 그 목소리가 다시 말했다.

"그럼 내가 있는 곳이 어디인가?"

사람들이 구지봉이라고 대답하자 목소리가 다시 말했다.

"하늘이 내게 이곳에 나라를 세워 왕이 되라고 했다. 너희는 산꼭대기의 흙을 파면서 이렇게 노래를 불러라. 거북아, 거북아 머리를 내밀어라. 그렇지 않으면 구워 먹으리."

사람들이 그 말대로 노래를 부르니 얼마 후 하늘에서 자주색 줄이 내려왔는데 줄 끝에 황금 상자가 있었다. 그 안에는 여섯 개의 알이 있었다. 반나절 만에 그 알들은 모두 사람이 되었는데, 다 용모가 빼어났다. 그중에서 가장 먼저 알에서 나온 아이를 수로라 하고 가락국의 왕으로 모셨다. 나머지 다섯 사내아이도 각각 다섯 가야국의 왕이 되었다.

아인슈타인의 선조는
벽돌공

　동양의 성씨가 다양하게 시작되었듯이 서양도 마찬가지이다. 직업이 성씨가 된 경우도 있고, 사람 이름이나 지역 이름에서 비롯된 성씨도 있고, 성격이나 모습에서 시작된 성씨도 있다. 몇 가지 경우만 살펴보자.

직업이 성이 된 경우

테일러(Taylor): 양복 만드는 사람

밀러(Miller): 방앗간 일꾼

스미스(Smith): 대장장이

아인슈타인(Einstein): 벽돌공

골드슈미트(Goldschmidt): 금세공사

카펜터(Carpenter): 목수

쿠퍼(Cooper): 통 제조업자

채플린(Chaplin): 목사

카터(Carter): 마부

사람 이름이 성이 된 경우

윌슨(Wilson): 윌리엄의 아들

데이비스(Davis): 데이비드의 아들

존스(Jones): 존의 아들

윌리엄스(Williams): 윌리엄의 아들. 윌슨(Wilson)과 같은 의미

존슨(Johnson): 존의 아들

앤더슨(Anderson): 앤드류의 아들

지역 이름이 성이 된 경우

무어(Moore): 늪지대

포드(Ford): 나루터

부시(Bush): 덤불

뉴턴(Newton): 새로운 마을

노턴(Norton): 북쪽 마을

클린턴(Clinton): 언덕 마을

성격과 모습이 성이 된 경우

라흐만(Lachman): 웃는 모습

브라운(Brown): 갈색 머리

러셀(Russell): 빨간 머리 또는 얼굴

걸리버(Gulliver): 많이 먹는 모습

트루먼(Truman): 성실한 성격

다윈(Darwin): 다정한 친구 같은 성격

─────────── 곁들여 읽기 ───────────

명명식 풍습

조선소에서는 새 배를 주인에게 인도하기 전에 배에 이름을 붙여 주는 명명식(命名式)을 갖는다.

서양에서는 명명식 때 배 이름을 가린 천에 이어진 줄을 끊고, 샴페인을 터뜨린 후 그 병을 던져 깨는 풍습이 있다.

배 이름은 여성이 짓는 것이 관례다. 이름을 짓기 전에는 선체 번호로 부르다가 명명식 날에 정식으로 배 이름을 부른다.

왜 여성이 배 이름을 짓게 되었을까. 두 가지 설이 있다. 하나는 노르웨이를 중심으로 한 북유럽 바이킹족 의식에서 비롯되었다는 설이다. 바이킹족들은 거친 바다에서 풍랑을 헤치며 생사를 넘나들다 보니 그들만의 미신적인 믿음을 갖게 되었다. 그들은 배를 새로 만들면 바다의 신에게 배의 안전과 만선을 기원하는 의식을 치렀다. 의식이 끝난 뒤 처음 배를 띄울 때는 배가 나가는 길에 사람이 깔려 죽게 했다. 미리 사람이 죽어야 배가 안전하다고 생각한 것이다. 노예나 죄인 그리고 어떤 지역에서는 처녀가 희생양이 되었다.

이 의식이 인권 침해로 비판을 받자 사람을 제물로 바치는 행위는 없어졌다. 그 대신 선주의 부인 또는 딸이 배의 이름을 짓고 테이프를 끊은 후 샴페인을 터뜨리는 행사로 대체되었다. 여기에 천주교의 제례식이 접목되어 샴페인을 터뜨린 후 던져 깨뜨리게 되었다. 이것을 '샴페인 브레이킹'이라고 한다.

또 하나의 설은 19세기 영국 왕 조지 3세가 공주들의 이미지를 좋게 하려고 그랬다는 것이다. 조지 3세는 검소한 생활과 가정적인 사람으로 소문났는데, 딸들을 무척 사랑했다. 왕은 왕실의 재정을 축내지 않으면서 백성에게 공주들의 이미지를 좋게 할 방법을 궁리했고, 공주들이 해군 함정에 이름을 붙이게 한 것이 그 방법이라는 것이다.

성씨에 관한 속담들

서울 가서 김 서방 찾기

보통 구체적인 정보 없이 사람을 찾거나 어떤 일의 정답을 찾기 힘든 상황을 의미하는 속담이다. 우리나라에서 가장 흔한 성씨가 김씨다. 이 속담을 보면 사람이 가장 많은 서울에서, 가장 흔한 김씨 성을 가진 이를 찾는 것이니 사실상 찾기 불가능하다.

실제로 2000년 현재 김씨 성을 가진 사람이 992만 6천 명으로 우리나라 전체 인구 중 21.6퍼센트로 가장 많다. 5명 중 1명이 김씨라는 계산이 나온다. 이씨 역시 매우 흔하다. 김씨, 이씨가 얼마나 많은지 "서울에서 돌 던지면 김가 아니면 이가가 맞는다"는 농담이 있을 정도다.

머슴살이 3년에 주인 성(姓) 묻는다

어떤 일을 하는 데 중요한 내용이나 목적을 모를 때 또는 사람이 무심해 당연히 알고 있을 만한 것도 모르고 있는 상태를 비꼴 때 쓰는 속담이다.

사람을 만나면 가장 먼저 하는 일이 이름을 묻는 것이다. 그런데 자기 주인의 성이 뭔지 3년 만에 묻는 사람이라면 어느 정도로 무심한지 알 만하다. 이와 비슷한 속담으로 10년을 같이 산 시어미 성도 모른다"가 있다. 가까운 일에는 너무 무관심하여 모르고 지내기 쉬운 상황을 잘 나타낸 속담이다.

이름값한다

이름에 걸맞게 행동하거나 주위의 평판 때문에 어떤 대가를 치를 때를 말한다. 그래서 기대한 만큼 일을 잘한다는 칭찬의 의미도 내포돼 있다. 반대로 이름값을 못한다고 하면 기대와 달리 실속이 없어 실망스럽다는 의미이다. 하나의 표현이 정반대의 두 가지 의미로 쓰이는 경우다.

3부

관상
이야기

그동안 자신이 어떤 인생을 살아왔고, 어떤 생각을 하고 살아왔으며, 또한 어떤 말을 사용하며 살아왔는지 얼굴에 나타난다.

링컨이 한 말이다. 자신의 살아온 흔적이 얼굴에 그대로 나타난다는 얘기다. 애초의 얼굴이 어떻게 살아왔느냐에 따라 변한다는 것이다. 애초의 얼굴이 관상(觀相)이라면, 훗날 살아오면서 변한 것은 인상(印象)일 것이다.

영화 〈관상〉에는 두 명의 흥미로운 캐릭터가 등장하는데, 바로 수양대군과 김종서이다. 수양대군은 변화무쌍한 운명을 선택한 반면, 김종서는 우직한 성격 그대로 숙명에 순응한다.

흔히 "운명은 앞에서 날아오는 돌이요, 숙명은 뒤에서 날아오는 돌이다"고 한다. 운명은 피할 수 있지만, 숙명은 피할 수 없다는 의미이다. 운명이 인상이라면 숙명은 관상일 것이다. 관상과 인상 모두 상(相)을 본다는 점은 같다. 하지만 관상이 타고난 것이라면, 사람의 인상은 살아가면서 변한다. 자라온 환경과 만나는 사람들과의 관계 속에서 거듭 변화하는 것이다.

요즈음 성형이 유행이다. 특히 한국은 '성형 천국'으로 알려져 있다. 보기 흉할 정도로 코가 비틀어져 있다면 성형을 할 수도 있다. 하지만 특별한 문제가 없는데도 미적 욕구에 의해 성형을 감행하는 것은 바람직하지 않다. 신은 인간에게 가장 최적의 모습을 선물한다. 균형에 맞지 않으면 사람은 애초에 태어날 수 없다. 균형에 맞게 나온 형태가 오늘의 나다. 얼굴 탓을 하기 전에 마음을 성형하는 것이 바람직하리라.

마음의 성형이 바로 관상을 능가하는 심상(心相)의 경지다. 바꿔 말하면 '사람은 마음먹기에 따라 달라진다'이다. 고정된 것이 숙명이라면, 변화할 수 있는 여지가 운명이다. 그 운명을 긍정적으로 이끄는 마음이 바로 심상인 것이다. 마음을 긍정적으로 바꾸면 인상도 달라진다. 인상이 바뀌면 성공은 자연스럽게 따라오는 선물이다.

동양 관상의 역사

인상학은 사람을 보고 그 사람의 성격, 심성, 특성, 맞는 직업, 운명 등을 두루두루 살펴보는 학문이다. 관상학(觀相學)과, 손과 손금의 상을 보는 수상학(手相學), 발과 발금의 상을 보는 족상학(足相學), 얼굴·몸통·다리 등 전체의 상을 보는 체상학(體相學), 뼈 형상을 보는 골상학(骨相學)이 있다. 이 중 관상학 하나만 공부하는 데도 수년이 걸리니 인상학 전체를 공부한다는 건 만만한 일이 아니다.

관상 보는 법에는 단순히 생김새와 주름, 흉터, 점 등 모습을 살펴보는 형상법(形象法), 각 부분의 기색을 읽어 내는 기색법(氣色法), 마음을 읽어 내는 심상법(心相法)이 있다. 이 중 하나를 익히는 데도 많은 공부와 임상 실험이 필요하다.

관상을 보기 시작한 것은 중국 최초의 국가 하나라 시대로 보고 있다. 요임금과 순임금이 인재를 뽑을 때 관상을 활용했다는 문헌이 있다. 인도에서는 석가의 탄생과 관련된 일화에 관상 얘기가 나온다.

관상학 시조는 대체로 동주 시대 내사 벼슬을 지낸 숙복(叔服)으로 본다. 숙복은 골상학을 근거로 길흉을 판단했다고 한다. 숙복이 관상을 잘 본다는 소문을 듣고 노나라 재상 공손오(公孫敖)가 두 아들의 상을 보게 했는데 그의 예언대로 아들들이 성장했다는 기록이 있다. 숙복 덕분에 노나라에서 관상학이 번성했다.

숙복의 뒤를 이은 이가 춘추 시대 진나라 사람 고포자경(姑布子卿)이다. 그는 공자와 동시대 사람이었는데, 공자의 상을 보고 장차 대성인(大聖人)이 될 것임을 예언했다. 그는 "눈썹에 열두 광채가 서려 있고 몸에 아흔아홉 가지의 위표가 있으니 반드시 대성인이 될 것이다"고 평했다. 훗날 그 예언은 적중했다.

고포자경 다음으로 유명한 관상학자가 당거(唐擧)이다. 그는 사마천의 《사기》에도 등장할 정도였다. 숙복, 고포자경 대까지는 골상이 관상학의 전부였지만, 당거는 기색으로 관상 보는 법까지 포함시켜 관상학의 학문적 체계를 한 단계 끌어올렸다.

한나라 유방은 관상학을 신봉했는데, 여공(呂公)이라는 관상학자 때문이었다. 여공은 말단직에서 하릴없이 지내던 유방에게 장차 황제가 될 것임을 예견하며 자신의 사위로 삼았다. 이 일로 유방은 천하를 통일한 후 관상학자들을 대거 등용시켰다고 한다.

이후 유명한 관상학자로 허부(許負)가 있다. 그는 자신이 쓴 《인륜식감(人倫識鑑)》에 이목구비의 상을 최초로 그려 넣었다. 진나라 말당대 유력한 한신(韓信)의 관상을 본 후 그의 운명을 정확히 예견해 큰 부를 쌓고 권세를 누렸다고 전해진다. 허부는 숙복, 고포자경, 당거와 함께 4대 관상가로 뽑힌다.

후한 시대에는 관로(官輅)와 허교(許敎)가 관상가로 유명했고, 남북조 시대에 이르러서는 달마거사(達磨居士)가 유명했다. 달마거사 관상 비법은 제자들에게 비전되었고 이후 《달마상법(達磨相法)》이라는 책으로 정리되었다.

원나라 시대에는 벽안도사(碧眼道士)가, 명나라 때에는 원충철(袁忠澈)이 관상가로 유명했는데, 원충철이 쓴 《유장상서(柳莊相書)》는 현대에도 유용한 관상서이다. 당나라, 송나라 시대에는 순양조사(純陽祖師), 일행선사(一行禪師), 사마두타(司馬頭陀) 등이 관상가로 유명했고, 마의선사(麻衣禪師)의 제자 진박(陳博)도 유명했다. 송 태종이 진박을 불러 관상 실력을 극찬하고 인품에 반해 벼슬까지 주었지만 그는 다시 마의선사 곁으로 돌아갔다고 한다. 그는 그동안 비전되어 오던 관상서들을 모아 《상리형진(相理衡眞)》과 《신상전편(神相全編)》을 펴냈다. 《달마상법》과 함께 기념비적인 관상학 책으로 꼽히는 《마의상서》도 썼는데, 이 책은 마의선사의 관상 비법을 기록한 것이다.

우리나라에 관상이 들어온 것은 신라 시대라고 전해지고, 고려와 조선 시대 때 크게 유행했다고 한다. 관상은 우리나라를 비롯한 여러 나라에 분포되어 있었고, 동아시아에서 두루 통용되는 관상은 중국에서 체계화한 것이다.

유방을 사위로 삼은 관상가

여공이라는 유명한 관상가가 있었다.

어느 날 여공이 한중 땅을 지나다가 멀리서 밭을 일구고 있는 한 젊은이를 보았다. 여공은 오랜 여행길에 피곤해 쉬면서 길도 물을 겸하여 나무 그늘에 앉아 젊은이를 불렀다. 젊은이가 손을 멈추고 여공이 있는 곳으로 달려오고 있었는데 젊은이 모습을 본 여공은 깜짝 놀라고 말았다. 광채가 나는 이마, 새까만 눈썹, 서기가 어린 눈, 홍조 띤 두 뺨, 우뚝 솟은 코, 긴 인중 밑의 두툼한 한일자 입술, 떡 벌어진 어깨. 천자의 상이었기 때문이다.

"어찌 이런 천자의 상을 여기서 만난단 말인가."

여공 입에서 저절로 혼자 말이 튀어나왔다. 여공은 잠시 넋을 잃고 있다가 유방이 자신의 앞에 서 있음을 깨닫고는 다시 정신을 차린 후 말을 했다.

"젊은이 이리 와 앉아 잠시 쉬었다 일을 하시게."

유방이 손에 묻은 흙을 툭툭 털고 여공 옆에 앉았다. 여공이 유방에게 말했다.

"여보게 젊은이, 자네는 내가 보니 천자에 오를 상일세! 그러나 이 내용은 절대 발설하지 말게. 그리고 무예를 꾸준히 익히게나. 나에게 과년한 딸이 있는데 결혼할 수 있겠나?"

여공의 말대로 유방은 무예를 익히는 데 전념했고, 이후 천하를 통일해 한나라를 세웠다. 왕후가 된 여공의 딸이 바로 여태후(呂太后)이다.

　유방은 황제에 오른 후 관상학을 장려했고 궁중에 관상가의 출입을 허용했다.

서양 관상의 역사

　서양에서 관상학의 토대를 만든 이가 아리스토텔레스이다. 아리스토텔레스는 영혼과 육체는 하나여서 영혼의 아름다움이 겉모습으로 드러난다고 주장했다. 내면이 변하면 얼굴, 즉 관상이 변한다는 것이다. 아리스토텔레스는 사람을 동물과 비교해 관상학 책을 지었다. 이를테면 이마가 좁은 관상은 돼지로, 사각으로 균형 잡힌 이마는 사자로 표현하는 식이었다.

　이후 그리스, 로마 시대에는 생김새를 유형별로 나누고 각 유형의 성격을 분석한 관상학이 등장했다. 이때부터 관상학이 종교나 샤머니즘에서 벗어나 독자적인 학문으로 자리를 잡았다. 특히 로마 시대에는 관상학이 정치와 결합되면서 예언적 관상학이 번성했다. 신의 뜻을 계시하는 점성학이 관상학에 영향을 주었다. 한편 히포크라테스는 관상과 인종은 그 지역의 기후와 풍토의 영향을 받는다고 보왔다. 기후와 풍토가 체질, 관상, 기질, 피부색, 목소리 등에 다양하게 영향을 미친다고 분석했다.

로마 시대 대표적인 관상학자가 폴레몬이다. 그는 아리스토텔레스 관상학을 실생활에 적용해 길흉화복을 살펴었으며 최초로 관상에서 눈의 중요성을 강조했다. 특히 황제의 관상을 신격화했는데 그가 쓴 《황제전》을 보면 카이사르는 호감이 느껴지지 않는 폭군으로, 옥타비아누스는 균형 잡힌 몸매에 호감 있는 외모를 가진 황제로 묘사돼 있다.

중세에는 기독교 영향으로 관상학을 금지했다. 인간을 하나님이 창조한 것으로 간주했기 때문이다. 즉 사람은 신의 모습을 하고 있는 존재여서, 비교·분석할 수 없다고 본 것이다. 이런 배경 탓에 관상학은 이후 예언학, 심리학, 체질의학으로 발전해 갔다.

그러다 르네상스 시대에 이르러 다시 인간의 몸에 대한 관심이 높아졌다. 관상은 타고나는 것이 아니라 스스로 만들어 나가는 것이라는 인식이 확산되었다. 평민이 귀족이 되는 등의 급격한 신분 상승이 가능한 시대여서 관상도 변한다는 사회적 분위기가 형성되었던 듯하다. 특히 이 시기에는 관상학이 얼굴을 보는 것에서 손금을 보는 수상학으로 옮겨 가 수상학이 인기를 끌었다.

18세기에는 과학혁명 영향으로 화장술, 가면 착용 등 외모를 가꾸고 치장하는 기술이 발전해 관상학의 인기가 다시 꺼지고 말았다. 그러다 18세기 후반 다시 관상학의 전성시대가 열린다. 본질을 중요시하는 사회 분위기가 확산된 것이다.

19세기에는 인체의 뼈를 분석하는 골상학이 새로이 등장했지만,

주목받지 못하고 쇠퇴한다. 이후 의학이 발달하면서 골상학이 부활했는데, 소설가 에드거 앨런 포는 골상학을 "과학의 황제"라고 치켜세웠다. 20세기 들어 골상학은 범죄학, 수사학 분야에서 인정받게 되고 자연과학과 사회과학의 분야에까지 스며들면서 제 영역을 확보하고 있다.

관상감을 둔 조선

우리나라에는 오래전부터 운명 관련 국가 기관이 있었다.

신라 시대에는 첨성대를 만들어 하늘을 살펴 기후를 예측하고 대비했다. 고려 시대에도 천문을 관측하는 관청이 있었다. 태복감(太卜監)과 태화국(太火局)이 이후에 사천대(司天臺), 사천감(司天監), 관후서(觀候署), 서운관(書雲觀) 등으로 명칭이 바뀌었다.

조선 시대에는 관상감(觀象監)이 있었다. 천문(天文), 지리(地理), 역수(曆數), 기후 관측, 각루(刻漏) 따위를 맡아 보던 관아였다. 주로 태양과 달, 별 등을 관찰해 기후를 예측하고 왕과 종친의 묏자리, 이장 등에 관한 일을 보았다.

《경국대전》에 따르면 관상감 조직은 이렇게 구성돼 있었다. 최고책임자인 영사(領事)는 영의정이 겸임하고, 제조(提調) 2인, 정(正, 정3품) 1인, 부정(副正, 종3품) 1인, 첨정(僉正, 종4품) 1인, 판관(判官, 종5품) 2

인, 주부(主簿, 종6품) 2인, 천문학·지리학 교수(종6품) 각 1인, 직장(直長, 종7품) 2인, 봉사(奉事, 종8품) 2인, 부봉사(副奉事, 정9품) 3인, 천문학·지리학 훈도(訓導, 정9품) 각 1인, 명과학(命課學) 훈도(정9품) 2인, 참봉(종9품) 3인을 두었다. 명과학에서는 사람의 길흉화복을 점치기도 했다. 우리나라 최초로 시각장애인들에게 교육을 시행한 곳이기도 하다.

관상감은 1894년 갑오경장 때 폐지되었고, 조직이 대폭 축소된 관상국(觀象局)이 만들어졌다.

시각장애인들을 점술가로 길러 낸 세종

〈세종실록〉(107권)을 보면 관상감 명과학에서 시각장애인들에게 교육한 얘기가 실려 있다.

> 명과학을 하는 맹인을 나이 젊고 영리한 자 10인을 골라서 서운관(書雲觀)에 소속시키고 훈도 4~5인을 두고 사흘마다 한 번씩 모여서 그 업(業)을 익히게 하라.

세종은 맹인에 대한 편견을 없애고자 그들에게 명리학 등을 공부시켜 관리로 임용했다. 이에 많은 시각장애인이 점술가, 역학자로 일했다. 세종은 신하들의 극심한 반대에도 시각장애인 점복사(점치는 사람)인 지화에게 종3품의 벼슬을 내려 주었는데, 이 내용 역시 〈세종실록〉(75권)에 기록돼 있다.

세종이 "지화가 국가의 점치는 일과 혼인하는 일에 자주 참여하여 점복을 잘하니 그 공로를 인정하여 벼슬을 내리는 것이 어떠냐"고 좌의정 맹사성을 비롯한 신하들에게 물었다. 영의정 황희는 "마땅히 내시검직을 주어 사직의 일을 행하게 하고 그 계급은 정4품으로 한정하는 것이 옳겠습니다"고 말했다. 이에 세종은 지화에게 중훈검교첨지내시부사란 벼슬을 내린다. 그러자 신하들 가운데 반대하는 이들이 있었다.

사간원 우정언, 이맹전이 아뢰었다.

"지화와 이신에게 관직을 제수하시니 신 등은 생각하건대 옛날에 당나라 태종이 방현령에게 이르기를 '악공과 잡류들은 가령 기술이 다른 무리보다 뛰어나더라도 다만 전백(錢帛)을 특별히 내려 주어 그 재능을 상 주면 될 것이며, 등급을 뛰어넘어 관직을 주어서 조정의 현인, 군사들과 어깨를 나란히 하고 서며 자리를 같이하고 먹게 하여 사대부들의 수치가 되게 하지 마라' 하였는데 지금 지화 등은 비록 관직은 주었지만 어찌 그 사무를 맡길 수가 있겠습니까? 또 사모와 품대 차림으로 조정의 길에 다니면서 조관과 나란히 서게 하니 진실로 불편한 일입니다. 원컨대 그 관직을 파면하고 다만 월료(月料)만 주어서 그 공을 상 주게 하소서."

임금이 말했다.

"그대의 말이 진실로 옳다. 그러나 판수이면서 관직을 맡은 것은 지금에 시작된 것이 아니고 예로부터 있었다. 도 사옹원의 관직은 공인,

상인, 천인들도 모두 받게 되었는데 아마 모두가 그 사무를 반드시 맡지는 못할 것이다. 지금 지화 등도 모두 국가의 점치는 일과 혼인하는 일 등에 참여하지 않는 것이 없으니 어찌 그 공이 없겠는가. 비록 사옹원의 관직을 제수하더라도 우리에 해로움이 없을 것이다."

사간원 우정언은 그 후, 함구했다.

역사 속 관상가들

일본 관상학의 대가, 미즈노 남보쿠

일본 관상학은 쇼토쿠 태자[聖德太子]에서 시작되었다고 한다.

일본 역사에서 가장 유명한 관상가가 18세기 중반의 관상가 미즈노 남보쿠[水野南北]이다. 오사카에서 태어난 그는 어릴 때 아버지를 여의었다. 아버지는 오사카 아와좌[阿波座]에서 곡에 맞춰 옛이야기를 읊조리는 조루리[淨瑠璃] 연극의 각본을 쓰는 전속 작가였다. 홀로 남은 남보쿠는 대장장이였던 숙부의 손에 길러진다.

그런데 열 살 때부터 술과 도박에 빠져 숙부의 귀중품을 들고 가출을 하는 등 동네 건달로 손가락질을 받으며 산다. 주먹다짐, 칼싸움을 일삼고 열여덟 살에는 술값 다툼으로 감옥에 들어간다. 수감돼 있는 동안 그는 감옥에 있는 사람과 감옥 밖에 있는 사람들의 관

일본 관상학의 대가 미즈노 남보쿠

상이 많이 다름을 발견하고, 관상과 사람의 운명이 관계 있음을 깨닫는다. 이후 집중적으로 죄인들의 관상을 연구하고, 감옥을 나온 이후에는 좀 더 공부하기 위해 수많은 관상가를 찾아다닌다.

어느 날 한 관상가를 찾았는데 그로부터 "1년 안에 칼에 맞아 죽을 관상이니 이 길로 속히 출가하라"는 말을 듣는다. 조언대로 그는 절에 간다. 하지만 절에서는 "1년간 콩과 보리로만 식사를 하면 제자로 받아들이겠다"며 조건을 단다. 그는 도지마강에서 화물을 싣고 다니는 배의 하역인부로 일하면서 보리와 콩으로 1년을 보낸다. 1년 후 '칼 맞아 죽을 상'이라고 했던 관상가를 다시 찾아갔는데 그가 깜짝 놀라며 말했다.

"칼 맞아 죽을 상이 감쪽같이 사라졌네. 무언가 공덕을 크게 쌓았는가 보구려."

남보쿠가 보리와 콩만 먹고 열심히 살아온 과정을 이야기하니 관상가가 말했다.

"당신의 절제와 은덕이 상을 바꾸었군."

남보쿠가 "만물을 소중하게 절제하라. 이것은 나의 말이 아니라 하늘과 자연의 가르침이다. 인간의 행복은 음식의 절제에서 시작된다"는 가르침을 남긴 것도 이 경험의 영향일 것이다. 이후 남보쿠는 인간의 성격, 기질, 특성, 사고, 운세 등 모든 것이 그 사람이 무엇을 먹고 있는가에 따라 결정된다는 절식개운설(節食開運說)을 주장했다.

남보쿠는 제자로 삼겠다는 관상가의 요구도, 절에 들어가는 것도 거부하고 전국을 떠돌며 관상을 공부한다. 그는 얼굴과 온몸에 드러나는 기색을 익히고자 9년간 수련한다. 남의 머리를 만지면서 3년간 두상(頭相)을 익히고, 공중목욕탕에서 때를 밀며 3년간 체상(體相)을 익혔다. 또 화장터에서 시신을 태우는 화부로 일하면서 3년간 골상(骨相)을 연구했다.

이 기간을 견뎌 낸 뒤 마침내 남보쿠는 심상(心相)을 읽게 된다. 이후 그는 쇼토쿠 태자를 교조로 삼아 관상에 신도(神道), 유교, 불교 등까지 도입해 좀 더 깊고 체계적인 학문으로 발전시켰다. 그는 족집게처럼 맞히는 데 주력하기보다 운명을 적극적으로 개척해 나가는 철학으로 관상을 발전시킨 인물이다.

관로

후한 말 사람 관로(管輅)는 관상과 점성술에 능했다.

어느 날 관로가 우연히 안초의 얼굴을 봤는데 일찍 죽을 상이어서 그만 천기를 누설하고 말았다. 그러자 안초의 아버지가 관로에게 수명을 연장해 달라며 간절히 매달렸다. 어쩔 수 없이 관로가 안초에게 비방을 말해 주었다.

"맑은 술 한 주전자와 사슴육포 한 근을 준비해서 묘일이 되면 추수가 끝난 보리밭 남쪽 뽕나무 아래에서 바둑 두는 사람을 찾게나. 옆에 육포와 술을 차려 놓고 술잔이 비면 다시 술을 따르고 술과 육포를 다 먹을 때까지 계속 그리하게. 무언가 묻거나 아무 말도 하지 말고 고개만 숙여 대답하게. 그러면 되네."

안초는 관로의 말대로 했다.

바둑을 두는 두 사람은 바둑에 빠져 있어 안초가 차린 술과 육포를 먹으면서도 눈치 채지 못했다. 술을 다 마신 후에 북쪽에 앉은 사람이 문득 안초를 보고는 꾸짖으며 물었다.

"너는 어째서 여기 있는 게냐?"

안초는 고개 숙여 인사만 했다. 남쪽에 앉은 사람이 말했다.

"지금 이 아이의 술과 고기를 먹었으니 그 값을 해야지?"

"이미 수명은 정해져서 문서에 기록되어져 있을 것이네."

"나에게 한번 보여 주게나."

남쪽 사람이 문서를 받아 보니 수명이 열아홉으로 적혀 있었다. 붓을 들어 '아홉 구(九)'를 '열 십(十)' 자 앞으로 바꿔 놓고 안초에게 이야기했다.

"이제 구십 살까지 살게 되었다."

안초는 감사 인사를 한 후 집으로 돌아와 관로에게 물어보았다. 관로는 "북쪽에 앉은 분은 북두성군이고, 남쪽에 앉은 분은 남두성군이네. 남두성군은 삶을 관장하고, 북두성군은 죽음을 관장하지. 사람은 남두성군에게서 태어날 날을 받고, 북두성군에게 죽을 날을 받는다네. 바라는 것이 있다면 북두성군에게 빌어야 하지"라고 말했다.

관로(209~256년)는 위나라 평원 사람으로 《위서(魏書)》에 기록되어 있다. 용모는 추하고 술과 농담을 좋아하며 사람을 가리지 않고 어울렸다. 사람들이 좋아했지만 존경하는 사람은 없었다. 관로는 어릴 적부터 별 보기를 좋아하고 별의 이름과 계절의 흐름에 관심이 많았다. 부모는 관로의 행동을 못마땅하게 여겼으나 관로는 오히려 더 적극적으로 관심을 보였다. 그는 늘 입버릇처럼 말했다. "나는 나이는 적지만 천문을 보는 것이 좋다." 또 "집 마당에 있는 닭과 들에 있는 고니도 때를 아는데, 인간이 알지 못하겠느냐"며 친구들과 놀 때도 땅에 별, 달, 태양 등을 그리며 놀았다고 한다.

관로에 대해서는 전해지는 이야기가 너무 많아 책 한 권의 분량이 될 정도이다.

또 다른 일화다.

낭야의 태수 선자춘이 관상에 뛰어나다는 소문을 듣고 관로를 불렀다. 그 자리에 말 잘하는 선비 백여 명도 함께하게 했다. 관로가 선자춘에게 요청했다.

"사람이 너무 많아 떨려서 말을 잘 못할 것 같으니 술 석 되만 주시오."

술을 마신 후 다시 물었다.

"저 백여 명의 선비와 말싸움을 하면 됩니까?"

이에 선자춘이 답했다.

"내가 무식하지 않고 책을 많이 읽었으니 내가 혼자서 자네와 토론하겠네."

둘은 점심과 저녁을 지나서까지 토론을 이어 갔다. 선자춘과 선비들은 관로가 신동이라며 감탄했다.

이후 관로의 아버지가 이조의 수령으로 임명되었을 때 일이다. 이조의 백성 곽은 삼형제가 모두 앉은뱅이였다. 관로에게 점을 치니 점괘가 이러했다.

"점괘를 보니 그대들 삼형제 집안 묘소에 여자 귀신이 있소. 큰어머니나 작은어머니쯤 되는 것 같은데, 흉년이 들었을 때 쌀 몇 되 가지고 이웃과 다투다가 살해당했군요. 돌에 머리가 짓이겨져 우물에 던져졌소. 그 영혼이 원통해서 당신들이 이런 끔찍한 병을 얻게 된 것이오."

백락

춘추 시대 사람 백락(伯樂)은 말의 상을 잘 보았다고 한다. 진나라 군주 목공(穆公)을 위해 말을 골라 주기도 했다. 그가 고른 말은 반드시 천리마였다고 한다. 말 보는 솜씨가 얼마나 뛰어났던지 마(馬) 시장에서 그가 무심코 돌아보기만 해도 그 말의 가치가 수십 배나 치솟았다고 한다.

고구려 시조인 주몽 또한 말을 보는 능력이 뛰어났다. 주몽은 왕이 되기 전 왕의 말을 키우는 일을 했는데 준마를 알아보고는 잘 먹이지 않아 여위게 했다. 좋지 않은 말에게 곡초를 많이 먹여 살을 찌워 왕이 그 말을 가져가게 잔꾀를 부렸다. 준마는 주몽이 차지했다.

관상가를 시험한 유성룡

　조선 선조 때 영의정까지 지낸 유성룡이 중국 연경에 갔을 때의 일이다.

　당시 꽤 유명한 관상가가 있었다. 유성룡은 이 관상가를 시험해 보기로 했다. 그래서 위엄 있어 보이고 용기 있는 노복을 유성룡으로 분장시켜 관상가에게 보냈다. 관상가가 그를 뜯어본 후 크게 웃으면서 말했다.

　"당신은 평생 숯이나 팔 노인이오. 어째서 나를 속이려는 것이오?"

　이에 아무 말도 못하고 돌아왔다. 이번에는 유성룡이 허름한 행색으로 다시 관상가를 찾았다. 관상가는 자세히 살펴보더니 깜짝 놀라며 말했다.

　"당신이 진실로 재상이십니다."

　유성룡은 관상가의 혜안에 놀랄 뿐이었다.

기본 관상법

옛날 황제들은 관상학에 관심이 많았다. 앞서 말한 한나라의 유방이 대표적인 예이다. 이성계와 무학대사의 일화처럼 관상 덕분에 왕이 된다는 걸 미리 안 경우가 많았으니, 그럴 수밖에 없었을 것이다.

관상은 역학의 다른 분야와 마찬가지로 쉽게 배울 수 있는 것은 아니다. 하지만 간단히 몇 가지 원리를 익혀 둔다면 일상생활에도 큰 도움이 될 것이다. 관상학의 기본 원리 몇 가지를 소개한다.

얼굴 형태로 보는 법

우선 얼굴 형태로 보는 관상이다. 얼굴은 크게 심정형(心精型), 원만형(圓萬型), 근골형(筋骨型) 세 가지로 나눌 수 있다.

심정형은 갸름한 역삼각형과 계란형을 가리킨다. 대체로 미남미녀란 소리를 듣는다. 지적 능력이 뛰어난 반면, 성격은 신경질적이다. 재물보다는 명예를 소중히 여기고 지적인 능력을 계발하기 좋아하며 섬세하게 자신을 무장한다. 문학이나 예술 분야에서 탁월한 기량을 발휘한다. 착하고 성실하지만 배짱이나 리더십이 부족한 것이 단점이다.

원만형은 둥글둥글하고 모남이 전혀 없다. 눈이 크고 둥글며 성격이 활발해 어느 자리에든 잘 적응한다. 사람 상대해야 하는 일을 잘한다. 모든 일에 긍정적이나 생활 태도는 보수적이어서 환경의 변화를 원치 않는다. 하지만 한편으로는 주변에 바로 순응할 수 있는 유연성도 가지고 있다. 무역, 영업 업계에서 뛰어난 능력을 선보일 수 있다. 성격은 온화하고, 실리적이다. 그러나 결정적인 순간에 뒤로 물러서는 단점이 있다.

근골형은 얼굴뼈가 각지어 있고 목이 짧고 굵은 형을 가리킨다. 전체적으로 몸도 단단한 근육질로 이루어져 있다. 주로 남성이며, 운동선수에서 흔히 볼 있는 얼굴이다. 성격은 남성적인 기질이 넘치고 고집이 세다. 투지가 넘치고 기백이 탱천하나, 애정 문제에는 소극적인 태도를 취한다. 너무 투쟁적이고 자기주장이 세 독선적인 사람이 되기 쉬우니 조심해야 할 것이다. 군인, 경찰관, 운동선수 등에 어울리는 상이다.

관상 12궁

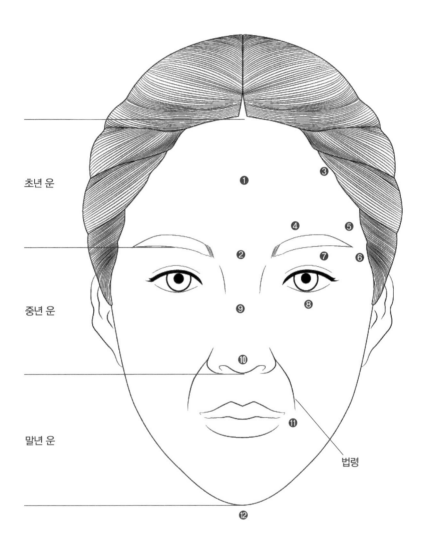

초년 운

중년 운

말년 운

① ③ ④ ⑤ ⑦ ⑥ ② ⑨ ⑧ ⑩ ⑪ ⑫

법령

❶ 복록궁: 관운, 출세 운, 상운

❷ 명궁: 타고난 운명, 적성에 맞는 직업, 부모 운

❸ 천이궁: 이사, 이민 등 변화, 변동 정보를 알려 준다.

❹ 형제궁: 형제 운

❺ 복덕궁: 복이 많은지, 덕이 있는지를 알려 준다.

❻ 처첩궁: 배우자, 애인 운

❼ 전택궁: 유산 상속과 부동산 복

❽ 남녀궁: 사랑, 연애 운

❾ 질액궁: 건강 상태와 병에 관한 것을 알려 준다.

❿ 재백궁: 금전과 재물 복

⓫ 노복궁: 부하 직원이나 아랫사람 복

⓬ 상모: 성격이나 건강 상태 등을 두루 알려 준다.

전택궁과 팔자주름

관상을 볼 때는 눈, 코, 입, 귀 이 4곳을 중요하게 본다. 눈에선 항상 광채가 나야 하고, 코는 곧게 뻗어 내려와 우뚝 서야 좋다. 입은 크고 각이 져 있으며 입 끝이 위로 향해 있는 것이 좋다. 입술은 두껍고 붉어야 한다. 귀는 귓바퀴가 두텁고 자색을 띠는 것이, 귓구멍은 넓고 깊은 것이 좋다.

눈썹과 눈 사이를 전택궁(田宅宮)이라고 한다. 보통 전택궁이 넓게 잘 발달되어 있어야 일생을 좋은 주택에서 행복하게 지낼 수 있다. 전택궁이 발달한 사람 중에 부동산 부자가 많다고 하지만, 꼭 그렇지는 않다고 본다. 단적인 예로 미국인들의 경우 눈과 눈썹 사이가 아주 좁아 전택궁이 거의 없다시피 한데, 그들 중에도 부동산 부자는 많기 때문이다. 내 나름대로 연구하고 검토해 본 바에 따르면, 전택궁이 좁은 사람은 부모 운이 적은 것뿐이지 그것이 곧 평생 갖게 될 부동산을 결정하지는 않는다.

흔히 팔자주름이라고 하는 법령은 선 끝이 입으로 향하면 노년에 굶어 죽는다고 했지만 이 해석도 딱 맞지는 않는다. 현대에는 가난해서 굶어 죽는 경우는 거의 없기 때문이다. 법령은 나이가 들어갈수록 선명해지니 40대가 되어야 정확히 판단할 수 있다.

최고는 빛나는 눈

관상에서 가장 중요한 것이 눈과 눈동자다. 눈이 맑고 빛이 나는 것을 최고의 관상으로 본다. 그러나 눈을 분석하는 것이 가장 어렵다. 눈을 제대로 분석할 수 있다면 관상 전문가가 된 것이다.

눈은 건강 상태도 나타낸다. 홍채학은 1861년 헝가리 의사 페첼리 (Von Peczely)가 질병과 홍채의 관계를 연구해 진단에 활용하면서 시작됐다. 이후 각국으로 전파되어 각 학파를 이루었다. 우리나라에서는 1998년에 의사와 한의사·과학자들이 모여 대한홍채의학회를 설립해 활동하고 있다.

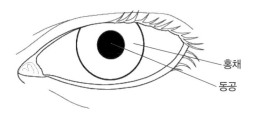

홍채와 동공

홍채 진찰로 건강 상태를 알아볼 수 있듯이 얼굴의 부위별 상태, 크기, 색 등으로도 건강 상태를 알아맞힐 수 있다. 이처럼 관상과 건강은 밀접한 관련이 있다.

좋은 점 나쁜 점

누구에게나 있는 것이 점이다. 점에는 길과 흉이 함께 존재하니 복점을 건드리면 복록이 사라지고 수명도 짧아진다. 반면 흉점을 없애면 복록이 넘쳐 난다. 그러므로 얼굴에 점이 있다고 해서 별 생각 없이 수술해 빼는 것은 좋은 방법이 아니다. 우선 전문가와 상의하는 것이 좋다. 여러 점에 대해 간단히 알아보자.

당나귀 귀가 어때서

〈임금님 귀는 당나귀 귀〉라는 동화가 있다. 한 임금이 자신의 귀가 당나귀 귀처럼 길쭉하게 서 있어 너무 창피한 나머지 숨기고 다녔다. 이발사가 머리를 깎다가 이 사실을 알게 되자 임금은 이 사실을 발설하면 사형에 처하겠다면서 입단속을 시켰다. 말을 못해 병이 난 이 발사는 결국 대나무 숲에다 외친다.

"임금님 귀는 당나귀 귀다!"

그런데 만약 임금이 관상학을 알았더라면 자신의 귀를 오히려 자랑스럽게 알렸을지도 모른다. 관상학에서 당나귀 귀는 아주 좋은 귀이기 때문이다. 운동선수, 음악가, 연예인 등 온몸으로 인기를 받고 살아가는 사람들에게서 흔히 볼 수 있다.

관상학에서 당나귀 귀는 쪽박귀, 칼귀라 해서 부정적으로 보기도 한다. 단명한다는 것이다. 그러나 귀 하나로 죽고 사는 것을 단정할 수는 없다.

당나귀 귀를 가진 연예인으로는 이영애, 채시라, 김혜수, 배용준, 안성기, 한석규, 이정재 등이 있고 운동선수로는 홍명보, 박찬호 등이 있으며 음악가로는 첼리스트 장한나 등이 있다.

자식의 귀가 당나귀 귀라면 부모는 창피해할 것이 아니라 아이들의 특성을 살려 주는 것이 바람직하다. 혹여 아이들이 자기 귀를 부끄러워하면 오히려 특별한 축복임을 상기시키고 자신감을 심어 주는 것이 지혜로운 일이다. 다시 말하지만 당나귀 귀는 인기인의 귀이다.

좋은 점 나쁜 점

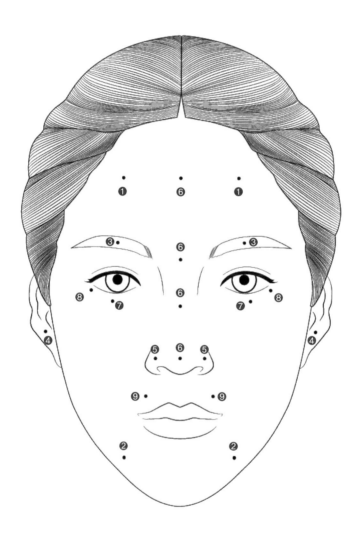

❶ 이마 양 옆에 있는 점: 역마와 관련된 곳. 어릴 때 일찍 고향을 떠나게 된다. 점이 두툼하면 일찍 유학을 간다.

❷ 턱 양 옆에 있는 점: 역마와 관련된 곳. 말년에 고향을 떠나게 된다.

❸ 눈썹 안에 있는 점: 총명하고 아이디어가 뛰어나다.

❹ 귀에 있는 점: 총명하고 아이디어가 뛰어나다. 귀에 살이 별로 없으면 머리는 총명하나 삶에 굴곡이 있다.

❺ 콧방울에 있는 점: 재물 복이 있다. 연예인, 예술가, 방송인, 사업가 등에서 자주 보인다.

❻ 얼굴 한가운데를 관통하는 점: 인기를 얻는 직업(연예인, 예술인, 방송인 등)이 어울린다.

❼ 눈 가운데 눈물이 흘러내리는 곳의 점: 살아가면서 울 일이 많이 생긴다. 사건, 사고에 휘말리게 된다. 반드시 점을 빼는 것이 좋다.

❽ 눈 끝 눈물이 흘러내리는 곳의 점: 살아가면서 울 일이 많이 생긴다. 사건, 사고에 휘말리게 된다. 반드시 점을 빼는 것이 좋다.

❾ 코끝에서 뻗어 나가는 법령 안에 있는 점: 의식주 복이 있다. 사람이 많이 따른다. 재물이 따른다.

복 있는 관상

인기로 먹고사는 사람(연예인, 방송인, 예술인 등)

• 얼굴이 타원형인 사람

• 코가 우뚝하고 이목구비가 뚜렷한 사람

• 정면에서 볼 때 귀가 보이는 사람(쪽박귀인 사람)

• 입술에 세로 주름이 많은 사람

초년 복이 있는 사람(부모 복이 있는 사람)

• 이마가 두툼하게 튀어나온 사람

• 이마가 밝게 빛나는 사람

• 이마가 넓고 살이 있는 사람

• 이마 양 옆에 살이 두툼한 사람

재물 복이 있는 사람

• 얼굴이 거북이처럼 생긴 사람

• 귀가 두툼한 사람

• 턱에 살이 두툼한 사람

• 콧방울 살이 두툼한 사람

• 콧방울이 마늘쪽처럼 뚜렷한 사람

- 전택궁 살이 두툼하고 빛이 나는 사람
- 눈썹과 눈썹 사이의 명궁(命宮), 인당(印堂) 부위에서 빛이 나는 사람

작가들과 관상

　　그 큰 눈은 정면에 앉은 낙안댁을 똑바로 쳐다보고 있었다. 낙안댁은 그 눈을 마주보는 순간 왈칵 무섬증이 끼쳐오는 것을 느꼈다. 아무 표정이 없는 창백한 얼굴에 박혀 있는 커다란 두 눈, 그 눈에서 이상스런 냉기와 함께 섬뜩한 괴기가 뿜어져 나오고 있었다. 저것이 신들린 무당의 눈이다.

　　 ─조정래의 《태백산맥》에서

　　사실 금녀는 훤하게 드러나 보이는 미인은 아니었다. 키는 여자치고 다소 큰 편이며 몸매가 고왔고 뽀오얀 얼굴빛에 담백한 느낌의 별 특징 없는 얼굴이지만, 쌍꺼풀이 크게 진 눈이 어두우면서 강한 눈빛이 평탄치 않을 운명을 암시하는 듯싶었고 김두수를 향할 때 그 눈은 표독스럽게 이글거린다.

─박경리의 《토지》에서

두 소설뿐 아니라 양귀자의 소설 《천년의 사랑》에도 "몸도 약해 눈 밑의 그늘이 심상찮구만. 얼마나 험하게 살았으면 한창 꽃필 나이에 저럴까?"라는 관상에 관한 이야기가 등장한다. 많은 소설가가 작품 속에 관상학적인 묘사를 넣는다. 위 글들의 내용은 여느 사람들도 짚어 낼 수 있는 상식적인 수준이다. 관상학적인 지식을 토대로 참신한 인물들을 만들어 내는 능력이 있어야 훌륭한 작가의 반열에 오를 수 있으리라. 그렇지 않으면 소설 속 인물이 독자의 마음속에 각인되기 어렵기 때문이다. 그래서 대부분의 작가가 인물의 특징을 표현할 때 관상학을 이용한다. 관상학적 내용으로 등장인물의 미래를 암시하고 운명까지도 결정한다.

삶의 이야기를 다루는 작가들은 인간의 성격과 행동을 섬세하게 관찰하고 기록하기 때문에 반관상쟁이나 다름없다. 관상은 마음이 그대로 표현되어 얼굴에 그려지는 것이다.

작가들의 셀프 관상

1938년 잡지 《삼천리》 1월 호 부록에 문인들의 자전적 내용이 실렸다. 6개의 질문에 답하는 형식이었는데, 문인들의 허심탄회한 자기 고백이라 할 수 있다. 이광수, 주요한, 이태준, 모윤숙, 박태원, 임화, 채만식, 이효석 등이 응했다.

질문들은 다음 순서로 이어졌다. 1. 나의 자화상(내 성격, 내 얼굴), 2. 나의 로맨스, 3. 문학에 들어선 동기… 이 중 첫 번째 질문에 대한 답을 소개한다. 이는 작가들이 자신의 성격과 얼굴을 평한 셀프 관상이 아닌가. 작가들의 성격도 유추해 볼 수 있겠다.

이광수: 나는 할 수 있는 대로 내 마음 본질 그대로 얼굴에 표(表)하기를 원하나 그렇게 되는지 알 수 없습니다. 내 성격은 의리에 있어선 편협하도록 힘과 열을 아끼지 않으나 항시 과단성이 부족하여 오해받는 일이 많습니다. 내 얼굴에선 눈이 가장 나의 특징을 표현한다고 생각합니다.

주요한: 얼굴은 관골이 환하게 생기진 못한 편이지요. 눈도 큰 편은 아닙니다. 길거나 둥글지도 않은 편입니다. 내 성격은 우울한 것과는 반대로 명랑한 생활을 해 보려고 하는 편입니다.

이태준: 관상쟁이가 이백과안(耳白過顔)이니 공명(功名)의 상이라 하였다. 지금 같아선 그것도 믿기 어려운 소리다.

모윤숙: 내 얼굴엔 항상 우수가 깃들어 있습니다. 얼굴이 둥근 편은 아니고 타원형에 가까우나 명랑을 잊었습니다. 눈은 한곳에 다다르면 떨어질 줄 모릅니다. 성격은 쾌활할 때도 많으나 너무 초조히 마음을 초달하는 때가 있어서 실수를 하기 쉽게 됩니다.

박태원: 우선 끈기가 없고 게으른 것이 탈입니다. 성미는 급한 편인데 아무쪼록 고치려고 수양이나, 역시 그것도 게을러서 별 성과를 얻지 못하나 봅니다. 얼굴은 길고, 여드름 자국이 흡사히 얽은 것 같은데, 혈색이 매우 좋지 못합니다. 그러한 데다 머리를 일자(一字)로 치고 안경을 썼으니까, 그러한 상표(商標)를 혹 길에서라도 보시거든 난 줄만 아십쇼.

임화: 비결단성, 지속성의 결여! 뉘게서 유전받았는지 모르나 내 성격 중에 가장 추악한 부분입니다. 그럼으로 때때로 열범(熱犯)을 가지고 용(勇)의 부족을 메우려고 노력합니다. 또 한 가지는 신경질! 이 두 가지만 구비해도 좀 더 잘살아 보겠습니다. 그러면 재능은! 20대에는 있다고 믿었으나 나이 먹어 갈수록 없다는 확증이 날로 드러납니다. 앞 골은 턱이 들어간 걸 입에 힘이 적은 것 등이 나의 성격적 결함의 하나 같습니다. 오직 앞 골 전체의 비교적 선감(線感)이 많은 데 자위를 얻고 있습니다. 그러나 갈수록 그것이 음영인 데는 우울합니다.

채만식: 신경질(하나 사귀어만 놓으면 배쪽같이 사근사근, 정이 짙으리라) 전일(前日)의 미남아(美男兒)이었건만 나이란 할 수 없어 광대뼈가 나오고 볼에 그늘이 져서 실로 볼 상이 없다. [그래도 코 하나만은 벽간(干) 함직 하건만 30이 넘도록 이다지 궁(窮)하니 관상학을 불 지르고 싶다]

이효석: 그다지 변화 많은 얼굴이라고는 생각하지 않으나 사진을

박힐 때마다 얼굴의 모습과 인심이 달라지며 지금까지 마음에 드는 사진이라고는 가진 적이 없다. 사진사가 내 얼굴을 잘 포착하지 못하듯 나는 내 성격을 잘 포착할 수 없다. 그다지 조화 많은 마음이라고는 생각하지 않으나 부드러운 줄만 알고 있으면 쌀쌀하여지고 쌀쌀하다고 생각할 때에는 다시 부드러워지는 듯하다. 명랑한 듯하다가도 금시에 우울해지고 곧은 줄만 생각하면 때때로 굽은 적도 많다. 하기는 사람치고 누구나 다 그런 양면을 다소간에 가지고 있는 것이나 나는 내 얼굴과 성격을 생각할 때 늘 그것을 느끼면서 자책편달의 한 도움을 삼는다.

구한말 관상의
대가 백운학

관상가 백운학의 처가는 두씨(杜氏) 집안이다. 두씨는 흔하지 않은 성씨인데 임진왜란 때 명나라 장수 이여송을 따라왔던 무관 두사충의 후예이다. 두사충은 관상과 풍수에도 능해 두씨 집안에는 두사충이 중국에서 가져온 관상, 풍수에 관한 서적과 비전서(秘傳書)가 많았다. 이 책들은 사랑채 다락에 보존되고 있었다.

어느 날 백운학이 꾀를 내었다. 귀한 책이어서 달라고 해도 주지 않을 것이 분명해 안채에 불을 지른 것이다. 처갓집 식구들이 불을 끄느라 정신없는 틈을 타서 그는 사랑채의 책들을 품속에 숨겨 집으로 왔다고 한다. 그 귀한 책들로 열심히 공부해서 당대 조선 제일의 관상가가 될 수 있었다.

그는 고종의 즉위를 예언함으로써 흥선대원군의 책사가 되었고, 대원군이 인물을 고르거나 정책을 세울 때 조언을 했다. 그 대가로 대원군에게서 아주 넓은 땅도 하사받았다.

1971년 화재로 유명했던 대연각호텔 소유자가 그의 증손자다. 백운학은 운현궁에서 흥선대원군과 기거했는데, 그를 본 사람들은 언제나 정갈하고 흐트러짐 없는 모습이었다고 회고했다. 그는 본명 박유붕보다 백운학(白雲鶴)으로 더 불렸는데, 사람들이 그를 "흰 구름 위의 학 같다"고 말한 데서 그 이름이 생겼다. 백운학은 고고한 모습에 고집이 세고 솔직하며 담백한 사람이었다고 전해진다.

관상 덕분에 살고
관상 때문에 죽다

백운학은 고종의 즉위를 예언해 유명해졌지만, 그로 인해 불행한 일도 겪는다. 흥선대원군은 아들이 왕위에 오르자 중전을 맞이하려고 물색했다. 안동 김씨의 세도 정치를 몸소 겪은 터라 중전을 고르는 데 신중했다. 안동 김씨와 거리가 있고 외척이 없는 집안을 고르다 보니 민치록의 외동딸이 적격이었다. 대원군이 백운학에게 민치록의 딸을 보여 주며 왕비로 맞이하면 어떨지 물었다. 백운학이 거듭 살펴보더니 그의 평소 성격대로 직설적으로 말했다.

"솔직히 말씀드려도 좋겠습니까?"

대원군은 크게 고개를 끄덕였다.

"왕비로 맞이하시면 안 됩니다."

"다시 살펴보게."

"왕비로 맞이하시면 절대 안 됩니다."

"다시 한번 살펴보게."

이번에도 백운학의 답은 같았다.

"다시 보아도 왕비로 맞이하시면 절대 안 됩니다."

급기야 대원군이 "이 사람아, 내 며느리를 맞이하는 것이지 자네 며느리를 들이는 것이 아니지 않은가?"라며 버럭 화를 냈다. 그러고는 민치록의 딸을 중전으로 맞이했다. 그가 명성황후이다.

이 사건으로 대원군과 백운학의 사이가 멀어진다.

중전이 된 명성황후는 세력을 확장해 가면서 대원군과 첨예하게 대립한다. 어느 날 명성황후가 백운학의 관상 솜씨를 듣고 만나자는 기별을 보낸다. 백운학은 고민한다. 명성황후의 관상을 제대로 보아 줘도 죽을 것이요, 가지 않아도 죽을 것이었다. 곰곰이 생각하던 백운학은 인두로 자기 눈을 찔러 애꾸가 되었다. 그리고 눈을 다쳐서 관상을 볼 수 없노라고 전했다. 이 이야기는 황현의 《매천야록》에 나온다.

전라도 구례 사람 유재관은 백운학과 친분이 두터웠다. 무과에 합격해 서울에서 지내고 있었는데, 백운학에게서 한동안 소식이 없어 이상히 여기고 그의 집으로 찾아갔다. 사랑채에 들어가 보니 백운학은 죽어 가고 있었다. 얼굴은 파랗게 질렸고 몸은 퉁퉁 붓고 몸의 구멍이란 구멍에서 피가 뿜어져 나오고 있었다. 독살로 의심되었다.

한 시절을 풍미했던 관상 대가 백운학. 관상으로 세상에 이름을 날렸지만, 결국 그는 관상으로 인해 초라하고 비참한 최후를 맞이했다.

좋은 사람들과 어울리면
관상도 좋아진다

《여씨춘추(呂氏春秋)》에 나오는 이야기이다.

초나라에 유명한 관상가가 있었다. 실력이 뛰어나 장안에 소문이 자자했다. 이 소문이 궁궐에까지 이르렀고 장왕(莊王)이 그를 궁궐로 불러들였다.

"그대는 관상이 무엇이라 생각하는가?"

장왕의 물음에 관상가는 이렇게 답했다.

저는 관상을 볼 줄 아는 것이 아닙니다. 저는 사람들의 벗들을 봅니다. 평민의 경우 그의 벗들이 효성스러우며 우애가 있고 법을 두려워할 줄 안다면, 그 집은 날로 번창할 것입니다. 이런 사람들은 길한 사람입니다. 군주를 섬기는 사람은 그의 벗들이 덕행을 갖추고 선한 것을 섬긴다면, 이런 신하는 군주를 날로 성장시키고 벼슬도 올라갈 것입니다.

이처럼 군주 주변 즉 조정에 현자와 충성된 자가 많아 군주가 잘못할 경우 앞장서 충언한다면, 나라는 안정되고 군주는 날로 높이 받들어지며 백성들이 절로 순종할 것인즉 길한 군주입니다. 저는 사람들의 관상을 볼 수 있는 것이 아니라 사람들의 벗을 볼 수 있습니다.

진정 좋은 사람들을 주변에 둔다면 좋은 관상으로, 나쁜 이들과 어울리면 나쁜 관상으로 변화한다고 볼 수 있겠다.

부처의 조언

부처님의 배다른 동생 난타는 출가 후에도 잡생각에 사로잡혀 공부에 진전이 없었다. 부처님 걱정이 깊었다. 그러던 어느 날 부처님이 난타를 비롯한 여러 스님과 길을 가다가 젖은 새끼 한 타래가 떨어져 있는 것을 보게 되었다.

"난타야, 저것을 집어 보아라."

난타는 새끼를 들어 냄새를 맡아 보고는 코를 찡그리며 던져 버렸다.

"무슨 냄새가 나느냐?"

"비린내가 납니다. 아마 생선을 묶었던 새끼인가 봅니다."

"그럼 처음부터 그 새끼에 그런 냄새가 있었을까?"

"아닙니다. 새끼 그 자체에는 아무 냄새도 없었을 것입니다."

다시 한참을 걷다가 길가에 종잇조각이 떨어져 있는 것을 보고는 부처님이 말씀하셨다.

"난타야, 저 종이를 주워 보아라."

난타는 얼른 종이를 집어 냄새를 맡아 보았다.

"향내가 납니다. 아마도 향을 쌌던 종이인가 봅니다."

"그럼 그것이 본래 그런 냄새를 갖고 있었을까?"

"아닙니다. 그것도 본래는 아무런 냄새를 갖지 않았으나 향을 쌌기 때문에 그런 냄새가 나게 되었습니다."

"그렇다. 행자여, 사람도 마찬가지다. 악한 사람들과 친하면 악한 사람이 되어 사람들이 그를 대하면 얼굴을 찡그리고, 착한 사람들과 친하면 착한 사람이 되어 많은 사람이 그를 아끼고 사랑하게 된다. 산에 오르는 사람과 산에서 내려가는 사람이 어느 한 지점에서 만났을 때는 촌보의 차이도 없다. 그러나 한쪽은 계속 오르고 한쪽은 계속 내려가면 끝과 끝에 서 있게 되고 결국 하늘과 땅만큼 차이가 나게 된다."

역대 대통령들은
어떤 관상일까

예부터 제왕들은 관상학을 필수적으로 배웠다. 관상학이 제왕학으로도 불린 이유이다. 그러나 제왕들이 인생의 모든 것을 관상학에만 의존했다면 제왕이 되지는 못했을 것이다.

알렉산더 대왕도 점성술사를 찾을 정도로 운명학에 심취했지만 칼로 손금 길이를 늘일 정도로 운명을 개척하려는 의지가 강했다.

여기서는 잠깐 제왕이 되는 사람들의 특징을 살펴보겠다.

보통 제왕의 몸 특징을 보면 팔이 다른 사람들보다 길다. 박정희는 팔이 보통 사람들보다 한 뼘 정도 길었다. 김일성, 문선명, 김영삼도 팔이 여느 사람들보다 길었다. 부시, 클린턴도 모두 팔이 길었다.

또한 제왕들은 걸음걸이가 동물의 형상을 연상시킨다. 박정희는 표범의 걸음걸이였고, 김영삼은 부드럽게 걸어가는 학의 형상이었으며, 김일성은 어슬렁거리며 가는 곰의 형상이었다.

얼굴 형상도 동물을 연상시키는 것이 특징이다. 박정희는 날카로운 표범 상이고, 김영삼은 용의 코를 지녔다. 김일성은 곰을 연상시켰다.

미국 정치인 카터는 독수리 상이다. 카터와 김일성이 만난 적이 있는데 카터의 독수리 기운에 김일성의 노쇠한 곰의 기세가 눌려 김일성이 죽었다고 주장한 무속인도 있었다. 노무현 전 대통령은 버림받은 사자 상이다. 사자는 부모 사자가 언덕에서 새끼를 밀쳐 기어 올라오면 데려가고 올라오지 못하면 버리는데, 버림받는 사자에 해당한다. 홀로 살아남아 세상을 헤쳐 나가는 형국이라, 사자의 모습은 있지만 흐트러진 형상이다.

이명박은 하이에나 상이고, 박근혜는 분리 공포를 겪은 호랑이 상이다. 문재인 대통령은 암호랑이와 매의 상이 섞여 있다. 트럼프는 매의 상으로 볼 수 있다.

대선에서는 육식동물의 상이 초식동물의 상보다 유리하다. 순간적인 대처 능력과 배짱이 두둑하기 때문이다. 육식동물 중에서도 맹수가 더 적극적이고, 순발력이 뛰어나다. 그러므로 초식동물보다는 육식동물이, 육식동물 중에서는 맹수가 대선에서 능력을 발휘할 가능성이 크다.

문재인, 김정은,
트럼프 관상

남북정상회담, 북미정상회담이 세계적 이슈니 관련 인물들을 동물과 비교하여 살펴보고자 한다. 각 사람이 어떤 동물과 비슷하게 생겼는가를 보고 비슷하게 생긴 동물의 성향을 근거로 분석해 나갈 것이다. 다만, 어떤 인물은 한 동물의 형상이 뚜렷하게 보이는가 하면 어떤 인물은 두세 마리의 동물을 합쳐 놓은 것으로 보이기도 한다는 점은 미리 말해 두겠다.

앞서 말했듯이 문재인 대통령은 암호랑이와 매를 닮았고, 트럼프 대통령은 매의 상이다. 북한의 김정은 위원장은 곰의 형상이고, 김여정 부부장은 여우와 돌고래를 닮았다. 트럼프의 딸 이방카는 기품 있는 꿩의 형상이다.

문재인

문재인 대통령은 백두산 호랑이 상이다. 호랑이는 몸통이 길고 검은 가로줄무늬가 있다. 발은 비교적 짧고 코와 입 끝의 폭이 좁다. 수컷이 암컷보다 크고 강한 턱과 긴 송곳니를 가진 게 특징이다. 발톱이 잘 발달돼 있는데 특히 엄지발톱이 강력하다. 호랑이는 가족 단위로 무리 지어 다닌다. 평소에는 나무 그늘에서 지내지만 목표물이 생기면 집중해서 사냥하는 능력이 탁월하다.

문재인 대통령 또한 평상시에는 인자하고 부드러운 학자, 선비 모습이지만 목표가 정해지면 카리스마 있게 일을 밀어붙인다. 남북정상회담과 북미정상회담을 성사시키는 뚝심과 배짱 그리고 강대국 사이에서 주눅 들지 않고 대처하는 판단력은 백두산 호랑이를 닮았다고 할 수 있겠다. 암호랑이처럼 국민을 따뜻하게 안아 주고 돌봐주려는 모성애도 강하다.

문재인 대통령은 매의 형상도 하고 있는데 결과적으로 들짐승인 암호랑이와 날짐승인 매의 형상을 모두 갖고 있는 셈이다. 그 덕분에 들짐승인 곰을 닮은 김정은과 날짐승인 매를 닮은 트럼프 두 사람 사이를 잘 조정해 협상 테이블로 끌어 낼 수 있었다고 본다.

트럼프

트럼프 대통령은 매의 상이다. 매는 등 쪽이 푸른 잿빛이고 배 쪽은 크림색 또는 녹슨 황색을 띤다. 갈고리 같은 부리는 먹이를 뜯어 먹기에 좋고 눈이 크고 시력이 매우 뛰어나다. 해안 근처에서 사는데 주로 바위 밑 등 비 피하기 좋은 장소에서 지낸다.

매는 시속 300킬로미터로 먹이를 낚아챌 정도로 아주 빠르다. 속도를 늦추지 않으면서도 자유자재로 방향을 틀 수 있다. 매는 극지방을 제외한 거의 모든 대륙에서 산다. 새끼 때부터 키워 꿩잡이로도 훈련시키는데 사냥 기술이 탁월하고 사람과 소통하는 능력도 뛰어나다.

트럼프는 크고 부리부리한 눈매와 콧구멍이 보이지 않는 콧부리 등이 매와 닮았다. 매의 상인 사람은 민첩하고 적극적이며 최고의 속력으로 먹이를 낚아챈다. 이익이 있는 공간에서는 적극적으로 관여한다. 순간적인 판단력이 뛰어나고 매가 방향을 자유자재로 틀 수 있듯이 쉽게 말을 바꾼다. 앞에서 한 말을 뒤에서 바꾸는 능수능란한 변신의 귀재이다. 또한 미디어를 활용하거나 상황 대처 능력이 뛰어난 사업가 스타일이다. 먹잇감이 있는 곳에 언제나 매가 있듯이 이익이 있는 곳에 트럼프가 있다.

김정은

김정은 위원장은 불곰을 닮았다. 불곰은 몸길이가 1.9∼2.8미터로 곰 중 가장 거대하고 무겁다. 보통 150∼250킬로그램이지만 450이 넘는 것도 있다. 네 다리에는 다섯 개씩 강한 발톱이 있는데 약간 굽은 모양이다. 야생식물의 뿌리와 열매, 곤충의 번데기, 개미, 연어, 노루 새끼, 멧돼지 새끼 등 초식, 육식을 가리지 않으며 썩은 고기도 먹는다.

김정은은 불곰처럼 몸집이 거대하다. 겉으로 보기에는 둔하고 게을러 보이지만, 곰이 시속 50~60킬로미터로 달린다는 사실을 잊어선 안 된다. 곰처럼 김정은은 순발력이 뛰어나고 머리도 총명하다. 이익이 된다면 사회주의, 자본주의를 가리지 않고 이용할 것이라 본다. 배짱과 추진력이 그런 각오에 가속도를 붙게 할 것이다.

김정은은 곰, 트럼프는 매. 식습관이 비슷하니 노리는 것이 겹칠 수 있다. 또한 둘 다 맹수여서 자존심이 세고 공격성도 강하다. 각자 자신이 최고라고 자부하는 관상이라, 자존심을 내세우거나 상대를 굴복시키려 하면 큰 싸움으로 번질 수 있다. 이런 상황에서 암호랑이와 매의 상을 모두 가진 문재인 대통령이 둘을 부드럽게 중재할 수 있다. 북미정상회담에서도 삼자로 있기보다 둘 사이에 적극 개입하는 게 이로울 것이다.

김여정

김여정 부부장은 여우와 돌고래를 닮았다. 여우는 주로 숲속에서 살지만 인가 가까운 늪이나 초원 등에서도 산다. 몸에 비해 꼬리가 길며 삼각형의 큰 귀를 가지고 있다. 털색은 붉은색, 검은색, 은백색 등이며, 후각과 청각이 발달했고 행동이 민첩하다. 너구리를 이용해 자기 굴을 파게 할 정도로 머리도 좋다.

김여정이 김정은을 민첩하게 보좌하는 모습이 인상적이다. 아이들이 꽃을 주면 언제 나타났는지 김정은의 꽃을 받아 들고, 김정은이 사인하려고 하면 재빠르게 만년필을 전달한다. 새침하게 있다가 환하게 웃고 도도하다가도 붙임성 있게 접근하는 등 다양한 표정과 즉흥적이고 민첩한 행동 등이 여우를 닮았다. 여러 사람이 인정할 정도로 영리하고 호기심이 많으며 의심 또한 많다.

이방카

트럼프 대통령의 딸 이방카는 꿩을 닮았다. 꿩은 농어촌 인근 숲, 도시공원 등에서 서식하는 대표적인 사냥새인 동시에 텃새이다. 꿩 무리는 지상을 걷기 때문에 몸이 길고 날씬하며 발과 발가락이 발달돼 있다. 수컷은 꼬리가 매우 길고, 암컷은 흑갈색과 황색의 무늬로 온몸이 덮여 있으며 흰털이 뚜렷하다. 자태가 뛰어난 것이 특징이다.

이방카는 패션 감각이 뛰어나고 미모를 뽐내는 것이 꿩을 닮았다. 꿩은 천적이 나타나면 죽은 것처럼 머리를 숲에 숨기거나 다친 것처럼 해서 속이는데, 이방카 또한 정치적 감각이 뛰어나다.

폼페이오

폼페이오 미국 국무부 장관은 멧돼지 상이다. 멧돼지는 몸이 굵고 길며 네 다리는 짧다. 수컷의 위 송곳니는 12센티미터 정도로 길고 날카롭다. 멧돼지는 평소에는 온순하지만 날카로운 송곳니로 상대를 공격할 때도 많다. 본래 초식동물이었으나 토끼, 들쥐, 물고기, 곤충 등 아무것이나 먹는 잡식성으로 변했다.

잡식성 동물을 닮은 관상의 소유자는 융통성이 있고 관계를 잘 맺으며 이익이 된다면 적과도 타협한다. 멧돼지는 시속 50킬로미터로 저돌적으로 돌진하고 특히 등을 보이면 맹렬히 쫓는다. 협상할 때 상대방이 부드럽게 나오면 오히려 공격적으로 나아갈 수 있기에, 상대방은 강온 전략을 적절히 구사할 줄 알아야 한다. 멧돼지는 진흙탕에 몸을 굴린 후 햇볕에 말려 진드기나 해충을 잡을 줄 아는 명석함도 갖고 있다. 멧돼지 상은 총명하고 명석하며 실리 판단을 잘하는 사람이다.

김영철

김영철 북한 노동당 부위원장은 코뿔소 상이다. 코뿔소는 1개 또는 2개의 뿔을 갖고 있고 살갗이 두꺼우며 청각, 후각이 매우 발달되어 있다. 몸길이는 3미터 전후이고 몸무게는 2000킬로그램을 육박한다. 무인 중에서 코뿔소 상이 많다. 청각과 후각이 발달돼 예민하고 섬세해 보이지만 평소에는 온화하고 타협적이다. 그러나 자극하면 시속 50킬로미터로 달릴 정도로 공격적으로 돌변한다. 부드럽게 다루면 한없이 부드럽고, 거칠게 다루면 한없이 거칠어지는 타입이다.

폼페이오와 김영철은 멧돼지, 코뿔소 상으로 성향이 비슷하다. 서로 자극하지 않고 소통하면 대화가 잘 이루어질 관계이다. 다만 둘다 작은 것에 상처받기 쉬운 성격이니 세심하게 접근해야 협상을 잘이끌 수 있겠다. 강성인 사람이 주변에서 끼어들면 극단적인 공격성이 나타날 수도 있다.

신묘한 관상

중국 후한 말기에 허자강이란 유명한 관상가가 있었다. 어느 날 한 청년이 찾아와 관상을 봐 달라고 부탁했다. 눈매는 날카롭고 수염은 성글었으며 입술은 아주 얇았다. 허자강은 관상을 꼼꼼히 살펴본 후 말했다.

"당신은 치세의 능신이요, 난세의 간웅이 될 것이오."

그가 바로 조조였다.

조조가 스무 살 때 일이다. 당시의 태위였던 교현이라는 사람이 조조의 얼굴을 보게 되었다.

"그동안 천하의 명사를 많이 보았지만 자네만 한 상은 아직 없었네. 부디 스스로를 중히 여기시게. 그리고 나는 이미 늙었으니 뒷날 뜻을 이루거든 내 처자를 잘 돌봐 주게."

태위라는 관직은 지금의 장관쯤 되는 벼슬이었다. 황건적의 난이 일어났을 때 유비는 전장에서 조조를 처음 보았다. 이후 관우와 장비에게 "세상을 놀라게 할 빼어난 인물"이라며 치켜세웠다. 반면 장비는 조조를 가리켜 "소리는 불난 집 계집 같고, 눈은 수작 부리는 논다니 같다"며 업신여겼다. 그러자 유비가 "목소리가 높고 날카로우니 멀리 미칠 것이요, 눈이 가늘고 기니 제 마음을 읽히지 않고도 남의 마음을 밝게 들여다볼 것이다"며 감탄했다.

등통의 최후

"하늘로 올라가 신선이 되라."

전한의 5대 황제 문제가 꿈속에서 들은 말이다. 신기한 꿈이었다. 그런데 하늘에 오르는 방법이 기이했다. 꿈에서 누구인가가 자신의 앞에 엎드리면서 자신을 '밟고 오르라'고 한 것이다.

그날 이후 문제는 아들과 함께 변복을 하고서 꿈속에서 자신에게 엎드린 사람을 찾아다녔다. 그가 귀인이라고 생각했던 것이다. 그를 찾아 헤매던 어느 날 강가에서 뱃사공을 보았는데 꿈속의 인물과 흡사했다. 그의 이름이 등통이었다.

문제는 즉시 그를 자신의 비서실장으로 임명했다. 등통은 윗사람에게 아첨하는 재주가 그 누구보다 뛰어났다. 한번은 문제의 엉덩이에 종기가 나자 입으로 더러운 고름을 빨아내기까지 했다. 문제는 감동해 그에게 상대부라는 높은 관직까지 하사했다.

태자는 아버지가 아첨꾼인 등통에게 놀아난다면서 그를 경계했다.

어느 날 문제가 한 관상가를 만났을 때 등통의 관상을 물었다. 관상가는 머뭇거리다 "굶어 죽을 상이오"라고 했다. 문제는 자신이 가장 총애하는 자가 굶어 죽는다니 믿을 수가 없었다. 마음이 놓이지 않아 누이 장공주에게 자신이 죽으면 등통이 굶어 죽지 않도록 끝까지 보살펴 달라는 부탁까지 해 놓았다.

하지만 문제의 뒤를 이은 경제는 즉위하자마자 바로 등통을 파면하고 재산을 몰수했을 뿐 아니라 거액의 벌금까지 물렸다. 등통은 결국 관상가의 예언대로 굶어 죽고 말았다.

링컨이 수염을 기른 사연

사람은 마흔 살이 되면 자기 얼굴에 책임을 저야 한다.

미국 역사상 가장 훌륭한 대통령으로 추앙받는 링컨의 말이다. 그는 정치적 지도력뿐 아니라 유머 감각도 뛰어났다. 링컨이 의회에서 연설을 하고 있는데 한 의원이 링컨에게 큰 소리로 외쳤다.

"당신은 두 얼굴을 가지고 있는 위선자요!"

갑작스런 외침에 의회는 조용해지고 의원들 시선이 모두 링컨에게로 향했다. 링컨은 그 의원을 지긋이 바라보며 조용히 말했다.

"내가 두 얼굴을 가지고 있는 사람이라면 이런 중요한 자리에 왜 이런 얼굴로 나왔겠소?"

그러자 의회에 있던 의원과 기자, 관계자 모두 폭소를 터뜨리고 말았다. 링컨은 자신을 공격하는 의원에게 유머로 강편치를 날린 셈이다.

링컨은 어릴 적부터 못생겨서 놀림을 많이 받았다. 그가 대통령이 되기 위해 존 브레킨리지와 치열한 선거전을 치를 때의 이야기이다. 1860년에 뉴욕 웨스트필드에 사는 열한 살 소녀 그레이스 베델이 공화당 대선 후보였던 링컨에게 편지를 보내왔다.

"링컨 아저씨, 저는 아저씨가 훌륭하게 되길 바랍니다. 그런데 아저씨 얼굴이 너무 못생겼어요. 광대뼈는 툭 튀어나왔고요. 눈은 쑥 들어갔고, 턱은 주걱턱이에요. 그래서 우리 동네 어른들은 아저씨가 너무 못생겨서 싫다고 해요. 어쩌면 좋아요? 하지만 아저씨가 수염을 기르면 지금보다 훨씬 더 부드러워 보일 것 같아요."

당시 정치가들은 거의 모두 수염이 없는 깔끔한 얼굴에 정장을 입고 다녔다. 링컨의 참모들은 베델의 말에 신경을 쓰지 않았지만, 링컨은 소녀의 조언에 귀를 기울였다. 고민 끝에 링컨은 수염을 길렀다. 그리고 대통령에 당선되었다. 링컨이 대통령이 되고 난 후 일리노이에서 워싱턴으로 가던 중 소녀를 잊지 않고 찾아갔다.

"얘야, 내 수염을 보렴. 내가 널 위해서 기른 거야."

두 사람이 만나는 장면은 동상으로 만들어져 웨스트필드에 세워져 있고, 베델의 편지는 디트로이트 공공도서관에 보관되어 있다.

예수였다가 유다가 된 청년

레오나르도 다빈치는 르네상스 시대 이탈리아가 낳은 위대한 천재였다. 그는 회화, 건축, 조각, 작곡, 음악, 철학, 시, 물리학, 수학, 해부학, 의학, 육상 등 다양한 분야에서 뛰어난 재능을 보였다.

〈최후의 만찬〉은 레오나르도 다빈치가 1495년부터 시작해 1497년에 완성한 그림이다. 예수 그리스도가 십자가에 못 박혀 죽기 전날 열두 제자와 만찬을 나누는 장면을 주제로 삼은 것인데, 이전의 최후의 만찬 작품들과 전혀 다른 새로운 구도로 유명하다. 이전의 작품들에서는 유다만 식탁 건너편에 위치시키고는 했는데 다빈치는 열두 제자 무리에 유다까지 포함시켰으며 세 명씩 작은 무리를 지어 그렸다.

이 그림을 요청한 것은 로마 교황청이었다. 새로 지은 수도원에 최후의 만찬을 주제로 벽화를 그려 달라고 부탁했던 것이다. 요청을

레오나르도 다빈치의 〈최후의 만찬〉

수락한 후 다빈치는 그림의 모델을 찾아다녔다. 11명의 제자는 모두 완성했지만 예수와 유다의 얼굴은 그릴 수가 없었다. 예수를 본 적이 없거니와 예수에 걸맞은 깨끗하고 선한 이미지의 모델을 찾기 어려웠고, 유다 또한 배신자의 얼굴로 그려야 하니 모델을 찾기가 쉽지 않았다. 오랜 시간 모델을 찾아 헤맨 끝에 예수의 모습이라 상상할 수 있는 19세 젊은 청년을 찾아내 마침내 예수를 완성했다.

이제 유다만 완성하면 되었다. 모델을 계속 찾고 있다는 소문을 들은 로마 시장이 말했다.

"로마의 지하 감옥에 수백 명의 사형수가 있으니 그중에서 찾아보시오."

다빈치는 사형수 중에서도 가장 악랄해 보이는 이를 모델로 삼아

유다의 모습을 완성했다.

그때 모델이 다빈치에게 말했다.

"나를 못 알아보시겠습니까?"

"나는 당신을 모릅니다. 전혀 만난 기억이 없습니다."

사형수는 〈최후의 만찬〉을 가리키면서 말했다.

"저기 저 그림 속에 그려진 예수의 모델이 바로 납니다."

다빈치는 경악했다. 그렇게 선하고 맑았던 예수 모델의 청년이 어떻게 최악의 살인자가 되어 있는 것일까.

관상도 바꿀 수 있다

일부 관상학자들은 관상을 신앙심이나 노력으로는 변화시킬 수 없다고 한다. 평생 타고난 모습 그대로 간다는 것이다. 내 생각은 다르다. 〈최후의 만찬〉 사례에서 보았듯이 관상도 변할 수 있다. 관상이 변하지 않는다고 주장하는 사람들이 일례로 드는 것이 노력한다고 해서 모두 재벌이 될 수 있느냐는 것이다. 물론 아니다. 하지만 자신만이 가진 관상의 장점을 잘 살리면 성공할 수 있다. 그리고 신앙심이나 노력으로 인생을 모두 바꿀 수는 없지만 분명 일부는 바꿀 수 있다.

관상은 삶에 따라 변화한다. 어떻게 마음을 쓰고 행동하는가에 따라 얼굴이 변하고 관상도 변한다. 평소 선한 마음으로 이웃에게 열심히 베풀면서 더불어 살려 애쓴다면 관상이 좋아질 것이다.

또한 관상은 좋은 관상, 나쁜 관상으로 단순하게 이분할 수 없다. 사람마다 좋은 것 하나쯤은 갖고 태어나기 때문이다. 이를테면 이마가 좋은 관상, 눈이 좋은 관상, 코가 좋은 관상, 입이 좋은 관상 등이 있는 것이다.

인상이 좋다고 관상이 좋은 것도 아니다. 첫인상은 선해도 나중에 보니 사기꾼일 수도, 탐욕스러운 사람일 수도 있다. 강호순, 유영철 같은 사람도 겉모습은 호남형이다.

성형수술 함부로 하지 말 것

그럼, 성형수술로 관상을 바꿀 수 있을까? 바꿀 수는 있겠지만 그렇다고 해서 모두 성공적인 삶을 산다고 장담할 수는 없으리라. 반대의 경우도 생각해 봐야 하기 때문이다. 예를 들어 좋은 관상을 타고난 사람이 함부로 성형수술을 한다면, 굴곡진 삶을 살 수도 있다.

성형수술 이후 유명 연예인의 인생이 꼬이는 경우를 자주 보았다. 특히 미스코리아 출신이나 인기 많은 탤런트, 영화배우가 수술 후 스캔들에 시달리거나 인기를 잃는 경우를 종종 보았다. 미스코리아가 되었거나 유명 연예인이 되었다면 이미 좋은 관상을 타고난 것인데, 성형이라는 칼을 대 오히려 흠집을 내 버렸기 때문이다. 그러므로 인생이 잘 풀릴 때는 함부로 성형수술을 하지 말아야 한다.

나쁜 관상은 없다

많은 관상가가 출세 관상이 있다고 한다. 그렇다면 출세란 무엇인가? 보통은 돈을 많이 벌거나 법조인, 의사처럼 많은 이가 선망하는 직업을 갖게 되면 출세했다고 생각한다. 그러나 이제 출세의 기준도 달라져야 한다. 자신이 가지고 있는 장점을 잘 발휘하면서 살 수 있다면 그것이 출세고, 가장 좋은 관상이라고 봐야 한다. 그러므로 출세한다, 못한다 하며 결정론에 입각해 상담하면 안 된다. 관상에 나타난 능력을 최대한 발휘할 수 있게 조언해 주는 것이 상담자의 역할이다.

또한 관직에 올랐다고 해서 출세하는 것도 아니다. 관직에 오르면 성공할 관상이 있고, 예술가로 출세할 관상이 있다. 그러므로 누구나 출세할 관상은 타고났다. 다만 자신의 타고난 장점을 살리지 못하고 엉뚱한 방향으로 가서 실패하는 것뿐이다.

"생긴 대로 산다"거나 "꼴값을 한다"고 하는데, 단연코 아니다. 생긴 대로 살지 못하거나 살지 않는 사람이 더 많다. 타고난 꼴값은 연예인인데 부모가 공무원 되길 강요해 인생이 바뀌기도 한다. 신부님, 수녀님, 스님 등이 되어 재물과 인기를 멀리하는 삶을 사는 사람도 많다.

귀상(貴相)은 관직으로 나아가면 좋고, 부상(富相)은 사업 쪽으로 가면 좋고, 예상(藝相)은 예술가로 살면 좋고, 체상(體相)은 운동 쪽으로 가면 좋다. 이처럼 신은 각자의 얼굴에 혹은 사주에 그만의 특성을 주었다. 그래서 공평하다.

관운(官運)은 눈이 잘생긴 사람들에게 주로 있다. 눈이 빛나고 맑아야 한다. 관상학 고전인 《마의상서》에서는 "눈은 관학당(官學堂)이니 깊고 맑아야 관리의 직위를 주관한다"고 쓰여 있다. 관학당(관상에서는 얼굴을 4부위로 나누어 4학당이라고 한다. 이마를 녹학당, 귀를 외학당, 입을 내학당, 눈을 관학당이라고 한다)이 좋은 사람이 관직에 올라 성공할 가능성이 크다.

자유로운 영혼의 소유자가 조직 생활을 한다고 생각해 보자. 출근하는 하루하루가 지겹고 지루할 것이고 직장에서 인정도 받지 못할 것이다. 관상이 좋아 출세하는 것이 아니다. 관상의 장점을 살려 나가야 출세할 수 있다.

"서울대 법대 나와 사법고시에 10년 이상을 매달렸는데도 떨어졌어요. 우리 아들 관상이 나쁜 건가요?" 때로 이런 질문을 받는다. 관상이 나쁜 것이 아니라 법조인 관상이 아닌 것뿐이다. 법조인 관상이 아닌데 사법고시에 매달리면 절대 성공할 수 없다. 다시 말하지만,

자기 관상의 특성을 살려서 자신에게 맞는 일을 다시 찾아야 한다.

쌍둥이 관상

쌍둥이는 관상도 같을까? 비슷하지만 다르다. 아무리 쌍둥이더라도 생김새, 목소리 등이 다르다. 한 사람은 눈빛에 광채가 있고 한 사람은 없을 수 있다. 한 사람의 눈은 길고 한 사람은 그보다 조금 더 짧을 수 있다. 한 사람의 목소리는 청명하고 한 사람은 그보다 탁할 수 있다. 그러므로 쌍둥이의 관상도 다르고 운명도 다를 수 있다. 그러나 관상이 전혀 다른 사람들보다는 관상에서 닮은 부분이 많아 인생에서도 비슷한 면이 많을 수는 있다.

─────── 곁들여 읽기 ───────

패션이 관상이다

스무 살 얼굴은 자연의 선물이고 쉰 살의 얼굴은 삶이 만들어 준다.

코코 샤넬의 말이다. 그녀는 20세기에 여성 패션을 혁신적으로 바꾼 프랑스 패션 디자이너이다. 샤넬은 1883년 프랑스 남서부 가난한 집안에서 태어났고 어린 시절 어머니를 여읜 후 수도원에서 운영하는 보육원에 맡겨졌다. 보육원에서 직업 교육의 일환으로 바느질을 배웠고, 그것이 패션 디자이너가 되는 발판이 되었다. 훗날 샤넬은 옷, 화장품, 향수 등으로 전 세계의 시장을 석권한 패션계의 여왕으로 등극했다.

"패션은 단순히 옷의 문제가 아니다. 패션은 바람에 깃들어 공기 중에 존재한다. 사람들은 그것을 느끼고 또 들이마신다. 그것은 하늘에도, 길거리에도 존재한다. 그것은 모든 곳에 존재한다. 그것은 생각, 격식, 사건에서 비롯된다."

이런 독창적인 샤넬의 생각은 동양의 관상학과도 통한다. 그녀는 또 말한다.

"얼굴과 패션, 관상과 패션. 매우 중요한 키워드이다. 얼굴이 아무리 잘생기고 예뻐도 패션 감각이 떨어지고 제멋대로 옷을 입는다면 어떨까?"

얼굴이나 관상이 패션에 영향을 미칠 수는 없어도, 패션이 얼굴이나 관상에 영향을 미칠 수는 있다는 것이다. 자신의 모습에 잘 맞는 옷을 입어 주면 훨씬 더 잘생겨 보인다. 안경 하나만 잘 활용해도 스타일이 달라져 보이는 것처럼 말이다. 그래서 샤넬은 패션이 얼굴이고 관상이라고 말한 것이다. 둘은 각자이지만, 결국 하나다.

젊은이 관상이
그 나라의 미래다

웬만큼 먹고살게 되었기 때문인지 과거를 회고하는 텔레비전 프로그램이 많이 늘어났다. 몇십 년 전의 풍물과 문화, 살림살이 등을 흑백필름으로 보여 줌으로써 향수에 젖어들게도 하고 재미도 준다.

"맞아. 저 때는 저랬지."

"하하하. 저 옷 입은 것 좀 봐."

영상들을 자세히 살펴보면 2~30년대나 4~50년대의 아이들은 관상이 별로 좋지 않다. 이마가 좁고 주름살이 깊게 파여 있으며 이목구비가 균형 잡혀 있지 않다. 일제 강점기와 한국전쟁 등의 수난을 겪으면서 고생한 탓이다. 지금 그들은 노년층을 이루고 있다.

반면 요즘 아이들은 이마 부분이 넓으면서 볼록 튀어나와 있다. 이마에서 눈썹까지의 초년 운, 눈썹과 코까지의 중년 운 그리고 코끝에서 턱까지의 말년 운이 절묘하게 균형 잡혀 있다. 얼굴 형태도 전체적으로 모난 데가 없다. 귀도 인기를 끌 수 있는 당나귀 귀나, 부와 명예를 함께 거머쥘 수 있는 부처님 귀를 가진 아이가 많다. 이 아이들이 옛날에 태어났다면 당연히 정승 자리는 꿰찰 수 있었으리라. 이처럼 요즘 아이들 관상은 과거 제왕들의 관상과 견줄 수 있을 만큼 좋아졌다. 그만큼 한국인의 관상이 좋아지고 있다는 얘기다.

그에 비하면 일본 아이들의 관상은 부모 세대보다 뒤처지는 감이 있다. 모든 것을 일반화하기는 어렵지만, 일본 여행을 갔을 때나 일본에 관한 텔레비전 프로그램 등을 보았을 때 그런 판단이 들었다. 이마 부분이 대체적으로 좁고, 주름살이 많아지고 있다. 말년 운의 하관 부위가 좁아(한국 아이들보다 현저하게 좁다) 전체적으로 균형이 흐트러져 있다. 아이들의 관상만으로도 일본의 미래가 그다지 밝지 않음을 예측할 수 있다. 한국인의 관상은 전체적으로 좋아지고 있는 반면, 일본인의 관상은 쇠하니 흥미롭다. 나라의 미래는 청년에게 달렸다. 세계 속에서 한국의 위상은 나날이 높아질 것이다.

───────── 곁들여 읽기 ─────────

관상 보는 인공지능

최근 관상이 과학적이라는 근거를 밝히는, 관상을 분석하는 인공지능이 개발되고 있다. 스탠퍼드대학교의 과학자 마이클 코진스키 교수는 인터넷 데이트 사이트에서 다양한 얼굴 사진과 그들의 성적 취향을 분류한 뒤 얼굴과 성적 취향의 상관관계를 분석하는 인공지능을 개발했다. 테스트 결과는 놀라웠다.

. 남자 얼굴과 그의 성적 취향을 81퍼센트 정확히 알아맞혔고, 여자의 경우는 71퍼센트였다. 남성성 정도를 확인하는, 얼굴의 가로세로 비율(Facial Width to Height Ratio) 분석법을 통해서였다. 가로세로 비율은 양쪽 광대뼈 사이 너비를 눈썹에서 윗입술까지 길이로 나누어 구한 값이다. 세로에 비해 가로가 길수록 가로세로 비율이 높아지고, 자연 얼굴은 더 넓어진다. 남성호르몬이 많이 분비될수록 광대뼈가 벌어지고 얼굴 형태가 넓어지며, 남성호르몬이 적게 분비될수록 광대뼈가 좁아지고 얼굴이 갸름해진다고 본다.

영국 런던대학교 마이클 배니시(Michael Banissy), 히카루 쓰지무라(Hikaru Tsujimura) 박사 공동 연구팀은 얼굴이 넓은 야구선수가 홈런과 안타를 더 잘 친다는 결과도 발표했다.

콜로라도대학교 볼더 캠퍼스 연구진은 축구선수들을 비교·분석한 결과, 가로세로 비율 값이 큰 선수가 어시스트나 골을 넣는 경향이 높았다. 그 외에도 가로세로 비율이 높을수록 최고경영자가 많고, 주식투자 시 위험성이 높은 곳에 투자한다고 한다.

이 실험 결과처럼 관상에서 성적 취향을 알아낼 수 있다면, 또 다른 특징도 알아낼 수 있지 않을까? 이런 인공지능 기술은 긍정적인 측면도 있지만, 한편으로는 우려스러운 측면도 크다. 당사자 동의 없이 성적 취향을 분석하거나 노력이나 성실성보다는 운동능력에 주안점을 두는 것은 인간의 자율성이나 특이성 등을 배제할 우려가 있기 때문이다. 마케팅 등 다양한 분야에서 이런 연구 결과를 유용하게 활용할

수 있겠지만 인공지능 관상 분석이 대중화되려면 사회적 합의가 먼저

필요하다고 본다.

선한 마음만 한 것이 없다

얼굴 좋은 것이 몸 건강한 것만 못하고, 몸 건강한 것이 마음 착한 것만 못하다. 마음 착한 것은 덕성 훌륭한 것만 못하다.

–《마의상서》에서

화창한 가을 마의선사가 산에서 내려오고 있었다. 그때 나무꾼이 옆을 스쳐 갔는데 그의 모습이 계속 머릿속에 남았다. 관상을 살펴보니 곧 목숨을 잃을 운명이었다. 안타까운 마음에 마의선사가 뒤돌아서 그에게 다가갔다.

"이보게 젊은이, 얼마 안 가서 힘든 일을 당할 걸세. 너무 무리하지 말고 편안히 지내시게."

"그게 무슨 말씀이신지요?"

"자네 얼굴을 살펴보니, 곧 죽을 상이네."

나무꾼은 그 말에 크게 한탄하며 하늘을 올려다보았다. 그러고는 다시 산으로 발길을 돌렸는데 그때 계곡물에 떠내려오는 나무토막에 수많은 개미가 달라붙어 물에 빠지지 않으려고 발버둥치는 모습을 보게 되었다. 나무꾼은 그 개미들 모습이 자신 같아서 연민이 일었다. 그는 계곡물로 들어가 나무토막을 건져 내 개미를 모두 살려주었다.

얼마 후, 산에서 내려오던 마의선사는 우연히 다시 산에 오르던 나무꾼과 마주쳤다. 그런데 묘하게 그의 모습이 변했다는 것을 느꼈다. 다시 살펴보니 그의 얼굴에 서려 있던 죽음의 그림자는 걷히고 은은한 서기마저 깃들어져 있었다. 관상이 부귀영화를 누릴 상으로 바뀐 것이다. 나무꾼은 죽는다던 그날 자신이 계곡물에서 구해 준 개미들을 기억해 냈다.

그 말을 듣는 순간 마의선사 머릿속에서 '쿵' 소리가 났다. 큰 깨달음을 얻은 선사는 산에 오르던 나무꾼을 급히 불러 세운 후 기뻐하면서 말했다.

"자네의 관상이 변했네. 부귀영화를 누리고 장수할 상으로 말이야."

나무꾼은 선사에게 큰절을 올리고 산으로 뛰어 올라갔다. 선사는 고개를 끄덕이며 중얼거렸다.

관상은 심상(心相)만 못하고 심상은 덕상(德相)만 못하구나. 마음이 곱고 심성이 착하니 남을 배려하는 마음 또한 깊도다. 관상보다 뛰어난 것이 심상이거늘, 그 심상을 변화시키는 것이 또한 덕상이로다.

마음 성형이 더 중요하다

어느 날 오후 3시가 조금 넘어 세 명의 여성이 찾아왔다. 스프레이 냄새와 화장품 향기가 진동했다. 그중 가장 어려 보이는 여성이 먼저 눈에 들어왔다. 눈꼬리 주름이 여러 갈래로 갈라져 있었고 옆으로 흘겨보는 모양새가 매력적이었다. 수많은 남자를 유혹할 여자로 보였다. 입술은 세로 주름이 촘촘했다. 즉 환대문이 발달돼 있었다. 이로 보아 사람에게 인기 있는 직업에 종사할 가능성이 컸다. 상담하는 중에 잇몸이 보일 정도로 크게 웃으며 그녀는 대화를 이어 갔다.

"선생님, 제 팔자가 기구해 보이지요? 열일곱 살에 한 동네 친척 아저씨한테 몸을 빼앗긴 후 견딜 수 없어 집을 뛰쳐나왔고, 스물한 살인 지금까지 술집을 전전하며 수많은 남자와 잠자리를 했어요."

많은 여성이 가까운 주변 사람들에게서 성폭행을 당한다. 이 여성도 그런 경우였다. 이후 그녀는 복수심과 자포자기 심정으로 문란한 생활을 이어 가면서 상처를 잊으려 했다고 고백했다.

오래 이런 생활을 하다 보니 관상에서도 색기(色氣)가 드러났다. 눈썹과 눈썹 사이에서 코끝까지 내려오는 부분을 '연수'라고 하는데, 코가 곧고 연수에 살이 두툼하니 많은 전답을 소유할 수 있는 상이었다. 코끝이 둥글면서 힘 있게 위로 솟아 있어 많은 사람을 거느리고 부귀도 누릴 수 있었다.

"머지않아 좋은 일 생길 겁니다. 열심히 돈 모아서 사업하시면 성공할 겁니다."

그녀는 환하게 미소를 지은 뒤 돌아갔다.

"꼴값을 한다", "생긴 대로 논다" 같은 말에는 관상의 중요성이 내포돼 있다. 원래 관상에 그 사람의 직업과 운명이 나타나는 경우도 있지만, 직업의 특성이 얼굴에 반영되는 경우도 적지 않다. 이처럼 관상은 환경과 마음을 통해 변하기 때문에 자신의 심성을 깨끗이 다스려 간다면 얼굴도 좋게 변해 간다고 본다.

요즘은 자기 외모에 만족하지 못하면 쉽게 성형수술을 감행한다. 그러나 성형만 하고 마음의 모양을 바꾸지 않는다면 결코 좋은 얼굴이 될 수 없다. 좋은 관상은 좋은 마음, 밝은 마음을 가꾸는 가운데 만들어질 수 있다. 외모의 성형보다 마음 성형이 더 중요한 이유다.

관상은 만들어 가는 것이다

관상, 수상, 족상을 비롯한 만 가지 상이 제아무리 좋아도 마음 좋은 것만 못하다. 마음이 그대로 드러난 것이 관상이기 때문이다. 심성은 마음속 깊이 간직되어 있으니 알아볼 수 없지만, 얼굴빛과 이목구비의 균형, 흑점 등으로 그 마음을 읽어 낼 수 있다.

사람의 마음은 곧바로 얼굴로 옮겨진다. 신경질적인 성정은 반드시 신경질적인 얼굴로 드러난다. 느긋하고 여유가 넘치는 사람은 얼굴 표정이 온화하다. 오랜 세월 가난에 쪼들리고 고통과 고난을 겪으면 그런 상태가 자신도 모르는 사이에 빈곤한 상으로 나타난다.

한번은 건장하고 이목구비가 균형 잡혀 있는 30대 중반의 남자가 상담실로 들어섰다. 눈이 부리부리하고 눈매는 날카로웠다. 그런데 시선을 한곳에 집중시키지 못하고 이리저리 눈동자를 굴리는 것이다. 눈빛이 뱀과 같이 차고 날카로우니 사물이나 정보 찾는 일을 하는 사람임을 첫눈에 알 수 있었다. 기자, 경찰관, 정보기관원 등일 가능성이 컸다.

관상으로 이 사람 신상의 모든 것을 맞혀 보려고 사주는 묻지 않았다. 입술 선이 굵고 선명했으며, 입술은 두툼하고 선홍빛을 띠었다. 식복이 있고 평생 미식가로 살아갈 수 있으니 먹고사는 문제는 전혀 없는 사람이다. 인중이 대를 갈라 놓은 것처럼 반듯하고 선명하며 전혀 흠이 없이 기니 반드시 귀한 자식을 두게 될 것이다. 천이궁에 아무런 흠과 주름이 없고 색도 맑으니 어딘가로 전보될 운명에 처해 있었다. 이마의 중앙 부분을 관록궁이라 하는데 이 부위에 굴곡이 없고 이마가 전체적으로 볼록하게 튀어나와 있다. 얼굴빛도 어둡지 않고 맑으니 관계에 진출해 입신출세할 것으로 보였다. 이렇게 볼 때 기자보다는 공무원에 더 가깝다. 코끝인 재백궁이 잘 발달되어 있으니 재물 복도 많다.

그다음엔 입을 살펴보았다. 대체로 입술을 굳게 다물고 있다가 어쩌다 한 번씩 한마디 던지고, 말하기 전에 입술을 먼저 움직이는 것을 보면 말을 신중히 해야 하는 직업을 가진 사람일 것이다. 기자라면 생각하면서 말하기보다 먼저 말로 술술 풀어 가야 하지 않겠는가. 마침내 정보기관원이라는 해답이 나왔다.

그러기까지 약 3분이 흘렀다. 잠시 침묵했다가 내 생각을 남자에게 말했다. 그는 크게 놀랐다. 자신의 직업은 정보기관원이 맞고, 곧 서울로 전보를 해야 하는데 그렇게 될지 궁금해서 찾아왔다는 것이다. 얼굴빛을 살펴본 후 서울로 간다고 흔쾌히 대답해 줬다.

한 달 뒤 그에게서 전화가 걸려왔다. 그는 나의 말대로 되었다면서 거듭 감사를 표했다.

궁수는 화살을 탓하지 않는다

이렇듯 관상은 자신의 내면이 얼굴로 투영된 것이다. 잘생기고 못생긴 것은 부모 덕분이지만 관상의 좋고 나쁨, 맑음과 탁함, 귀함과 천함은 자신이 만들어 가는 것이다. 그러므로 자신을 돌아보고 수양하며 기도하는 삶을 살아가야 맑고 귀한 좋은 관상을 얻을 수 있다.

궁수는 화살이 빗나가면 자신을 돌아보고 자기 안에서 문제를 찾는다. 명중시키지 못한 것은 과녁의 잘못이 아니기 때문이다. 제대로 맞히고 싶으면 자신의 실력을 알아야 한다.

작가 길버트 알랜드(Gilbert Arland)의 말이다.

4
부

풍수지리
이야기

죽은 사람은 생기에 의지하여야 하는데, 그 기는 바람을 타면 흩어져 버리고 물에 닿으면 머문다. 그래서 바람과 물을 이용하여 기를 얻는 법술을 풍수라 일컫게 되었다.

　　－《장서(葬書)》에서

풍수(風水)는 바람과 물이다. 바람은 기후와 풍토를 말하고, 물은 물과 관계된 모든 것을 말한다. 풍수의 기본 원리는 일정한 경로를 따라 땅속을 돌아다니는 생기(生氣)를 사람이 접함으로써 복을 얻고 화를 피하자는 것이다. 풍수는 궁극적으로 혈(穴)을 찾는 학문이다. 사람의 몸에 혈관이 있고 이 길을 따라 영양분과 산소가 운반되는 것처럼 땅에도 생기의 길이 있다고 본다. 즉 사람처럼 혈이 있다는 것이다. 더 정확히 말하면 경락(經絡)과 같은 것이 땅속에도 있다는 것으로, 경락은 혈관과는 달리 눈으로 확인할 수 없으나 몸의 기가 흐르는 길이다. 땅속에도 지기(地氣)가 돌아다니는 용맥(龍脈)이 있다는 논리이다.

땅속 생기의 존재 자체는 아직 증명되지 않았지만 그 존재가 전제되어야 설명되는 현상이 많다. 과학적으로 설명할 수 없다고 해서 있는 사실을 없다고는 할 수 없다.

산 사람은 땅의 생기 위에서 삶을 영위하며 그 기운을 얻는 반면, 죽은 자는 땅속에서 직접 생기를 받아들이기 때문에 산 사람보다 얻는 생기가 더 크고 확실하다. 그래서 죽은 자가 산 자에게 의존하는 것보다, 산 자가 죽은 자에게 의존하는 바가 훨씬 더 크다고 볼 수 있다. 또한 선조들은 죽은 자가 얻은 생기가 후손에게 그대로 이어진다고 여겼다. 이를 동기감응(同氣感應) 또는 친자감응(親子感應)이라고 한다.

이런 이유로 한편으로는 풍수지리학을 죽은 자를 통해 산 자의 발복을 기원하는 학문으로 치부하는 이들도 있다. 풍수에는 양기풍수, 양택풍수, 음택풍수 세 가지가 있는데, 음택풍수만이 풍수의 전부인 양 하는 것이 현실이고 말이다.

풍수의 처음 출발은 사람이 살기 좋은 터, 사람이 환경으로부터 보호받을 수 있는 터를 찾는 데 있었다. 그 후 돌아가신 조상들이 편안히 묻힐 수 있었으면 하는 효심이 더해졌다. 그러나 지금은 어찌된 일인지 이런 마음은 약해지고 '발복'에만 초점이 맞춰지고 있는 것 같다. 안타까운 마음을 금할 수 없다. 이렇게 풍수가 엉뚱한 방향으로 발전하다 보니 미신이라 천대받는 상황에까지 이르게 된 것이다.

상담하는 날보다 외부에서 강의하는 날이 더 많은데, 역학과 풍수에 대해 좀 더 많은 사람에게 제대로 알려야겠다는 신념 때문이다. 사이비 역술가와 돌팔이 지관에게 속지 않고 자신의 삶을 희망적이고 긍정적인 방향으로 끌고 가는 것이 중요하다. 역학과 풍수는 결국 사람의 행복을 위한 학문이기 때문이다.

풍수의 기원

산이 멈추어 뭉치고 물이 감아 돌면 자손이 번창한다. 산이 달려 나
가고 물이 일직선으로 빠져나가면 노비가 되어 남의 집 밥을 빌어먹는
다. 서출동류(西出東流)하면 재물이 무궁할 것이고 세 번 돌고 네 번 내
지르면 관직이 갈수록 높아지며, 구곡처럼 구불거려 마치 물가의 모래
물결처럼 겹겹이 포개지면 최고의 벼슬에 오를 것이다.

　－《청오경(靑烏經)》에서

풍수학은 기원전 3세기경 한나라 때 풍수지리학자 청오가 쓴 《청
오경》에서 시작됐다. 이 책은 풍수지리학의 교과서로, 묘터를 정하는
데 필요한 사항을 정리해 놓은 것이다.

우리나라에서 풍수지리는 통일신라 말부터 시작되었다고 본다. 당
나라에서 유학한 승려들이 돌아오면서 풍수지리가 전해졌을 것으로

추측된다. 통일신라 말에 도선대사가 풍수서 《도선비기(道詵秘記)》를 썼는데 이 책은 우리나라 풍수지리 사상을 집대성해 이론의 토대를 마련했다.

고려 시대에도 풍수지리는 계속 발전해 갔고, 조선 시대로도 이어졌다. 태조 왕건은 정치 지침서인 《훈요십조》에 풍수지리에 관한 것을 포함시킬 정도로 풍수지리를 중요시했다. 도읍지도 풍수지리에 근거해 한양으로 정했다.

조선은 유교의 나라였지만 유학자들에게 풍수지리는 필수 학문이었다. 풍수지리와 관련된 음양과가 설치될 정도였고, 이 시험을 통해 지관을 선발했다.

이런 풍수지리를 부정적으로 보기 시작한 것이 일제 강점기 때부터다. 일본은 풍수지리를 미신으로 격하시키는 한편, 명산과 길가에 숯을 묻거나 쇠기둥을 박는 등 지맥을 파괴하는 만행을 저질렀다.

풍수학과 환경결정론

토지는 각기 그 종류에 따라 사람을 생산한다. 그러므로 산 기운이 강한 지역에는 남자가 많고 습기가 많은 지역에는 여자가 많으며, 사방이 꽉 막힌 지역에선 벙어리가 많고 바람이 센 지역에선 귀머거리가 많으며, 숲이 많은 지역에는 들피병자(굶주리고 몸이 야위어 쇠약해지는 병)가 많고 나무 기운이 강한 지역에는 꼽추가 많으며, 언덕 아래 지역에는 피부병 환자가 많고 바위 기운이 강한 지역에는 힘센 자가 많으며, 지세가 울퉁불퉁한 지역에는 혹이 난 자가 많다. 더운 지역에는 일찍 죽는 자가 많고 추운 지역에는 장수하는 자가 많으며, 계곡 지역에는 반신불수인 사람이 많다. 그리고 언덕이 많은 지역에는 절름발이가 많고 넓은 지역에는 어진 자가 많으며, 고개가 많은 지역에는 탐욕스러운 자가 많다. 또한 흙이 가벼운 지역에는 빠른 자가 많고 무거운 지역에는 느린 자가 많다. 급류가 흐르는 지역에서 태어난 사람은 행동이 가볍고 느린 물이 흐르는 지역에서 태어난 사람은 행동이 무거우며, 그 중간 지역에서는 상인이 많이 태어난다. 모두 그 지역의 기운을 닮고 그 지세의 형태에 감응하기 때문이다.

《회남자(淮南子)》에 나오는 글이다.《회남자》는 중국 전한의 유안(劉安)이 편찬한 철학책이다. 위 내용은 근대 독일의 지리학자 라첼(1844~1904년)이 체계화한 '환경결정론'과 닮았다. 라첼은 "인간은 그를 둘러싼 자연의 힘으로 만들어진 환경의 산물로, 인간이 환경의 요구에 올바르게 적응할 수 있는 한 존속된다"고 말했다. 이런 주장은 어떤 땅에 집을 짓고 사느냐에 따라서 그 사람의 삶이 달라진다는 동양의 양택풍수 사상과 일맥상통한다. 문학평론가 정여울도 "가족, 연인 등의 인간관계도 중요하지만, 삶에서 가장 중요한 관계 중 하나가 바로 인간과 장소의 궁합이다"고 한 바 있다.

동양에 '풍수학'이 있다면, 서양에는 '환경결정론'이 있다. 이렇듯 동서고금을 막론하고 인간은 주변의 환경, 즉 바람과 물을 근원으로 하는 자연환경에 영향을 받는 존재이다. 풍수지리학은 자연과 인간을 하나로 생각하는 천인합일(天人合一) 사상에 근거하고 있다. 이것은 자연의 법칙, 계절의 변화에 따라 인간의 삶이 영위된다는 생각이다. 인간을 자연의 축소판이라 여긴 것이다.

이렇게 보면 인간처럼 자연에도 혈관이 있고 뼈가 있으며 기운이 있을 것이다. 이처럼 풍수학은 인간의 몸에서 확장되었다.

명당의 조건

　같은 씨앗이라도 좋은 땅에 떨어진 것과 척박한 땅에 떨어진 것은 그 성장과 결실이 크게 다르다. 음택(陰宅)은 '땅속의 집'이다. 묻힌다는 의미다. 죽은 자가 어떤 땅(집)에 거주하느냐에 따라 산 사람 삶이 달라질 수 있다. 묏자리 길흉을 점치는 풍수 이론이 음택풍수(陰宅風水)이고, 산 사람이 편하게 지낼 수 있는 명당의 터를 찾는 것은 양택풍수(陽宅風水)다. 자연의 산(山), 수(水), 풍(風), 화(火)가 조화로운 곳이 좋다. 그리고 한 나라의 도읍지나 군·읍·면·동·리처럼 사람들이 집단으로 거주하기 좋은 터를 찾는 것이 양기풍수(陽基風水)다.

좌청룡 우백호

명당도 결국 생기가 머물러야 명당이다. 명당 하면 제일 먼저 하는 말이 '좌청룡 우백호'다. 우리나라의 태조산은 백두산이다. 백두산을 중심으로 나뭇가지가 뻗듯 산맥이 뻗어 나간다. 생기는 바람을 따라 흐르되 물을 만나야 한다. 그러므로 기맥은 결국 물을 만나야 한다. 여기서 등장하는 것이 '배산임수(背山臨水)'다. 지기의 흐름을 방해하는 수맥이 있다면 무용지물이며, 장풍득수(藏風得水), 즉 바람은 피하고 샘이 솟는 곳이 명당이다. 뒤로는 산이 북풍을 막아 주고 앞으로는 강이 흘러 용수가 편해야 한다.

좌청룡은 남자인 아들을 말하며 벼슬을 뜻한다. 그런 연유로 좌측의 산이 집을 튼튼하고 아름답게 감싸 안으면 벼슬길이 열리고 가문이 빛난다. 산에도 결이 있다. 그 결이 많을수록 벼슬길도 그만큼 열린다.

오른쪽의 산, 우백호는 딸을 상징하며 재물을 뜻한다. 우측의 산이 우아하고 기품이 있다면 훌륭한 딸이 태어나거나 재물이 산처럼 쌓인다. 즉 오른쪽이 발달하면 부자가 된다.

묏자리와 집터

흔히 '천기누설(天機漏洩)'이라는 말을 많이 쓴다. 기는 본질적으로 모든 만물에 존재한다. 사람에 해당되는 것이 인기(人氣)이고, 땅과

나무와 같이 뿌리를 내리고 사는 모든 식물은 지기(地氣)를 가지고 있으며, 태양과 우주의 기가 발산되는 것이 천기(天氣)이다. 여기에서 천기는 인간이 범접할 수 없는 조물주의 영역 안에 있다. 반면 인기(人氣)와 지기(地氣)는 인간의 힘으로 운용할 수 있다.

명당을 찾는 이유는 기를 찾기 위한 것이다. 다만 명당 묏자리에는 돌아가신 분의 몸이 묻히는 지기(地氣)와 태양을 잘 받고 바람의 유통이 적은 천기(天氣)가 더 많이 필요하다. 명당 집터에는 태양과 우주의 천기와 사람과 사람 간에 발산되는 인기가 더 많이 필요하다. 명당 묏자리에는 지기가 우선이고, 명당 집터에는 인기가 우선이다. 사람의 왕래가 잦아야 명당 집터다.

거듭 말하지만 명당을 찾는 이유는 올바른 기를 찾기 위해서다. 기를 올바르게 유통하는 것만큼 중요한 게 없다. 예를 들면, 사주에 도화살이 있다고 다 춤바람이 나거나 바람둥이가 되는 게 아니다. 이 기를 잘 활용하면 유명한 연예인이나 작가, 과학자가 될 수도 있다.

흔히 '기가 막히다'는 말을 한다. 이 말은 기가 차단돼 '숨이 멎을 것 같다'는 의미다. '인기가 많다'는 말은 사람의 기운이 특정인에게 몰려드는 현상을 표현한 것이다. 그러니 선거판에서 누가 더 많은 기를 얻느냐가 승패를 좌우하는 것이다. 좋은 기를 사용해 선거에서 승리한 사람은 나라를 위해 올바른 정치를 할 것이다. 하지만 나쁜 기로 선거에서 승리했다면 잘못된 정치를 펼쳐 정치생명이 오래가지 못할 것이다. 그런 까닭에 공명정대한 경쟁 속에서 최선을 다하여 후회 없는 선거운동을 하는 것이 진정한 인기를 얻는 지름길임을 명심해야 하겠다. 기가 올바로 활용되면 선거문화도 올바르게 정착될 것이다.

조선의 수도가 한양이 된 사연

　태조 이성계가 조선의 도읍지를 한양으로 정할 때 가장 먼저 고려한 것이 풍수였다. 경복궁의 주산은 북현무인 북악산(백악산)이고 남주작은 관악산, 좌청룡은 대학로 뒷산인 낙산, 우백호는 인왕산이다. 물은 경복궁 앞을 흐르는 한강이다.

　이성계가 어떤 과정을 거쳐 한양을 도읍지로 정했는지는 이미 많이 알려져 있고 웬만한 풍수 서적에서도 꼭 나오는 내용이다. 특히 무학대사가 태조의 명을 받고 도읍지 터를 잡으려고 헤매다 검은 소로 밭을 갈던 노인을 만난 이야기는 모르는 사람이 없을 정도다. 노인은 10리만 더 가라고 말하고는 사라져 버렸다.

　이후 무학대사는 산의 흐름과 혈을 찾기 위해 백운대에 올랐다. 만경대를 지나 비봉에 이르니 웬 비석이 서 있었다. 비석을 들여다보니 무학왕심도차(無鶴往尋到此)라는 여섯 글자가 새겨져 있었다. 신라 말,

고려 태조 왕건의 아버지 왕륭에게 당신의 아들이 삼국을 통일하고 새 국가를 세울 것이라고 이야기했던 도선대사가 세운 석비였다.

도선대사와 헤어지기 전 왕륭이 "왕씨의 왕조가 얼마나 가겠습니까?"라고 묻자 도선대사가 천 년을 넘게 가리라고 말했다가 잠시 아득한 눈으로 북한산 쪽을 바라보고는 바로 고개를 저으며 "저 백악 때문에 오백 년밖에 못 가겠구나" 했다고 전해진다.

그 후 국토를 유람하던 도선대사가 북한산을 찾았을 때다. 눈앞에 이성계의 스승인 무학대사가 도읍지를 찾아 왕십리를 헤매고 있는 환영이 보이는 게 아닌가. 도선대사는 급히 석공을 불러서 왕십리라는 글자를 새긴 돌장승과 비석을 세웠다. 훗날 이 비를 발견한 무학대사는 도선대사의 선견지명에 감탄할 수밖에 없었다고 한다.

한양은 조선 이전에도 도읍지였던 적이 있다. 백제 21대 개로왕이 고구려의 공격을 받아서 웅진, 즉 지금의 공주 땅으로 옮길 때까지 120여 년간 백제의 도읍지였고, 고구려 평원왕도 잠시 동안 이곳을 도읍지로 삼았다고 전해지고 있다.

이런 도읍지로서의 운명은 고려 시대로도 이어졌다. 고려 15대 왕 숙종 때 김의제라는 인물이 임금에게 진언했다.

"옥룡자 도선대사가 그의 비기 《도선비기》, 《도선답산가》, 《삼각산 명당기》 등의 저서에서 송악의 기운이 다하였다고 걱정하였던 바, 양주에 목멱양(木覓壤, 지금의 서울)이 있으니 도읍을 옮기는 것이 좋겠습니다."

1099년 9월에 일관(日官) 문상(文象)도 그 의견에 동조하자 숙종이 신하를 시켜 조사를 한즉, 한양이 적절한 것으로 보고되었다. 숙종이 직접 한양을 돌아보고 남경 도성을 설치하도록 했다. 그러나 고려 왕조에서는 한양을 남경으로 삼았을 뿐 그곳으로 천도까지는 하지 않았다. 서거정의 《필원잡기》와 이중환의 《택리지》에 이런 내용이 나와 있다.

무학대사의 탄식

이성계는 정도전과 무학대사의 조언을 듣고는 천도를 서둘렀다. 이는 과거 고려 도읍지의 기운이 쇠하여 이씨 왕조가 들어설 수밖에 없었다는, 건국의 정당성을 세우려는 의도였다.

처음에는 풍수지리에 능통한 권중화가 계룡산 자락에 위치한 신도안을 도읍지로 삼은 '신도안 도읍지도'를 이성계에게 바쳐 마음을 사로잡았다. 이성계는 친히 계룡산의 높은 곳에 올라 형세를 관망하고 도읍지 건설 공사를 명령한 후 5일간 신도안에 머물다 개성으로 돌아왔다. 그러나 경기도 관찰사 하륜 등 많은 신하가 계룡산 천도를 반대하여 한양 천도가 진행되었던 것이다. 도읍지가 완성되지도 않았는데 천도를 할 정도로 이성계는 간절히 개성을 벗어나고 싶어 했다.

한양 천도와 관련한 이야기는 여기서 그치지 않는다.

한양 천도가 정해진 이후에는 북악산을 주산으로 삼아야 한다는 정도전의 의견과 인왕산을 주산으로 삼아야 한다는 무학대사의 의견이 대립했다. 무학대사 의견대로 하면, 남산이 백호가 되고 북악산이 청룡이 되어 궁궐이 동쪽을 향하니 낙산이 안산이 된다. 이대로 했다면 지금의 서울 모습은 크게 달랐을 것이다. 즉 내륙 중심으로 형태가 발전되었을 것이다. 여기에 주산이 단정하게 잘생겨서 현군이 나왔을 것이며 백성들도 복록을 누렸을 것이다. 좌청룡인 북악산이 남산의 국세와 비슷하여 우백호와 균형을 이루니 장자가 권력을 세습했을 것이다. 따라서 왕권이 튼튼해져 정쟁도 드물었을 것이다.

그러나 정도전의 강력한 주장에 밀려서 궁궐은 북악산 아래 세워진다. 중국의 제왕들은 반드시 남쪽을 바라보고 정사를 폈다는 것이 이유였다. 이때 무학이 신라 명승 의상대사의 《산수비기》를 인용하며 탄식했다고 한다.

> 한산(漢山)은 금국이라서 궁궐을 반드시 동향으로 지어야 하겠으나, 그렇지 않다면 불교가 쇠하게 된다. 터를 고르는 자는 다른 사람의 말에 혼돈되지 마라. 동쪽은 허하고 남쪽은 낮으니 북악산 아래에 터를 잡지 마라. 검은 옷을 입은 도적들이 동쪽에서 쳐들어와 혼란스러울까 두렵다. 한양 땅에 도읍을 정하려는 자가 중의 말을 들으면 나라의 운세가 조금 연장되겠고, 만약 정씨 성을 가진 사람이 시비를 하면 5대도 못 가서 왕위를 빼앗기는 변고가 생기겠구나. 200년 후에는 외란이 닥쳐서 나라가 위태롭겠구나.

정도전과 무학의 논쟁은 보통 풍수상의 견해 차이로 전해 내려오지만, 나는 풍수를 놓고 벌인 주도권 쟁탈전으로 본다. 풍수의 기본 원리를 모를 리 없는 두 사람이 다툰 것은 결국 왕권에 대한 생각이 달라서였을 것이다. 무학은 왕권을 강화해 안정된 왕권정치를 꾀했고, 정도전은 왕권 견제를 통한 신권정치를 꿈꾸었다. 좌청룡이 강해야 장자 세습이 이루어져 왕권이 강화되었을 텐데, 낙산이 우백호보다 낮아 분쟁이 끊이지 않게 된 것이다. 이렇게 보면 한 나라의 도읍지를 정하는 데 얼마나 많은 노력을 기울이고 신중해야 하는지 알 수 있다. 한편 국운과 후손의 미래를 내다보고 경계할 점을 남긴 선각자가 얼마나 많았는지도 알게 되어 감동적이다.

통일 되면 수도
옮기는 게 좋다

　여기서는 한양 풍수에 깊이 관여된 북악산, 낙산, 인왕산, 남산, 관악산, 불암산 등의 특색을 보자. 서울의 진산(명당의 뒷산)은 북한산(삼각산)이다. 북한산은 서울의 혈로, 부모산에 해당된다. 깎아지를 듯한 거대한 암석들로 이루어져 가까이에서 보면 산의 기세에 눌려 기가 죽는다. 거대한 광주산맥의 기운을 모아 놓은 것이 북한산이고, 그 기운에서 새롭게 탄생한 것이 북악산이다. 북악산은 서울의 주산(혈장의 뒤에 서 있는 산)이며, 높이는 342미터이다. 백악산이라고도 한다.

　서울의 안산(혈의 바로 앞에 있는 산)은 남산이다. 남산은 한양을 둘러싼 산 중에서 형세가 가장 깨끗하고 단정하며 잘생겼다. 누에의 형상인데, 누에의 으뜸은 깨끗하고 얌전한 것이다. 다만 아쉬운 것은 주산인 북악산과 너무 가까이 있다는 것이다. 좀 더 높이가 낮던가 아니면 조금 더 떨어져 있으면 좋을 뻔했다. 주산인 북악산이 남산을

서울의 풍수

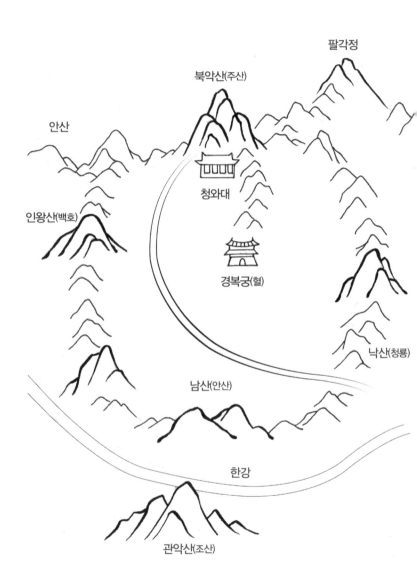

팔각정

북악산(주산)

안산

청와대

인왕산(백호)

경복궁(혈)

낙산(청룡)

남산(안산)

한강

관악산(조산)

봉

도봉산(태조산)

북한산(삼각산)

정릉고개

올려다보아야 하는 형국이니 말이다.

서울의 우백호는 인왕산이다. 북악산과 마찬가지로 바위산이어서 커다란 바위들이 강력하게 위엄을 내뿜으며 앉아 있다. 백호는 곧 자손과 여자, 재물인지라 조선 시대에는 자손들이 장자를 몰아내는 일이 빈번하게 일어났다. 설령 장자가 왕위에 올랐더라도 거의 단명했거나 비극적인 최후를 맞았다. 외척이 세도를 부려 어려운 국정을 이끌어 가도록 하였으니 현세에서도 대통령 영부인의 가족이 세도를 부리게 된다. 이것은 우백호 인왕산의 영향이 크다.

좌청룡은 낙산인데 높이가 125미터로 우백호인 인왕산(338미터)보다 현격히 낮고 작아 유순하고 온화한 인상을 준다. 청룡 하나만 놓고 볼 때는 크게 흠 잡을 것이 없지만 산의 시작 부분이 허전하다는 것과 백호와 형세 차이가 너무 심하다는 것이 문제다.

서울의 조산(먼 앞산)에는 관악산과 불암산이 있다. 관악산은 그 형상이 마치 관을 씌운 듯 뾰족해서 관악이라 불렀다. 관악산은 오행으로 살펴보면 화산(火山)인데 그 탓에 옛날부터 장안에 화재가 자주 일어났다고 한다. 경기도 시흥군에 솟아 있는 삼성산도 화산 모양이어서 더욱더 화기가 강하다. 이런 불기운을 잡기 위해 불을 먹는 동물 해태를 광화문 양쪽에 세운 것이다.

대원군이 경복궁을 재건할 때 관악산의 화기를 제압하기 위해 시흥 호압사 맞은편에 큰 우물을 팠는데 아직도 물이 고여 있다. 남대문도 화기를 누르기 위해 숭례문으로 이름을 지었다.

풍수적으로 조산인 불암산은 중요하다. 불암산은 높이 510미터로 매우 아름다운 산이다. 관악산보다 낮으면서 서울서 멀리 떨어져 있고 위압감도 전혀 주지 않으니 온화하고 선한 인상을 준다. 도읍지의 조산이 이렇게 아름다운 경우는 드물다. 그러나 안산인 관악산의 기세에 눌려 제 힘을 발휘하지 못하니 안타까울 뿐이다. 만약 불암산과 관악산이 바뀌었더라면 서울은 명당으로서 최고의 조건을 갖추었을 것이다.

통일 되면 수도 옮겨야

서울의 풍수 문제를 보면, 청룡(낙산)은 소극적이고 유약한 데 비해 백호(인왕산)는 정력적이고 강력하다. 그러면 문관보다 무관이 득세하게 된다. 더욱이 주산(북악산)이 기세는 위풍당당하고 의젓하나 장안을 쳐다보지 않고 좌청룡(낙산) 쪽으로 기울어지면서 산의 형세가 단정치 못하고 비뚤어져 흉한 기운을 발산한다.

이 흉한 기운이 고집 세고 거칠고 강한 사람을 지도자로 만드니 이런 지도자와 함께하는 백성의 고통이 크다. 관악산의 영향도 좋지 않다. 강남에 유흥업소가 많이 들어서고 물질만능주의가 기승을 부리는 이유는 관악산 탓이 크다. 산세가 날카롭고 뾰족뾰족하며, 바위들은 쓰러질 듯 옆으로 기울어져 있다. 더욱이 날카로운 봉우리가 여럿이 존재하여 서로 경쟁하며 싸우는 형국이다. 요즘 자식이 부모를 살해하고 형제간에 재산 문제로 싸우는 등 패륜적인 범죄가 수시로 일어나는 것도 이와 무관치 않을 터다. 관악산에서 뻗어 나오는 흉한 기운의 위세 때문일 것이다.

통일되기 전까지는 강력한 지도력을 발휘할 수 있는 서울이 수도로 일견 타당해 보인다. 북한산의 드높은 기세와 크고 강함이 필요할 수 있다. 하지만 통일 이후에는 반드시 도읍지를 옮겨야 한다. 혼란스럽고 어려운 시기에는 강력하고 위엄 있는 지도자가 어울리지만, 태평성대일 때에는 합리적이면서 민주적인 국정 책임자가 필요하기 때문이다. 누구나 평등하고 자유로우며 복지를 누리는 통일 국가를 꿈꾼다면 산세가 온화한 땅으로 반드시 옮겨야 한다. 수도에 어린 지기(地氣)는 모든 국민의 삶에 커다란 영향을 미친다. 이는 자명한 사실이다. 그러므로 통일된 국가의 위상에 맞는 도읍지를 정하는 것 역시 당연하다.

재물 모이는 곳에
국회의사당이라니

풍수 측면에서 보았을 때 국회의사당은 어떨까. 몇 가지 문제점이 있다.

먼저 국회의사당이 여의도에 있는 게 문제다. 여의도는 서울의 나성이라 자물통 노릇을 한다. 서울의 지기가 빠져나가지 못하게 막아 준다. 풍수에서 물은 곧 재물이다. 한강의 물이 여의도에서 총집결되었다가 휘돌아 나가니 여의도는 재물이 모이는 곳이기도 하다. 한편 물은 소식, 정보도 뜻한다.

한강은 덕소 근방에서 임진강과 만나는 곳까지 반원형으로 수태극을 이루고, 서울 복판에서 두 번 크게 감돌다가 압구정동 앞에서 중랑천과 합류했다가 여의도로 빠져나간다. 압구정동에 물 양이 많아지니 부자들이 모여 사는 아파트촌이 들어섰고, 압구정동이 새로운 정보가 생산되는 곳이 되었다. 한강의 물이 여의도에서 총집결되

국회의사당

었다가 휘돌아 나가니, 여의도에 방송국과 증권거래소 등 소식과 정보로 먹고사는 업체들이 모여들었다.

국회는 국가를 운용하는 법을 제정하고 예산을 책정하는 곳이다. 그러므로 재물을 탐내는 곳과는 거리가 멀어야 한다. 그런데 서울의 재물이 모이는 여의도에 있으니, 계속 뇌물 혐의로 교도소를 드나드는 국회의원들이 생겨날 것이고 정치자금과 관련한 구설도 끊이지 않을 것이다.

건물 자체도 문제다. 건물은 머리와 몸체로 나뉘는데 머리는 정신적, 합리적, 권위적, 이상주의, 명예, 문인 등을 표현하고 몸체는 물질적, 이기적, 현실주의 등을 뜻한다. 국회의사당은 머리 부분이 약하다. 그래서 국회도, 국회의장도 권위를 얻지 못한다. 여기에 도로까지 직접 국회의사당으로 치고 들어가게 돼 있어 맞바람의 살풍까지 맞게 돼 있다. 풍수상 이런 집에서는 우환이 끊이지 않는다. 따라서 대화와 타협의 정치보다는 정쟁이 끊이지 않고 항시 시끄러운 국회가 될 가능성이 농후하다. 그러므로 국회의사당은 한강 상류 지역으로 옮기는 것이 타당하다. 지금처럼 도로가 만들어지는 일도 없어야 한다.

나성은 서울을 보좌해 주는 역할을 맡고 있다. 일종의 위병 역할을 하는 것인데, 한 나라의 법을 만들고 예산을 책정하는 국회의사당이 보좌하는 위치에 머물러 있는 것도 옳지 않다. 행정부의 시녀 소리를 듣는 것도 여의도의 위치 자체에 문제가 있어서다. 방송국, 증권거래소같이 정보와 밀접한 곳이나 재물과 관련 있는 기업체의 건물은 여의도가 최적이지만, 국회의사당이나 교회처럼 청렴해야 하는 곳은 물질과는 거리가 멀어야 되므로 한강 상류 지역으로 옮기는 것이 바람직하다.

명당을 쟁취한 사람들

위나라 왕이 된 조조

중국 삼국 시대의 주역 중 하나인 조조도 풍수를 활용했다. 후한이 몰락할 즈음 군웅할거의 시대가 열렸다. 조조, 유비, 손권, 원소, 제갈공명, 주유 등 쟁쟁한 영웅들이 한꺼번에 등장했다. 이 시기에 풍수와 《주역》에 통달한 후한의 관료가 후한의 마지막 황제 헌제(獻帝)에게 천문과 오행의 이치를 설명했다.

"천문과 오행의 이치로 볼 때, 토(土)의 기운을 가지고 태어난 사람이 토(土) 지역에서 천자가 될 것이니 대비하시면 좋겠습니다."

정보원들에게서 이 소식을 들은 조조가 관료를 찾아가 협박했다. 그 내용을 소문 내지 말라고 한 것이다. 이후 즉시 조조는 신하들과 상의해 토의 방위에 해당되는 땅을 찾아 나선다. 그렇게 찾은 땅이 허창(許昌)이었다. 조조는 허창으로 도읍지를 옮기고 자신의 세력을 확장해 나가 마침내 위나라 왕이 되었다.

절에 불을 질러 명당을 차지한 흥선대원군

영화 〈명당〉의 자문교수로, 시나리오를 검토하고 수정해 준 적이 있다. 2018년 개봉한 이 영화는 흥선대원군(본명 이하응)의 실제 이야기로, 최고의 명당을 얻기 위한 권력자들의 분투가 잘 그려진 작품이다.

조선조 말에는 안동 김씨가 정권을 좌지우지했다. 왕과 친인척인 종친일지라도 잘못 보이면 역모자로 몰려 죽임을 당하거나 귀양을 가는 엄혹한 시절이었다. 안동 김씨의 횡포를 피하기 위해 이하응은 한편으로는 미치광이 행세를, 한편으로는 파락호 행세를 하면서 젊은 시절을 보냈다. 그 이면에는 왕권을 잡고자 하는 야심과 왕권을 강화해 나라의 기틀을 굳건히 하려는 강렬한 의지가 있었다.

그는 자신의 꿈을 이루기 위해 풍수를 활용했고, 명당을 차지하기 위해 끊임없이 노력했다. 특히 아버지 남연군의 묘를 쓴 이야기가 유명하다. 이 이야기는 황현의 《매천야록》과 예산의 향토사가 박홍식이 쓴 《예산의 얼》 등에 전해진다.

1822년 남연군이 죽은 뒤 어느 날 한 지관이 찾아와서 이하응에게 명당 묏자리를 알려 주었다. 지관은 가야산 동쪽에 2대에 걸쳐 천자가 나오는 자리가 있고, 광천 오서산에는 만대까지 영화를 누리는 자리가 있다고 했다. 이하응은 두 곳 중 가야산을 선택했다. 하지만 현장에 가 보니 지관이 가리킨 자리에 가야사라는 절이 들어서 있었다. 절에서 가장 명당 기운이 강한 곳에는 금탑이 서 있고 말이다.

이하응은 경기도 연천에 있던 아버지의 묘를 파서 시신을 어쩔 수 없이 가야사 뒷산으로 옮겼다. 가야사 뒷산은 영조 때 판서를 지낸 윤봉구의 사패지였기에 그의 후손에게서 자리를 빌려 임시로 옮겨 놓은 것이다. 가야사 자리에 남연군의 묘를 쓰고 싶었지만 주지가 거부하자 이하응은 밤에 몰래 절에 불을 질렀다. 그 결과 중들은 뿔뿔이 흩어지고 이하응은 싼값에 가야사 터를 사들인 후 남연군의 묘를 썼다. 남연군의 묏자리는 풍수지리학에서 말하는 명당 조건을 두루 갖춘 곳이다.

묘를 쓴 지 7년 만인 1852년에 이하응은 둘째아들 재황(載晃)을 얻었고, 11년 뒤인 1863년에 이 아이가 고종이 된다. 고종의 아들이 순종이 되었으니 2대 천자를 둔다던 지관의 말이 그대로 들어맞은 것이다.

숙종을 탄복시킨 갈처사

조선 시대 숙종은 미행(微行)을 자주 나갔다.

어느 날 수원성 근처 시냇가를 지나는데 더벅머리 총각이 관 하나를 옆에 두고 슬피 울면서 땅을 파고 있는 게 아닌가.

상을 당해서 묘를 쓰는 것이야 흔한 일이지만 땅을 팔 때마다 물이 콸콸 솟아나는 냇가 근처에서 묏자리를 파고 있으니 어이가 없었다.

'아무리 가난하고 산소를 쓸 땅이 없다고 해도 그렇지 어찌 물속에 관을 넣으려 한단 말인가. 딱하기 그지없구나.'

숙종은 어떤 연유인지 궁금해 총각에게 다가갔다.

"여보게, 여기 이 관은 누구 것인가?"

"제 어머니를 모실 관입니다."

"그런데 여기는 왜 파고 있는가?"

"묘를 쓰려고 합니다."

"여보게, 이렇게 물이 솟구치고 있는데 어찌 여기다 묘를 쓰려는 겐가?"

"저도 영문을 모르겠습니다. 오늘 아침에 어머님이 돌아가셨는데 얼마 후 산마루에 혼자 살고 있는 풍수 노인 갈처사라는 분이 찾아와 저보고 불쌍하다고 하시면서 이곳으로 데려와 여기다 어머니 묘를 꼭 쓰라고 당부하셨습니다."

총각은 옷소매로 연신 눈물을 훔치며 자신도 이 상황이 어찌된 영문인지 몰라 답답하고 곤혹스럽다는 표정으로 숙종에게 하소연했다.

총각의 이야기를 들은 숙종은 갈처사라는 사람이 괘씸하기 짝이 없었다. 한참 생각에 잠기더니 봇짐에 넣고 다니던 지필묵을 꺼내 몇자 적어 총각에게 건네주었다.

"여기는 내가 보고 있을 테니 이 서찰을 수원부(水原府)에 가져다주게. 혹시라도 수문장이 성문을 가로막거든 이 서찰을 보여 주게."

총각은 선비의 뜬금없는 심부름에 당황스러웠지만, 거절할 수 없어 급히 수원부로 달려갔다.

서찰을 본 수원부사는 안절부절 못했고, 서찰 소식이 전해지자 수원부 전체가 발칵 뒤집혔다. 서찰에는 이렇게 쓰여 있었다.

"어명(御命)! 수원부사는 이 사람에게 당장 쌀 300가마를 하사하고 좋은 터를 잡아 어머니 묘를 쓸 수 있도록 급히 조치하라."

총각은 하늘이 노래졌다. 그 선비가 상감마마였다니, 기쁨보다는 두려움과 놀라움에 온몸이 떨렸다. 냇가에서 어머니 시신을 지키고 서 있을 임금을 생각하니 머리카락이 쭈뼛 섰다.

한편 총각을 수원부로 보낸 숙종은 그 노인을 단단히 혼내 주려고 그의 거처로 향했다. 다 쓰러져 가는 단칸 초막이었다.

"이리 오너라."

"이리 오너라."

몇 번을 부른 뒤 한참이 지나서야 안에서 발소리가 들려왔다.

"거 뉘시오?"

까치집 머리에 행색이 허름한 촌 노인이 시큰둥한 낯빛으로 방문을 열어젖혔다.

숙종이 문 밖에 서서 물었다.

"나는 한양 사는 선비인데 그대가 갈처사가 맞소?"

"그렇소만 무슨 연유로 예까지 나를 찾아왔소?"

"오늘 아침 저 아래 상을 당한 총각에게 냇가에 묘를 쓰라고 했소?"

"그렇소만."

"당신이 자리를 좀 본다는 소문난 지관이라고는 들었소만 어찌 물이 평평 솟아나는 냇가에 묘를 쓰라고 했단 말이오? 가당키나 한 일이오? 사람을 골탕을 먹여도 유분수지 어찌 그럴 수 있단 말이오?"

참았던 화가 올라 숙종의 목소리가 격해졌다. 웬 선비가 찾아와 뜬금없이 목소리를 높이니 갈처사도 덩달아 흥분했다.

"아니, 개뿔도 모르면서 웬 참견이오? 당신이 그 땅이 얼마나 명당인지 알고나 하는 말이오?"

물구덩이에 터를 보아 주고 오히려 화를 내고 있는 갈처사의 호통에 숙종은 기가 막혔다. 숙종은 속으로 이놈이 감히 어느 안전이라고 망령되이 혀를 놀리느냐 하고 싶었지만 일단 참고 말을 이었다.

"저기가 어떻게 명당이란 말이오?"

"모르면 가만이나 있지 이 양반아! 저기는 시체가 들어가기도 전에 쌀 300가마를 받고 명당으로 옮겨질 터야. 시체가 묻히기도 전에 발복을 받는 명당인데 물이 있으면 어떻고 불이 있으면 어때? 개뿔도 모르면서!"

그 순간, 숙종은 새파랗게 질려 버렸다. 갈처사의 말대로 되었지 않은가! 숙종은 너무 놀라 숙연해지기까지 했다.

"그럼 그렇게 잘 아는 영감은 왜 저 아래 고래 등 같은 집에서 떵떵거리면서 살지 않고 이렇게 초라한 초가에서 산단 말이오?"

"아무것도 모르면 가만이나 있지 왜 자꾸 귀찮게 떠드는 게요?"

숙종은 당당한 노인의 말에 조금씩 주눅이 들어갔다.

"아니, 무슨 말씀이신지…"

"저 아래 것들은 남 속이고 도둑질하고 해서 고래 등 같은 기와집에서 사는 게요. 그게 무슨 소용이란 말이오. 근데 여기는 임금이 찾아올 자리란 말이오. 지금은 비록 초라하지만 임금이 찾아올 명당이여."

숙종은 그만 정신이 혼미해졌다.

"그렇다면 왕이 언제 찾아옵니까?"

"거 자꾸 귀찮게 하네. 잠시만 기다려 보시오. 내가 재작년에 이 집을 지을 때 잘 받아 놓은 것이 있으니."

노인은 방 한구석에 있던 보자기에서 종이 한 장을 꺼내 먼지를 턴 후 들여다보았다. 그 순간 자리에서 벌떡 일어나 밖으로 뛰쳐나왔다.

그러고는 선비 앞으로 달려가 큰절을 올리는 게 아닌가. 종이에 적힌 시각이 바로 그때였던 것이다. 노인은 숙종 앞에서 벌벌 떨고 있었다.

"여보게 갈처사, 괜찮네. 그 누구에게도 나를 만났다 이야기 마시게. 그리고 내가 죽은 뒤 묻힐 자리도 꼭 부탁하네."

"무한한 영광입니다, 전하. 어느 분의 하명인데 제가 거역하겠사옵니까?"

갈처사는 훗날 숙종이 묻힌 서오릉 터를 잡아 주었다고 한다. 그 공로로 숙종이 갈처사에게 3천 냥을 하사했는데, 갈처사는 30냥만 가지고 홀연히 사라졌다고 한다.

명당은 상품이 아니다

전두환 전 대통령이 연희동 사저로 돌아가 동네 주민들과 자리를 함께하는 방송을 보다 깜짝 놀란 적이 있다. 그의 집 구조 때문이었다. 조만간 어려움을 겪게 될 것이 짐작되었다.

대통령이 되기 전 그의 집에는 고급 향나무 같은 수목이 없었다. 당시의 집 지운(地運)은 온화했다. 그러나 그가 청와대로 간 이후 자의든 타의든 그의 집에는 많은 수목이 들어섰고 그것이 운을 바꾸어 놓은 것이다. 분명 관재수와 건강 문제가 닥칠 것이었다.

정원의 울창한 수목들은 천기를 차단하고 그 나무뿌리들은 지기를 빨아들여 버린다. 자연스레 천기와 지기가 턱없이 부족하게 된다. 천기가 부족하니 관재수, 구설수가 있겠고 지기가 부족하니 건강 문제가 생길 것이다. 그 후 그는 얼마 지나지 않아 백담사로 갔다.

"보통 사람"을 자처하던 노태우 전 대통령도 연희동 사저로 돌아왔고, 전두환처럼 동네 주민들이 잔치를 열었다. TV에 비친 그의 모습은 인자하고 온화해 보여 정말 이웃집 아저씨 같았다. 그러나 그의 집도 고급 정원수로 가득 들어차 있었다. 그의 미래도 쉽게 풀려 가지 않겠다고 짐작했다. 일 년이 지나고 이 년이 지나도 별일이 없어 잘못 보았나 했다. 하지만 이내 그의 비자금이 폭로되었고 한국 최초로 감옥에 간 대통령이란 불명예를 얻었다.

두 사람을 보자 풍수에 관한 책이 베스트셀러가 돼 유명해진 어느 풍수가가 떠올랐다. 그는 전두환의 처가 묏자리를 자신이 보아 주어 전두환이 대통령이 되었다고 자랑했다. 또 노태우 장인 묏자리를 잘 봐 주어 노태우가 대통령이 되었다고 자랑했다. 그는 수많은 미사여구를 동원해 두 대통령을 칭송했다. 하지만 두 사람이 구속되자 바로 말을 바꿨다. 두 사람이 마음을 잘못 써 그리됐다는 것이다. 그러고는 업보까지 운운했다. 그러나 그가 묏자리를 봐 줄 당시에도 그들은 도덕적으로나 윤리적으로 문제가 많은 사람들이었다. 결국 80년 광주에서 수많은 양민을 학살한 사람에게 묏자리를 잘 봐 주어 권좌에 오를 수 있게 했다고 자랑한 꼴이 되어 버린 것이다. 그 지관은 권력과 돈에 현혹되어 이렇게 말을 번복하게 된 것은 아닐까.

명당이란 돈과 권력이 있다고 해서 함부로 선택할 수 있는 상품이 아니다. 설령 돈과 권력으로 선택했더라도 항상 그 혜택을 누릴 수 있는 것도 아니다. 돈과 권력으로 명당을 차지해 복을 받게 되었다 해도, 정성이 없고 덕이 부족한 사람은 반드시 그에 합당한 대가를 치르게 되어 있다. 그런 만큼 산천의 정기가 풍부한 명당 필지는 그에 합당한 사람, 많은 사람에게서 존경받을 수 있는 덕망이 넘쳐 나는 인물에게 돌아가야 한다. 모든 풍수가가 간직하고 귀 기울여야 할 대목이다. 풍수가는 명당의 기를 어떻게 잘 써야 할지 늘 고민해야 한다.

김대중 대통령 사저

김대중 전 대통령이 영국에서 돌아와 1994년 1월 아태평화재단 설립 후 정계 복귀를 준비하고 있었다. 그쪽에서 집터를 봐 달라는 부탁을 해 왔다. 여기저기 돌아다니다가 마침내 힘들게 찾아낸 곳이 일산 정발산 사저다. 그곳에서 김대중 대통령은 당선 직전까지 지냈다. 1995년부터 97년 대통령에 당선될 때까지 3년은 정치인 김대중 인생에서 매우 중요한 시기였다. 이곳에서 후보 단일화도 이루고, 집권 후 실행한 햇볕정책도 구상했을 것이다.

원래 김대중 대통령은 집 전체를 한옥으로 짓고 싶어 했다. 하지만 비용과 시간이 너무 많이 들어서 대문을 포함한 일부분에서만 한옥의 미를 살렸다. 두 필지를 연결한 후 중앙에 마당을 두고 양쪽에 본채와 사랑채를 지었다.

1997년 겨울 새벽, 대통령에 당선되어 창밖으로 지지자들을 향해 손을 흔들던 모습이 아직도 생생하다. 당시 정발산 주택단지 골목은 새로운 역사에 대한 기대감으로 뜨겁게 달아올랐다. 국내외 취재진과 정치인 그리고 전국에서 몰려든 지지자들이 북새통을 이루었고, 애국가와 〈우리의 소원은 통일〉을 부르며 우는 지지자들도 있었다. 노래 중간중간에 "대통령 김대중!"을 연호하는 소리가 정발산에 울려 퍼졌다.

집이나 건물 지을 때
필요한 풍수 상식

집에 관한 풍수지리 상식은 크게 두 가지로 나눌 수 있다. 먼저 건물을 짓기 전 그 터가 풍수지리상 좋은 곳인지 알아 두는 것이다. 그 다음은 완성된 건물과 사람의 관계를 알아 두는 것이다. 이런 상식을 잘 활용하면 흉을 피하고 좋은 기를 받아들일 수 있다. 하지만 운명은 자신이 개척하는 것이지 풍수가 대신해 주는 것이 아님을 한번 더 강조한다. 다음은 터에 관한 풍수 상식이다.

집 지을 때

담과 같은 울타리는 반드시 있어야 한다

담장이 없는 집에 살면 집이 가지고 있는 지기가 흩어지고, 재산을 없애거나 가족들이 뿔뿔이 흩어지게 할 수 있는 살기가 밖에서 들어올 가능성이 있다. 기가 한곳으로 뭉쳐지지 않고 사방으로 흩어지기 때문에 그곳에서 거주하는 사람들은 개인주의적 성향을 가지고 살아가게 된다. 도시의 빌딩이나 아파트 등이 좋은 예이다. 담은 너무 높지 않아야 한다. 담이 너무 높으면 바람이 통할 수 없어 항상 음습한 그늘이 있게 되고, 이런 곳에서 오래 살면 해를 입는다.

커다란 나무가 너무 집 가까이 있는 것은 피하라

기란 천기, 지기, 인기 이 세 가지가 조화를 이루어야 한다. 큰 나무가 창문과 지붕을 가리면 천기를 받을 수 없어 지하에 사는 것과 같다. 어린이와 노인의 건강이 나빠질 우려가 있다.

현관이나 정문에 높은 계단을 만들지 마라

정면에 장애물이 있으면 행운이 들어오기 어렵다. 들어오던 기가 곧바로 막혀 버리고, 들어온 기도 둘로 나눠지기 때문에 부부간에 다툼이 심하고 가족이 화합하기 어려울 수 있다.

대문과 현관문이 일직선이 되면 좋지 않다

대문으로 들어왔는데 곧바로 현관문이 나타나면 실내 생활이 노출되어 좋지 않다. 대문을 통해서 들어온 기가 정원에서 한 번 순화되어 현관문으로 들어와야 하는데 대문 밖에서 곧바로 실내로 들어오면 살풍(殺風)을 직접 받게 되어 나쁘다.

현관문이 오목하게 튀어나와 있는 것도 좋지 않다. 움푹 들어가 있어야 행운을 받아들일 수 있다. 또한 복이 들어오는 현관이 너무 좁으면 자연 복이 적게 들어올 수밖에 없다. 집 안에 들어가기 전 신발을 벗는 곳이 너무 좁은 것도 좋지 않다.

지붕이 너무 크거나 작으면 좋지 않다

지붕이 너무 크면 남자의 권위가 너무 강해 부인이 항시 주눅 들어 살게 되고, 반면에 지붕이 너무 작거나 없으면 여성의 힘이 너무 강해지고 물질에만 의존하게 된다.

이웃집을 사서 담장을 헐고 두 집을 한 집으로 쓰면 좋지 않다

서로 다른 기가 합해지면 살기가 된다. 이로 인해 흉가가 되어 버릴 가능성이 있다.

건물 지을 때

건물 지을 땅에 관한 풍수 상식도 알아 두면 좋을 것이다.

너무 높은 곳은 피하라

높은 곳에서는 땅의 기를 누릴 수 없다. 큰 산의 밑은 너무 기운이 강해 좋은 삶을 누리기 어렵다. 위협적인 큰 산 밑에 사는 경우 술꾼이나 마약중독자가 많이 태어날 수 있다.

수맥이 있는 곳은 피하라

수맥이 흐르는 곳에서 생활하거나 잠을 잘 경우 숙면을 취할 수 없다. 항시 뒷골이 무겁고 자주 악몽에 시달리며 중풍이나 신경통, 정신병에 걸릴 수도 있다. 심지어 공장의 기계도 고장이 잦게 된다. 수맥이 지나는 곳에 축사를 지으면 동물들이 병을 앓거나 죽어 가고 또 수맥 위에 건물을 지으면 건물이 갈라지고 수명이 단축되기도 한다.

산골짜기는 피하라

산골짜기에서 부는 바람은 살풍(殺風)으로 건강을 악화시키고 요절하거나 정신질환에 걸리게 한다. 또 갈라져서 들어오는 골짜기의 바람은 벙어리를 만드는 경우도 있으니 조심해야 한다.

공동묘지나 매립지 등은 피하라

이런 곳에서는 지기를 얻을 수 없으니 좋지 않고 건물의 안정성에도 문제가 생기게 된다. 모래나 자갈 지층도 피해야 한다.

악산이 너무 가까이 보이는 곳은 피하라

모습이 좋지 않은 돌산 같은 경우 악산의 살기를 품고 있다. 악산과 마주하고 있는 건물들은 내부에서 흉한 일이 끊이지 않는다.

물이 직접 건물을 향해 들어오거나 직접 빠져나가는 곳은 피하라

건강이 나빠지고 재물도 모으기 힘들다. 또한 물이 등 뒤에 있으면 좋지 않다.

골목으로 직접 바람이 들어오는 곳은 피하라

골목 입구에서 들어오는 살풍으로 인해 우환이 끊이지 않는 경우가 많다.

도로가 건물로 직접 향해 오는 것은 좋지 않다

항시 불안을 느낄뿐더러 심장병에 걸릴 수 있고 교통사고, 관재수가 끊이지 않는다.

큰 나무 밑은 피하라

큰 나무가 태양의 기를 가려 건물 안이 음습해진다. 뿌리가 땅의 지기를 흡수해 버려 사람이 얻어야 할 기를 빼앗아 버린다. 이런 곳에 사는 사람은 별 이상은 없는데 온몸이 쑤신다거나 두통을 자주 호소하는 경우가 생긴다.

대지의 모양이 불규칙하거나 삼각형인 형태는 피하라

대지 모양이 삼각형이면 자주 화재 피해를 입을 수 있다. 뾰족한 형태의 마당이면 요절하거나 건강을 해치고 재물도 잃을 수 있다.

별이나 꽃 모양의 정원은 피하라

이런 곳에서는 추락사가 자주 발생한다.

건물 터보다 건물 뒤가 낮은 곳은 피하라

건물 뒤가 낮으면 항시 초조하고 불안하여 정신질환이 생길 수 있고, 물이 잘 배수되지 않아 불리하다.

적당한 넓이에 적당한 수의 사람이 살아야 한다

넓은 건물에 한두 사람만 살면 정신질환 등 건강 이상자가 생겨 우환이 끊이지 않는다. 또한 건물을 오래 비워 두면 건물이 쉽게 상해 폐허가 되어 버린다.

남녀평등 실현을 위한 건축법

영국 수상 처칠은 "사람은 집을 짓고 집은 사람을 만든다"고 했고, 일본의 유명한 풍수가 미도오 류우지는 "풍수는 미신이 아니라 방위의 과학, 동양의 과학이다. 집이 인간에게 미치는 영향을 원리적으로 분석하고 체계화한 환경학의 일종이다"고 했다.

가상학(家相學, 집과 집터의 길흉을 모든 측면에서 연구하는 학문)을 건축물 지을 때 적용하면 여성 인권 신장에도 도움이 될 수 있다.

건물 형태와 크기를 잘 만들면 여성의 권위를 높일 수 있다

풍수에서 지붕은 이상주의, 남성주의, 권의주의요, 집의 몸체는 현실주의, 여성주의, 평등주의를 의미한다. 우리 전통적인 건축물 양식에서는 지붕의 크기를 아주 중요시했다. 건물의 골격을 만들어 놓은 후 지붕만을 위한 고사를 따로 지낼 정도로 지붕에 커다란 애정을 보였다. 커다랗고 웅장한 지붕의 권위에 눌려 있는 것이 몸체이니 과거에는 여성들이 남성의 권위에 눌려 지냈고, 과학을 발달시키기보다는 이상을 키우는 데 더 주력했다. 미국이나 유럽에서는 현대에 들어 지붕이 차츰 없어지는 건축물이 많아졌으니 어느 정도 여성의 권위가 섰다고 볼 수 있겠다. 남녀평등 시대를 맞이하려면 지붕 크기를 줄이는 노력이 필요하다.

마당 위치와 크기를 정할 때도 여성을 고려하라

마당이나 정원이 건물의 정면에 있으면 남성의 권위와 출세 운이 강해지고, 뒤쪽에 있으면 여성의 권위와 출세 운이 강해진다. 우리 전통 건축 양식을 보면 90퍼센트 이상이 앞마당이 넓고 뒤뜰에는 장독대가 놓여 있다. 그런데 미국의 집들은 정면에 적당한 크기의 정원이 있고, 뒤쪽에는 수영장이나 테니스장처럼 정면과 비슷한 크기의 땅이 자리하고 있다. 일본의 경우는 건물 위에 건물이 들어설 정도로 지붕이 크게 발달돼 있는 것이 특징이다. 천황제도가 지속되고 있는 것에서 알 수 있듯이 여전히 남성의 권위가 세다는 증거다. 일본 여성들의 지위가 약한 것은 건물 풍수와 일정 부분 관계가 있다. 완벽한 남녀평등의 시대를 구현하려면 건물의 풍수, 양택의 풍수를 정확하게 적용하는 것도 지혜라 할 수 있겠다.

수맥의 장단점

어느 날, 피혁공장을 운영하고 있다는 중년 신사가 찾아왔다. 자신의 공장 부지를 살펴 달라는 것이다. 일산 근교에 있는 공장 터를 방문해 먼저 수맥을 살펴보았다. 작업장과 기숙사 일부분에서 강한 수맥이 감지되었다.

"이 두 장소에서 사고가 많았죠?"

중년 신사는 깜짝 놀라며 그간의 사고에 대해 들려주었다. 기숙사에 있던 처남은 교통사고로 죽었고 작업장에서는 안전사고가 자주 일어났다. 수맥은 옆집으로도 흘렀다. 염려는 현실로 다가왔다. 그 집의 아버지는 암으로, 큰아들은 교통사고로 사망했으며, 어머니는 이름 모를 병을 앓다 결국 내림굿을 받고 무당이 되었다.

수맥은 정말 암이나 교통사고, 신내림, 우울증 등과 관련이 있을까. 과거 미국의 의사 몇 명이 수맥과 암의 관계를 연구한 적이 있었다.

수맥이 십자(十字) 모양으로 겹치는 장소에서 자는 사람이 수맥이 전혀 없는 곳에서 자는 사람에 비해 7배 이상 암에 걸릴 확률이 높다는 연구 결과가 나왔다고 한다.

수맥은 건물이 갈라질 정도의 강력한 파장을 일으킨다. 수맥이 많이 흐르는 땅 위에 지어진 건물에서는 세로로 벽이나 담장이 갈라져 있는 것을 목격할 수 있다. 그 정도의 수맥이라면 사람에게도 해롭다는 건 말할 필요가 없다. 수맥 위에서 자면 숙면을 취하기 어렵고 불면에 시달리거나 꿈에 시달리는 일이 반복된다.

꿈을 자주 꾸거나 불면의 밤을 보내는 시간이 쌓이다 보면 삶이 무기력해진다. 또한 거의 늘 혼미한 상태여서 운전하다 사고도 자주 내게 된다. 특히 여성들은 오랜 시간 꿈자리가 어수선하거나 잠을 제대로 못 자면 두통이나 뼈마디 통증을 호소하기도 한다. 병원에 가서 MRI나 CT 촬영을 한들 이상 징후가 전혀 나오지 않는다. 의사는 신경성이니 안정을 취하라는 말만 되풀이한다. 본인은 고통이 매우 심한데, 주변으로부터 그 상태를 인정받지 못하고 오히려 꾀병 부린다는 오해를 받기 일쑤다. 결국 마지막으로 무속인을 찾아 전전하다가 내림굿을 받는 경우가 종종 있는 것이다. 이런 흐름 때문에 수맥과 암, 교통사고, 우울증, 신내림 등이 밀접하게 관련된 것처럼 보이는 것이다.

수맥의 장점

하지만 밤이 지나면 반드시 새벽이 오듯이 수맥이 인간에게 꼭 나쁜 것만은 아니다. 수맥도 잘 활용하면 인간에게 좋은 영향을 줄 수 있다.

하루 종일 일하거나 운동을 하고 나면 온몸이 쑤시고 저릴 때가 종종 있다. 이럴 때 마사지라도 받으면 뭉쳤던 근육이 풀어지고 온몸이 시원해진다. 하지만 마사지를 한 달 내내 쉬지 않고 받는다면 어떻겠는가? 몸이 시원하기는커녕 오히려 팔다리가 떨어져 나갈 것 같은 통증을 느낄 것이다.

수맥도 마찬가지이다. 잘 활용하면 이로울 수 있다. 예를 들어 혈액 순환이 잘되지 않거나 피로가 쌓여 있을 때 수맥 위에서 30분 정도만 누워 있어도 몸이 좋아지고 개운해진다. 이런 수맥의 효과를 활용해 사업을 벌인다면 잘될 수 있다. 서울 근교에 즐비한 전원 카페나 러브호텔 등이 그 예다. 이런 업종은 호수나 강가 옆 또는 논을 메운 곳에 건물을 짓는데, 수맥을 활용하기 위해서다.

수맥 위에 지은 카페나 술집에서 차나 술을 마시면 수맥 덕분에 혈액 순환이 잘되고 그로 인해 차나 술을 기분 좋게 마실 수 있다. 풍경 좋은 곳에서 기분 좋게 한잔할 수 있으니 그곳을 자주 찾게 되는 것이다. 특히 수맥 위에 지은 러브호텔이나 여관에 머물면 남자의 경우 원활한 혈액 순환 덕분에 정력적이 되어 오랫동안 사랑을 나눌 수 있게 된다. 이처럼 잠시 머물다 가는 음식점, 카페, 여관, 호텔 같은 곳은 오히려 수맥 덕분에 사업이 번창할 수 있다. 그러나 사람이 오래 머무는 공간은 절대 수맥 위에 지어선 안 된다. 주거 공간이나 도서관, 아이들 공부방, 작업장 같은 곳들 말이다.

모든 일에는 음양이 있듯이 수맥도 어떻게 이용하는가에 따라 이득이 되고 해가 되는 것이다.

사고도 풍수와 관련 있다

건물의 화재도 풍수와 관련 있다. 건물의 형태를 보면 화재가 잦을지 그렇지 않을지 짐작할 수 있다.

서울 모 백화점의 청량리 지점은 화재가 자주 일어나는 곳으로 유명했다. 1968년 지상 7층 지하 1층의 복합 상가로 문을 연 이 건물(당시 이름은 대왕코너)에선 72년에 1층 분식점에서 불이 나 1, 3층이 모두 타고 6명이 숨졌으며 104명이 다쳤다. 정부의 시설 개선 명령을 다섯 차례나 무시하고 영업을 계속하다가 74년에 6층 호텔에서 전기가 합선돼 또다시 화재가 난다. 같은 층에 있던 고고클럽에서 춤추던 손님 72명과 호텔 투숙객까지 88명이 숨지고 23명이 중상을 입었다. 75년에는 4층 미용학원에서 누전으로 불이 나 3명이 숨지고 100여 개 점포가 재로 변했다.

1979년에 다른 사람이 인수했는데 워낙 큰불이 잦자 인수한 뒤에 코끼리가 불기운을 누른다는 속설에 따라 이름을 '맘모스'백화점으로 바꿨다. 백화점은 86년에 다시 ㅅ물산으로 넘어갔고 94년에는 ㅅ물산이 모 백화점에 5년간 임대해 줬다. 그런데 96년에 다시 화재가 났다. 풍수지리학적으로 보았을 때 이 건물은 구조에 문제가 있었다.

앞으로 건물을 짓는 분들은 화재를 일으키는 몇 가지 풍수적 요인을 염두에 두는 것이 좋겠다.

먼저 1층을 좁게 하고 2층부터 넓게 짓는 것은 금해야 한다. 건물자체가 횃불 형상이라 항시 화재의 위험성을 내포하게 된다. 그리고 지붕 위에 화산 모양의 건축물이 없어야 한다. 굴뚝이나 봉화대의 형상을 가진 건축물이 되어 버려 화재를 불러올 위험성이 있다. 또한 현관문이 화(火) 자거나 촛불 형태여서는 안 된다. 불의 형상이라 화재가 자주 일어날 수 있다. 마지막으로 건물 이름에 화 자나 그와 비슷한 한자를 쓰지 말아야 한다. 대(大) 자나 태(太) 자도 화 자와 닮았으니 쓰지 않는 게 좋다.

풍수적으로 문제 많았던 삼풍백화점

1995년은 잇단 사고로 전 국민이 큰 충격에 빠졌던 해였다. 해방 50주년을 맞이하는 경사로운 해에 왜 이처럼 사건, 사고가 많았던 것일까. 어쩌면 50여 년간 우리가 매달려 왔던 물질만능주의, 속도지상주의를 돌아보라는 역사의 경고는 아니었을까. 그중 삼풍백화점의 붕괴는 우리에게 큰 아픔과 충격을 주었다. 후진국에서도 유례없는 대형 사고였다.

1995년 초에 나는 역학자로서 커다란 사건, 사고를 막기 위해 국가의 운명을 예언한 바 있다. 예언가로서 삼풍백화점이 무너지는 것을 보자 나 자신도 함께 무너지는 아픔과 두려움을 느꼈다. 부실시공, 졸속 공사, 불성실한 감리 등 종합적으로 문제점이 드러난 사고였다. 하지만 사후에 삼풍백화점의 구조를 보니 풍수적으로도 문제가 많았다.

먼저 쓰레기 매립지에 지은 건물이었다. 현대에 들어와서 쓰레기가 많아지자 그 처분 방법으로 쓰레기에 흙을 부어 다진 다음 건물을 올리곤 한다. 그러면 지반이 약해져 침식되고 건물에 균열이 생기고 수명도 단축된다. 심할 경우 건물이 붕괴되기도 한다. 쓰레기 매립지 위에 건물 짓는 일은 절대적으로 피해야 한다.

또한 건물 구조가 기가 분산되는 형태였다. 쌍둥이 빌딩을 짓거나 A동과 B동을 연결하여 한 건물로 건축하는 경우가 많아졌는데, 이런 건물은 기의 분산을 자초한다. 붕괴의 위험을 떠안고 있는 셈이다. 삼풍백화점도 A동과 B동을 연결하여 하나의 건물로 사용해 왔다. 다른 예로 1992년 붕괴된 청주시 우암상가아파트도 하나의 건물이 두 개로 분리된 구조였다.

삼풍백화점의 경우는 아니지만 건물을 지을 때 지붕 형태도 중요하다. 지붕은 기를 받아들이는 역할을 하므로, 둥글고 안정된 형태가 좋다.

피해야 할 묏자리

풍수에서는 반드시 피해야 할 묏자리들이 있다.

먼저 산산형(散山形)이다. 이는 기가 분산되어 흩어져 내려오는 형태의 산이다. 가족끼리 심하게 다투고 불화도 심하다. 우환이 끊이지 않아 가산도 탕진하고 가난을 면치 못한다. 자루를 끈으로 동여맨 특이한 모습의 결항형(結項形)의 산도 피해야 한다. 결항형 묏자리에서는 목매달아 죽는 사람이나 교수형을 당하는 자손이 생긴다. 일반적으로 내려오는 산맥에 비해 다른 방향으로 뻗어 가면서 봉우리가 위로 붉거진 산은 역리형(逆理形)인데, 이런 곳에 묏자리를 쓰면 불효, 불충한 자손이 나온다.

급히 달아나는 도주형의 산도 흉한 터다. 죄를 짓고 도망 다니는 자손이 나온다. 산의 골이 파이거나 조각나 있어 여자의 치마 주름을 연상시키는 흔군형(掀裙形)의 산도 피해야 한다. 딸이나 며느리 등 여자로 인해 집안이 패가망신할 수 있다.

산줄기가 토막토막 끊겨 있는 산은 절산형(絕山形)인데, 후손이 없는 절손 집안이 될 수 있다. 청룡과 백호, 안산 너머로 산과 산 사이에서 뾰족하게 넘보는 산을 규봉형(窺峰形)이라 하는데, 집 안에 도둑이 끊이지 않고 강도나 도둑이 후손에서 나올 수 있다. 집어 던져서 퍼져 있는 것 같은 낙사형(落砂形) 묏자리에서는 절벽이나 아파트 고층 건물에서 떨어져 죽는 자손이 나올 수 있다. 칼날같이 가늘고 길게 뻗어 있는 검사형(劍砂形)의 묏자리에서는 차에 치여 죽거나 돌이나 쇠뭉치에 맞아 죽는 자손이 나온다. 마지막으로 무거운 물체에 깔려 있는 듯한 압사형(壓死形)의 묏자리에서는 교통사고로 죽거나 압사하는 자손이 나온다.

끔찍했던 묏자리

외삼촌의 부음 소식을 들었다. 비록 내가 풍수가이지만 선산에 장지가 정해져 있을 경우에는 절대로 자리를 보아 주지 않는다. 묏자리를 가지고 묏자리를 잡아 준다는 것 자체가 풍수적으로 아무 의미가 없다고 믿기 때문이다.

장지는 경치가 좋은 충북 미원면 금관리 근처 옥화리라는 동네였다. 선산은 기본적인 '좌청룡 우백호 안산'의 구조는 갖추고 있지 못했다. 명당을 기대하지는 않았지만, 혹 해로운 기운이 없는지 살펴보았다.

외삼촌이 생전에 미리 잡아 놓은 묏자리로 올라가다 어느 묏자리를 우연히 보게 되었는데 소름이 돋았다. 한 가문이 멸족할 자리였기 때문이다. 산맥[龍]이 좌우로 힘차게 꿈틀거리면서 내려와야 하건만 급경사에 일직선으로 무기력하게 내려와 있었고 굵고 뭉툭하고 튼튼해야 하건만 가늘고 실낱같이 지렁이 형상의 용이 되었으니 이른바 사룡(死龍)이었다. 묏자리 뒤에서 종산에서 내려오는 맥이 끊어졌던 것이다. 그뿐만 아니라 명당의 중심에 해당하는 혈판에 불규칙한 돌들이 박혀 있고, 산맥의 용이 명당의 혈 중심으로 들어오는 입구인 입수도 급경사로 내려온 용이 곧바로 머리를 쳐들어 버리니 목이 꺾여 버렸다. 여기에 뭉쳐 있어야 할 혈(용맥의 정기가 모인 자리)도 울퉁불퉁하게 흩어져 있었다.

용의 목이 끊어졌으니, 이 무덤 자손들은 목매 죽거나 교수형을 당할 수 있다. 혈장(穴場, 혈에 해당하는 장소)의 용맥(산의 정기가 흐르는 산줄기)이 자루를 끈으로 동여맨 모습이니 결항형으로 되어 버렸다. 산위에서부터 산줄기가 뭉쳐 내려오지 못하고 좌우로 무질서하게 흩어져 내려오는 산산형이니 자손들은 파산할 운명이다. 또한 불화불목하니 가족이 뿔뿔이 흩어지고 우환이 끊이지 않아 가난을 면하지 못할 것이다. 풍수에서 말하는 최악의 흉사(凶砂, 나쁜 기운을 주는 산)였다.

외삼촌의 묏자리로 올라가다 멈추고는 이 산소의 임자를 찾아 그후손들의 현재 모습을 알아보았다. 예측한 대로 큰아들은 목매달아 죽고, 둘째는 물에 빠져 죽었다. 딸들은 모두 쫓겨나 친정에 와서 살았으며 며느리들은 모두 가출해 집안이 풍비박산 났다.

유명 여성을 배출한 집에는 공통점이 있다

　공무원들 답사 모임에 자문의원 겸 지도교수를 맡은 적이 있다. 한 달에 한 번 유명한 절, 묏자리, 역사적인 인물의 생가 등을 찾아가는 모임이었다. 아무래도 공무원들이니, 건축 허가를 내 줄 때나 묏자리 등을 정할 때 풍수적으로 어떤 면을 보아야 하는지 작은 조언이라도 해 줄 수 있다면 시민들에게 도움이 될 듯해서 참여했다.

　모임에는 여성도 꽤 많아 여성과 관련된 풍수를 설명하기도 했는데 그럴 때마다 여성들은 너무 신기해하고 좋아했다. 역사적으로 살펴보면 유명 여성을 배출한 집에는 공통점이 있다. 몇 사람을 예로 들어 보자.

유관순 생가

먼저 유관순 열사 생가다. 유관순 열사의 생가는 천안군 병천면 용두리에 위치해 있다. 천안삼거리에서 독립기념관을 지나 약 7킬로미터 가다 보면 유관순 열사의 동상과 초혼묘가 마련되어 있는 사우[祠宇, 위대한 업적을 남긴 이의 정신을 추모하기 위해 지은 건물로 신주(神主)를 모신다]를 지나게 된다. 다시 이곳에서 매봉산을 감고 돌아 용두천을 따라 용두리 입구에 들어서면 새로 복원된 생가가 보인다. 이 생가는 유관순 열사가 태어나 네 살 때까지 산 집에서 200여 미터쯤 떨어진 곳에 있다.

유관순 생가

생가의 집과 마당의 구조를 살펴보았다. 앞뜰보다 뒤뜰이 넓었다. 앞보다 뒤뜰이 넓으면 여성이 힘을 얻는다. 초가의 지붕이 둥그런 형태니 기가 한곳으로 뭉쳐 집안이 화목하겠다. 이번엔 집을 벗어나 멀리서 생가와 산의 형세를 살펴봤다. 생가가 명당이라고 보았을 때 우백호가 두툼하게 발달되어 있었다. 좌청룡 머리는 생가의 반대 방향으로 돌려져 있다. 이는 당연히 여성의 힘이 강하게 표출되고 남성은 말년에 어려워지는 풍수다. 우백호는 딸을 상징하니 유관순 입장에서 보았을 때, 좌청룡이 안산이 된다. 안산이 머리를 반대로 돌려 우백호를 등지는 모습을 하고 있다. 안산은 수명과 건강을 상징하니, 좌청룡의 부진으로 생애가 짧다는 것이 드러났다. 좌청룡이 생가를 부드럽게 품어 주었다면 살아남아 조국 독립을 위해 더 많은 일을 해냈을 것이다.

명성황후 생가

여주에 있는 명성황후의 생가에도 갔다. 크기만 다르지 집의 구조는 유관순 생가와 닮았다. 뒤뜰이 넓었고 우백호가 발달되어 있었다. 다만 명성황후 생가가 좌청룡이 더 발달되어 있었다. 그러나 좌청룡이 생가로부터 등을 돌려 버린 형태는 유관순 생가와 비슷해 두 사람 다 말년이 처참하리라는 것을 예고했다.

육영수 생가

육영수 생가는 충청북도 옥천군 옥천읍 교동리에 있는데 풍수에 입문한 사람이라면 한번쯤은 꼭 들르는 장소다. 이 집터는 충청도에서 소문난 부자였던 육영수의 부친 육종관이 재산의 절반을 주고 샀을 정도의 명당으로 예로부터 삼정승 터라고 했다.

노령산맥의 작은 산맥이 진안 마이산에서 출발해 금강 상류 지역을 끼고 수십 리를 달려오면서 갈라진다. 이 중 한 줄기는 좌측으로 뻗어 공주 계룡산으로 나아가고, 우측 한 줄기는 옥천 서대산으로 뻗어 나간다. 그것이 수려한 맥을 만드니 회룡고조형(回龍顧祖形, 용이 꿈틀꿈틀 돌아가는 형국)의 마성산이다. 이것이 구 옥천읍의 진산이다. 기와집 용마루처럼 정상이 곧게 뻗은 마성산에서 오른쪽으로 한 줄기가 뻗어 나가 목형산을 만들고, 이 산줄기가 길쭉하게 내려와 임좌 방향 즉, 북쪽에 자리 잡고 남쪽을 바라보는 남향집으로 자리 잡은 형상이 바로 육영수 생가 터다. 여기에 물의 흐름이 동북방에서 나와 서남방으로 흘러가는 모습이다.

생가의 구조를 보면 역시 뒤뜰이 앞뜰보다 넓다. 다른 풍수가들은 육영수가 문세광의 저격에 숨진 원인을 박정희 본가와 선조들 묏자리에서 찾는데, 일정 부분 그 논리에 나도 찬성한다. 하지만 내가 보기에는 육영수 생가 자체에도 풍수적인 문제가 많다.

먼저 유관순과 명성황후 생가처럼 육영수의 생가도 멀리 우백호로부터 생가 쪽으로 산맥이 직접 돌진하여 좌청룡을 만든다. 묏자리와 달리 집이나 건물들은 산맥이 직접 달려들거나 길이나 도로가 직접 마주 달려오는 형상은 풍수적으로 불길하다.

또한 생가 터에 나무가 너무 많다. 커다란 나무가 집 안 가득 들어차 있으면 나무뿌리들이 지기를 앗아 간다. 더욱이 나무들이 지붕을 가려 태양의 천기마저 차단시키고 있다. 이런 형태의 주택은 불길하다.

마지막으로 좌청룡 산이 일자문성(높고 낮은 봉우리가 없이 한일자 모양인 산)이다. 많은 유명 풍수가가 좌청룡 쪽의 일자문성 때문에 삼정승이 나고 영부인이 배출되었다고 주장한다. 일자문성이 있는 곳에서는 반드시 장관 이상의 사람이 탄생한다는 의견에는 나도 찬성한다. 다만 일자문성의 생김새를 면밀히 살펴볼 필요가 있다. 반듯하게 일자로 흘러야 임금이 쓰는 왕관의 모습이 된다. 거기에 금성의 형태(산 모양의 일종. 산의 모양을 목성, 화성, 토성, 금성, 수성으로 나눈다)를 보여야 하는데 총구 모양이 일자문성의 왼쪽에 불쑥 솟아올라 있다. 완벽한 일자문성을 만들지 못하고 실족한 꼴이다. 뾰쪽한 부분이 집을 굽어보고 있으니, 총이나 칼로 인한 불상사가 일어날 가능성이 충분했다.

풍수에 얽힌 이야기

최양선의 예언

〈세종실록〉에 보면 상지관[관상감에서 대궐이나 능 따위의 지상(地相)을 보는 일을 맡아 하던 벼슬] 최양선(崔揚善)이 상소를 올린 내용이 나온다. 태종이 묻힌 정릉에 주산에서 혈장에 이르는 산 능선이 있는데, 사람과 우마가 이 고갯길로 다녀 용맥이 끊긴다는 내용이었다. 그러니 사람들의 통행을 금해야 한다는 주장이었다. 최양선의 상소에 대신들은 오히려 기의 흐름을 보여 주는 것이 아니겠느냐며 반박했다. 그러면서 갑론을박 논쟁이 시작되었다.

세종은 집현전 학자들에게 이에 대해 본격적으로 논의하도록 했다. 30년 가까이 논쟁을 지속하다 세조 10년(1464)에 이순지가 용맥의 학슬(鶴膝, 산맥이 학의 다리처럼 좁아졌다 넓어졌다 한 곳)과 봉요(峰腰, 산맥이 벌의 허리처럼 좁아졌다 넓어졌다 한 곳)의 손상을 막기 위해 박석을 깔자는 절충안을 제시하면서 이 논쟁은 끝난다.

최양선은 세종 15년(1433)에 또 다른 주장을 펴서 조정을 다시 혼란 속으로 빠져들게 한다. 보현봉에서 흘러내려 온 용맥이 승문원으로 내려왔고 경복궁에는 지맥이 뻗어 간 거라 경복궁이 명당이 아니라 승문원이 명당이라고 주장한 것이다. 승문원 자리는 지금의 가회동, 재동, 계동 일대이다. 이곳으로 궁궐을 옮겨야 만대까지 번성한다는 주장이었다.

세종은 상지관의 의견을 무시할 수 없어 대신들과 상의했는데, 대신들은 세종에게 풍수설에 현혹되지 말라며 간언했다. 그래도 세종은 마음이 놓이지 않아 승문원 자리에 별궁을 지을 것을 제안했으나 대신들이 강력히 반대해 포기한다. 그 대신 세종은 승문원을 다른 곳으로 옮기고 터는 공터로 남겨 놓아 아무도 사용하지 못하게 했다.

그 후 40여 년이 지난 성종 8년(1476)에 임원준이 이 터에 손자의 집을 지어 사람들의 입방아에 오르내렸다. 성종에게 상소문까지 올라온다.

"임원준이 궁궐을 지을 명당의 터에 자손의 집을 짓고 있으니 역모와 같은 죄에 해당됩니다."

임원준의 손자가 예종의 딸 현숙공주와 혼례를 올린 뒤 최고의 명당인 승문원 터에 신혼집을 지은 것이다. 대신들은 이것을 왕이 되려는 야망을 드러낸 행위로 보았다. 이것이 사실이라면 역모 죄로, 삼대가 멸족될 수 있는 중대한 일이었다. 임원준도 자칫 반역죄로 처형될 위기에 처했다.

임원준은 살아남기 위해 성종에게 그 터가 명당이 아님을 납득시켜야 했다. 임원준이 성종에게 아뢴다.

"이 땅은 일찍이 벼락을 맞은 바 있습니다. 또한 사람들 사이에서 여자가 혼자 된다는 독녀혈로 불린 곳입니다. 그래서 오래전부터 과부가 많은 곳이었습니다."

최고의 명당 터가 느닷없이 과부를 양산해 내는 독녀혈의 터로 추락해 버린 것이다. 하지만 그런 흉지라면 왜 손자에게 집을 짓게 했겠는가. 하지만 성종은 거짓인 줄 알면서도 모른 척하고 만다. 당대 권력이 집중된 외척인 임원준을 함부로 대할 수 없었기 때문이다.

승문원 터가 독녀혈로 알려진 데에는 역사적인 배경이 있다. 세조는 단종 2년(1453) 10월 10일에 단종을 보좌하던 김종서, 황보인 등을 살해, 제거하는 계유정난을 일으켰다. 곳곳에서 피바람이 일어 재를 뿌려서 피를 덮어야 할 정도였다고 한다. 이런 연유로 특히 사람이 많이 죽어 나간 승문관 일대를 잿골 또는 회동, 재동으로 부르게 되었다. 또한 이때 수많은 남자가 죽임을 당해 남편을 잃은 아녀자가 많았으니 과부굴로 불리게 된 것이다.

최양선에 관한 다른 일화도 있다. 세종은 아버지 태종의 곁에 묻히고 싶어 했다. 그래서 미리 자신이 묻힐 곳을 정해 놓았다. 그런데 또다시 최양선이 반대하고 나선 것이다.

"그곳에 왕릉을 쓰면 후손이 끊기고 맏아들을 잃게 됩니다."

이번에는 수양대군이 최양선을 강하게 비판하면서 반박했다. 이에 세종은 최양선을 조정의 일에 쓰지 말라 하고는 없었던 일로 넘어갔다. 그런데 세종의 장남 문종은 왕위에 오른 지 3년 만에, 문종의 아들 단종은 수양대군에 의해 폐위되고 세조의 장자도 태어난 지 3년 만에 병으로 죽었다. 예종의 장남도 일찍 죽었다. 뒤늦게 예종이 놀라 세종의 묘를 여주 영릉으로 이장하기에 이르렀다.

우암산 전설

청주에 있는 우암산에 얽힌 전설이다.

《토정비결》의 저자 이지함 선생이 보은으로 가는 길에 조치원에 있는 부모산에 올라 지형을 살펴보았다. 멀리 부드러우면서도 강인한, 황소가 잠시 휴식을 취하는 형국의 산세가 눈에 들어왔다. 보기 드문 명당이었다. 이지함은 흥분을 가라앉히고 자세히 보았다. 서쪽을 향해 용맥이 끝나는 지점에 겸혈(鉗穴, 죄인의 목에 씌우는 형구인 큰 칼을 연상시키는 혈)이 맺히는 형상이었다. 토정은 그 자리를 다시 한번 확인하기 위해 높은 봉우리로 올라갔다. 멀리서 보이는 산은 마치 소가 누워 있는 '와우형국(臥牛形局)'이었다. 이지함은 즉시 혈장을 바위로 표시해 놓고 그곳에 '이곳은 장수에게만 적합한 혈장이니 보통 사람은 건드리지 마라'는 당부의 말도 적어 놓았다.

그런데 얼마 지나지 않아 진천에 사는 조풍수라는 사람이 묏자리를 찾아다니다 이곳을 발견하게 되었다. 그는 토정 선생이 표시해 놓은 바위를 치우고 그곳에 급히 가묘를 만들었다. 뛰는 가슴을 진정시키고 서둘러 일을 마치고 하산하려는데 갑자기 산이 흔들렸다. 이어 황소가 울부짖는 소리가 들리더니 뿌연 안개가 혼연히 감돌았다.

기이한 현상에 깜짝 놀란 조풍수가 황급히 오던 길을 뒤돌아보니 눈에서 광채가 나는 소머리 형상의 장군이 입에서 피를 흘리며 칼을 허공에 휘두르고 있는 게 아닌가. 그는 자신이 방금 가묘해 놓은 자리를 가리키고 있었다. 잠시 넋을 놓고 있다 조풍수는 묏자리로 급히 돌아가 보았다. 가묘는 불에 타 흔적도 없이 사라져 버렸다. 다시 혈이 맺히는 자리를 찾았지만, 도무지 찾을 수가 없었다. 조풍수는 자신의 부질없는 욕심을 후회했지만, 이미 모든 것이 끝난 뒤였다. 이 이야기는 명당도 욕심이 과하면 사라진다는 진리를 보여 준다.

명당 기행 1

사람이 살 만한 장소는 첫 번째 지리가 좋아야 한다. 두 번째 생리가 좋아야 하고, 세 번째 인심이 좋아야 하고, 네 번째 아름다운 산과 물이 있어야 한다. 지리가 비록 좋더라도 생리가 모자라면 오래 살 곳이 못 되고, 생리가 비록 좋더라도 지리가 나쁘면 오래 살 곳이 못 된다. 지리와 생리는 모두 좋으나 인심이 후하지 아니하면 반드시 후회할 일이 생기고, 가까운 곳에 산책할 만한 산수가 없으면 정서를 화창하게 하지 못한다.

《택리지》에서는 사람의 주거 조건을 이렇게 말한다. 주거 조건을 말할 때 자연과 떨어져 생각할 수 없다. 집이 자연의 기와 태양의 기를 받아들여 인간에게 접목시켜 줄 때 인간은 자연과 태양의 기를 제대로 자기 것으로 취할 수 있는 것이다. 집이나 건물을 지을 때 명심해야 할 내용이다.

명당이란 무엇인가. 인간이 살아서든 죽어서든 편안하게 지낼 수 있는 곳이 바로 명당이다. 그런데 어느 지역에선 국회의원이, 어느 지역에선 박사가 많이 나오기도 한다. 그 이유를 풍수학적 측면에서 찾을 수도 있겠다. 몇 곳을 소개한다.

국회의원 배출한 청천면

충북 괴산군 청천면에는 선유동계곡, 화양계곡, 우암 송시열 묘 등 많은 관광 명소와 유적지가 있다. 그만큼 살기 좋은 고장이다. 먼저 김종호 전 의원의 생가로 향했다. 과거 이곳에는 화양서원과 만동묘 앞에 자그마한 촌락이 형성되어 있었다. 지금은 모두 떠나 버리고 민박집 한두 채와 식당, 매점만이 덩그러니 남아 있다.

풍수에서 기본은 물과 바람과 산이다. 물이 맑고 바람은 깨끗하나, 산세가 너무 강했다. 산세가 높고 힘이 있으며 웅장한 곳에서는 영웅 호걸 한두 명은 태어나지만 사람의 주거지로는 좋지 않다. 한 예로 김유신 생가 터도 강력한 산세로 명장은 탄생시켰지만 지금은 모두 떠나고 빈터만 남아 있다. 설악산, 치악산 같은 험한 산세는 관광 명소로 적당하지만 명당으로는 타당하지 않다는 것이 풍수계의 지론이다. 우암 송시열 선생처럼 기개가 높은 사람은 한두 명 배출할 수 있지만 일반인이 살 수 있는 주거지로는 적절치 않다. 김종호 의원의 선산은 만동묘 뒤편에 있는데 무해무덕한 터이다. 풍수적으로 명당이라고 할 자리는 아니었다.

읍궁암을 뒤로하고 이기붕의 생가 후평리로 향했다. 읍궁암은 효종이 북벌론을 주창하다 뜻을 이루지 못하고 승하하자 이를 슬퍼한 우암 송시열이 매일 새벽 꿇어앉아 통곡했다는 바위다. 도명산과 대산, 낙영산의 산줄기를 따라 형성된 청천면 후평리 뒤뜰에 논밭이 많다고 해서 후평리라 불리게 되었다고 한다. 후평리는 노서하전형(老鼠下田形)으로, 즉 늙은 쥐가 먹이를 찾아 밭으로 내려오는 산세이다. 늙은 쥐 형상의 산이 후평리의 전답을 향해 머리를 들이밀고 있는 모습이다. 이는 풍수상 명당 터다. 이기붕의 공과 죄악을 따지기 이전에 유명한 인물을 배출할 수 있는 터전임은 분명했다.

그러나 용화온천이 개발되면서 이 운이 달라졌다. 동네 앞 달천강으로 폐수가 흘러들고 온천 주변에 여관이나 호텔 같은 유락 시설이 들어서면서 자연이 훼손된 것이다. 물과 공기가 오염된 명당이란 존재하지 않는다. 앞서 말했듯이 명당이 되려면 일단 물과 공기가 깨끗해야 한다. 개발이란 미명하에 자연을 파괴한다면 제아무리 좋은 자리에 묻히고 좋은 터에서 살아간들 온전하게 살아갈 수 있겠는가. 아무리 명당이라고 해도 물이 썩고 공기가 오염된 땅은 명당이라 할 수 없다. 결국 명당도 주변의 환경에 따라 변하는 것이다. 동네 오른쪽에서 진행되는 수련장 시공 공사도 자연을 훼손했다. 굴착기가 산자락을 파헤치고 있으니 풍수의 기본인 우백호가 상처를 입고 울부짖는 것이다.

우암 송시열 묘소

아픈 마음을 안고 청천시장으로 향했다. 김영환 전 의원 생가 터가 있는 곳이다. 청천시장은 배가 떠가는 형상의 행주형(行舟形)으로, 명당의 터다. 행주형에서는 우물을 파면 안 된다는 것이 예전부터 내려오는 이야기다. 우물을 파면 배에 구멍이 나 침몰한다는 논리다. 배는 물 위에 있을 때 힘을 얻는다. 배를 물에 띄우려면 먼저 중심을 잡고, 키와 노로 앞으로 나아갈 길을 잡아야 한다. 행주형의 터에는 솟대(장대나 돌기둥 위에 나무나 돌로 만든 새를 앉힌 신앙의 대상물을 가리킨다. 청동기 시대까지 거슬러 올라가는 오랜 역사를 지니고 있으며, 한반도 전 지역에 널리 퍼져 있다)를 세우는데, 솟대가 키와 노의 역할을 한다고 보아서다. 솟대 역할을 풍수 용어로는 비보(裨補, 허한 부분을 채워 준다)라고 한다. 비보의 상징적인 의미는 하늘과 땅, 사람을 유기적으로 잇는다는 뜻이다.

그러나 시장에 가 보니 솟대가 사라졌다. 새마을운동이라는 거친 바람에 휩쓸려 사라진 것이다. 향토사학자 김사진 선생이 가르쳐 준 솟대가 있던 자리에는 상가 건물이 들어서 있었다.

김영환 전 의원의 생가 터는 솟대에서 50미터 내에 위치하여 배의 중심인 혈 자리에 뿌리를 내리고 있었다. 혈이 곧 명당이니, 그 자리에서 태어난 김영환 의원은 국회의원이 될 수 있었던 것이다.

청천면 면사무소 왼쪽으로 10미터 정도 떨어진 곳에 우암 송시열의 묘소를 알리는 팻말이 서 있다. 반갑게 팻말을 따라가니 송시열의 신도비(神道碑)가 우뚝 서 있다. 송시열 묘가 있는 매봉산으로 걸음을 옮겼다. 송시열 묘는 정조 3년(1778)에 그의 7대손인 송종수(宋宗洙)가 경기도 수원에서 이곳 청천리로 이장한 것이다.

깨끗하게 정돈된 계단이 송시열의 묘소까지 이어져 있고, 정상에 이르니 단정하게 정돈된 묘소가 청천면을 부드럽게 감싸며 지켜보고 있다. 묘소에서 바라보이는 곳이 바로 행주형의 청천시장이다. 묏자리 주변은 소나무로 가득했다. 대체로 소나무가 잘 자라는 곳이 명당이다.

우암의 묘는 장군대좌(장군이 높은 곳에서 앉아 있는 모습) 형국의 명당이다. 이처럼 장군의 이미지가 담긴 형국에는 그에 상응하는 조건이 갖추어져 있어야 한다. 이를테면 여자 성기 모양의 여근형 시장(市場)에 남성이 많이 모이는데, 여근형의 음한 기운과 조화를 이루기 위해 양(陽)이 모여드는 것으로 해석할 수 있다. 이처럼 장군 형국에는 졸병이 있어야 하는데, 그 역할을 청천시장이 하는 것이다.

"우암 선생을 모신 매봉산의 봉우리를 장군봉이라 하지요. 장군이 있으면 졸병이 있어야 해서 장군봉이 마주 보이는 평지에 청천시장을 세웠다는 말이 전해집니다."

김사진 선생이 거침없이 내뱉은 역사 상식이다. 당연히 장군은 졸병이 있어야 하고 졸병들이 없으면 장군의 위엄이 서질 않는다. 졸병 없는 장군 형국의 무덤은 발복이 없다는 논리다. 그래서 묘 앞에 졸병에 해당하는, 많은 사람이 우글거리는 시장이 필요했던 것이다.

우암의 묘를 이장한 송종수는 청천리 사람들과 시장을 세우기로 하고, 시설 자금으로 300냥(상평통보)을 기부했다. 시장은 월 6회 즉 5일장으로 열기로 했다. 청천시장이 생긴 유래다. 결국 시장에 많은

사람이 모여들고 그들이 송시열 묘의 졸병 역할을 함으로써 장군대
좌형의 지세와 조화를 이룬 것이다. 이 때문일까. 우암의 자손들은
두루 번창했다.

명당 기행 2

최적의 조건을 갖춘 귀만리

매봉산 장군봉을 뒤로하고 귀만리로 향했다. 귀만리는 죽산 박씨 집성촌이다. 우암이 이곳에 정착하려고 왔다가 죽산 박씨 집성촌임을 알고 떠났다는 이야기가 전해 내려온다. 우암마저도 탐을 낸 명당의 터였던 것이다. 이 작은 마을에서 대학교수가 두 명이나 배출되었다. 이곳의 지형은 갈룡음수(渴龍飮水)로, '목마른 용이 물을 마시고 있는 형국'이다. 역시 명당 터이다. 마을 앞산이 달천강의 물을 마시는 모양새다.

귀만리 어귀에는 돌장승이 세워져 있었다. 원형은 아니었다. 하나는 반쪽이 사라졌고, 다른 장승의 아랫부분도 형체를 알 수 없었다. 김사진 선생 말에 따르면, 원래 돌장승은 길가에 서 있었는데 사정이 생겨 논두렁 쪽으로 밀려난 것이라 했다. 엄밀히 살펴보면, 돌장승은 귀만리를 지키는 마을 비보로 만들어진 것이다.

촌락의 위치를 보면 세 방향은 산으로 둘러싸여 있고 한쪽은 물이 흘러가는 수구이다. 흔한 구조다. 수구가 끝날 때까지 보여 허한 곳에는 나무를 많이 심거나 산을 만들거나 하여 마을을 보호했다. 길 양쪽에 수구막이로 장승을 세워 보완했고 말이다. 즉 장승은 마을의 단점을 보완해 주는 일종의 수호신이었다. 지금은 개발에 밀려 천덕꾸러기 신세를 면치 못하고 있지만 동네의 허한 한 부분을 메워 마을의 균형을 맞추려 한 조상의 슬기가 스며들어 있다.

다시 한참을 걸어가니 어느 마을이 나왔다. 산태극수태극형의 전형적인 명당의 터였다. 산태극수태극형은 산이 태극의 형상으로 감싸고 물이 태극의 모양으로 흘러들었다가 나가는 형세로, 풍수에서 가장 길한 것으로 친다.

귀만리는 물과 산과 바람을 모두 얻었으니, 사람이 살기에 더할 나위 없이 좋은 곳이다. 여기에 사람의 인심마저 좋다면 명당의 조건을 다 갖춘 셈인데, 귀만리는 그런 곳이었다.

선병국 가옥(우당고택)

충북 보은, 옥천은 의병장이었던 중봉 조헌과 주자학의 대가 우암 송시열 같은 인물과 근현대사에 와서는 정지용, 오장환 같은 걸출한 문학가도 배출한 곳이다. 지금으로부터 126년 전인 1893년 보은

군 장내리에서 있었던 동학교도 모임인 '보은취회'는 우리나라 최초의 민중 집회였다. 동학교도들은 신분차별 철폐, 지방색 타파, 공평한 인재 등용, 노비 문서 폐기 등 사회 개혁과 척양척왜(斥洋斥倭)를 소리 높여 부르짖었다. 당시에 3만여 명이 운집할 수 있었던 것은 그만큼 보은군 사람들의 역사의식과 정의감이 남달랐음을 보여 준다.

우리나라 땅 곳곳에 명당이 있다. 하지만 현대에 들어와서 개발이란 명분 아래 수많은 명당이 사라지고 있다. 그런 와중에서도 굳건하게 명당 터로 남아 있는 곳이 바로 속리산이다. 속리산 자락인 충북 보은군 외속리면에 있는 선병국 가옥('우당고택'으로 바뀌었다)을 찾아간 적이 있다. 선병국 가옥은 워낙 유명한 명당 터다. 식솔이 많았던 초기에는 가세가 흥성했겠지만, 세월이 흐른 뒤에는 어떻게 변했을지 궁금했다.

선병국 가옥은 보은 선씨 선정훈이 1919년에서 21년 사이에 당대 최고의 대목들을 불러들여 지은 집이다. 대지 1만여 평에 99칸 한옥이다. 중요민속문화재 제134호이다.

고가에 도착하자, 아름드리 소나무 1백여 그루가 장엄한 한옥의 외곽을 감싸고 있었고, 담장 안에는 안채와 사랑채, 행랑채, 사당 등이 고루 배치되어 있었다. 안채와 사랑채는 공(工) 자형으로, 넓은 대청마루와 작은 10여 개 방으로 이루어져 있다. 머슴과 그 외의 식솔들이 기거하던 행랑채는 ㄷ 자 형태로 30여 개의 작은 방과 곳간으로 이루어졌다. 집안의 규모와 재력을 능히 짐작하고 남음직했다.

지금은 종손 내외만 살고 있지만, 내가 갔을 때는 둘째 손주 내외도 함께 살고 있었다. 안채를 둘러본 후 들른 사랑채에서 우리를 맞아 준 분이 둘째며느리였다. 인자하고 고운 모습이었다. 전에 머슴들이 쓰던 행랑채는 고시생들의 공부방으로 쓰이고 있었다. 매우 다행스러운 일이었다. 명당의 기를 받으면서 공부한다는 것은 매우 좋은 일이기 때문이다. 명당의 좋은 기운을 가지고 공무원이 되어 국민에게 봉사하는 바람직한 공무원 상을 보여 준다면 그보다 더 좋은 일이 어디 있겠는가(지금은 이렇게 쓰이지 않고 있다).

풍수에서 볼 때 선병국 가옥은 연꽃이 물에 떠다니는 형상이다. 이런 연화부수형(蓮花浮水形)에는 꼭 물이 필요하다. 시냇물이나 호수, 강을 만날 때 명당의 골격이 비로소 이루어지는 것이다. 안채에서 보면 물이 앞에서 흘러 뒤편을 감싸고, 사랑채에서는 앞으로 돌아나가는 수태극 형상이다. 내가 갔을 때는 물이 말라 모래와 자갈만 시냇가에 하얀 배를 뒤집어 보이며 누워 있었다. 풍수에서 물은 아버지이고 재물이며 정보다. 즉 물은 부를 상징하는데 물이 말라 전혀 흐르지 않으니 재물이 사라지고 정신만 남는 형국이다. 당시에 고시생들이 모여든 이유다.

몇 해 전 가족끼리 살 때는 가족들 건강이 많이 안 좋았다는 둘째 며느리 분의 이야기를 듣고는 고개를 끄덕였다. 모든 것은 균형이 맞아야 한다. 넓은 집에는 그만큼 많은 사람이 거주해야 제 운을 따라 흥성하는 법이다. 그 반대의 경우는 건강 악화나 사업 실패 같은 어려움이 예상될 수 있다. 또 넓은 터에 비해 사람이 많지 않으면 꿈을 많이 꾸게 돼 숙면하기도 어렵다. 이 때문에 몸의 컨디션이 나빠져 정신적, 육체적으로 힘들어지게 된다. 집의 규모와 식구 수가 조화를 이루어야 한다는 풍수의 진리에 다시 한번 감탄했다.

정철 묘소

이번에는 송강 정철 묘소가 있는 진천군 문백면 봉죽리로 발길을 옮겼다. 송강의 묘는 원래 경기도 고양군 원당면 신원리에 있었는데, 우암 송시열이 후손들에게 지금의 자리로 이장을 권해 이루어졌다. 우암은 이전 묏자리가 송강과 맞지 않는다고 여겼다. 후손 정양(鄭瀁)은 송시열 조언대로 지금의 자리로 이장했다. 1970, 80년대에 시비, 사당 등을 건립해 현재에 이르렀다.

송강은 조선 선조 때의 대표적인 시인이자 정치가다. 송강은 율곡 이이, 성혼(成渾) 등과 교류하며 시문을 익혔다. 당대에 고산 윤선도와 쌍벽을 이루는 시인이었다. 함경도 암행어사를 시작으로 강원도, 함경도, 전라도 감찰사를 지냈다. 동인 이산해(李山海)의 꼬임에 빠져 진주와 강계로 유배되기도 했다.

진천은 "살아서는 진천, 죽어서는 용인[生居鎭天 死去龍仁]"이라는 말이 있을 정도로 최고의 명당 터다. 삼국을 통일한 김유신이 태어난 곳이기도 하다. 정철의 사당인 '정송강사'는 묘소와 사당, 신도비, 유물전시관 등으로 이루어져 있다. 그중 송강의 묘소로 향했다.

풍수의 기본은 장풍(藏風)과 득수(得水)이다. 장풍은 곧 바람을 막아 주고, 득수는 물을 얻는 것이다. 풍수에서 가장 중요한 것이 맑은 바람과 물이라는 것은 앞에서도 여러 번 강조했다. 장풍을 하려면 좌청룡과 우백호의 산들이 포근하게 감싸 주어야 한다. 또한 주산은 묵직하게 서 있고, 안산이 있어야 한다.

송강의 묘 터는 안산이 책을 펴 놓은 모습이다. 묘 터가 앞산의 책상 모양의 산을 바라보고 건좌손향(乾坐巽向, 서북방에서 동남쪽을 바라보는 좌향)으로 자리하고 있으니 귀인독서형(貴人讀書形, 귀한 사람이 책을 읽고 있는 형국)이다. 오른쪽 환희산 정상에서 남으로 꿈틀꿈틀 용이 내려와 문필 3봉(환희산, 국사봉, 은골)의 능선 위에서 혈이 맺히는 명당의 혈지(穴地)를 차지하고 있다. 이처럼 좌청룡 우백호의 형상과 입수[산줄기의 정기가 모인 혈(穴)로 이어지는 곳]와 혈을 모두 얻었으니 분명 명당이다. 다만 한 가지 안산이 지나치게 위엄이 있고 혈전에 물을 가두어 두는 역사(逆砂)를 이루고 있는 것이 아쉽다.

가산리 마을

청주에 가산리(駕山里)라는 마을이 있다. '가산'은 말이나 소에게 멍에를 씌운다는 의미이다. 마을 입구에 들어서니 크고 작은 묘들이 눈에 띄었는데, 그중 말 잔등처럼 미끈하게 동산을 이룬 언덕에 청주 한씨의 시조로 꼽히는 한란(韓蘭)의 묘가 있었다. 그곳에서는 '태위공의 묘소'로도 불린다.

청주 한씨의 《세적년보(世蹟年譜)》에 한란에 대한 기록이 남아 있다. 한란은 청주의 방정리(속칭 대머리)를 개척하고 지방의 호족으로 군림했다. 왕건이 후백제 견훤을 정벌하기 위해 청주를 지나갈 때 군량미를 풀어 도움을 주었다. 그리고 그의 일족과 함께 참전했다고 전해진다. 그 공으로 훗날 삼중대광태위에 올랐다.

한란의 묘는 속리산에서 뻗어 온 산맥이 국사봉으로 극기를 한번 크게 웅축시키고 북쪽으로 크게 낙하했다 다시 솟아난 곳에 자리 잡고 있었다. 묘소 주변의 산은 꽃잎처럼 산봉우리를 맞대고 바라보며 일자형의 정상을 이뤘다. 서남향에서도 묘소로 맥이 들어온다. 혈맥은 건입수(乾入首, 북동쪽에서 용맥이 들어온다), 방향은 동남향이다. 묘역을 감싸 주는 습기를 살펴보면 서남향에서 물이 흘러와 동남향으로 빠져나간다. 물이 빠져나가는 곳에는 용과 뱀의 형상을 띤 언덕들이 서로 머리를 들이밀며 가로막으니 물의 흐름이 적절히 조절된다. 아울러 국사봉이 문필봉(둥근 붓끝 모양의 산)이니 이 또한 명당의 형세를 갖추었다 할 것이다. 그 옆의 아미산은 아름다운 여성을 뜻한다. 신선이 붓글씨에 심취해 있고 그 옆에서 자태가 고운 여인이 다소곳이 앉아 있는 형국이며 준마에 안장을 얹은 형국이다.

좌청룡의 첫마디가 부러져 있으니 장손 가계의 명맥은 어려우나, 우백호의 발달로 수많은 왕비가 배출될 것으로 풀이되었다. 실제 후손들을 살펴보면, 고려조에서 이름난 학자 14명이 나왔고, 조선조에서는 상신(相臣, 삼정승을 아울러 이르는 말)이 13명 나왔다. 왕비 7명, 임금의 사위 4명도 나왔으니 터의 운대로 되었다 볼 수 있다. 현대에 이르러서는 국무총리를 지낸 한승수, 장관을 지낸 한완상 등이 있다. 한란의 묘에 깃든 발복의 기운이 상당 부분 후대에 영향을 미쳤다고 볼 수 있다. 그러나 발복도 정성을 들여야 그 기운대로 실현된다. 조상에게 효와 덕을 다한다는 마음가짐이 우선인 것이다.

풍수는 곧 환경운동이다

풍수란 무엇인가? 풍(風)은 바람이요, 수(水)는 물이다. 즉, 바람과 물이다. 바람이란 곧 공기이니 한마디로 말해서 공기와 물과 땅에 관한 학문이 풍수지리학이다.

상식적으로 판단해 보자. 풍수학이 기본적으로 사람이 잘살 수 있는 땅과 집을 찾는 것이라면, 공기 좋고 물 맑은 곳이 그런 곳 아니겠는가? 그러니 사람 살기에 적합한 온화한 기후, 습도, 풍향 및 풍속, 태양 빛과 달빛, 별빛을 고루 갖춘 곳을 찾는 것이 풍수의 목적인 셈이다.

풍수지리학이 전해 내려오면서 기학(氣學) 혹은 방위학(方位學)이 되어 버린 감이 있지만, 양택이든 음택이든 좋은 환경을 찾으려는 학문으로 이해하는 것이 더 바람직할 것이다.

사람이 살아가는 데 꼭 필요한 것이 물이다. 물은 모든 생물체를 유지시키는 근본 요소다. 지상의 물은 공기를 순화시키고 온도와 습도를 조절해 생물이 살아갈 수 있는 환경을 만들어 준다. 물이 없는 곳에는 아무것도 살아남지 못한다. 그래서 조물주도 사람과 우주의 4분의 3을 물로 만들었던 것이다. 바람, 즉 공기 역시 생명체에게 없어서는 안 될 요소다.

풍수지리학은 깨끗한 바람과 맑은 물을 찾고 지키기 위한 지혜이다. 그런 점에서 환경학의 정수라 할 수 있을 것이다.

풍수는 자연을 지키는 운동

1972년 스웨덴 스톡홀름에서 유엔인간환경회의가 열린 이후 환경 문제는 세계적인 관심사가 되었다. 선진국과 개발도상국가, 유럽과 아시아 나눌 것 없이 환경 문제가 지구의 해결해야 할 첫 번째 과제가 되었다.

1987년 환경과 발전에 관한 세계위원회에서 채택한 〈브룬트란트 보고서〉에서도 인류가 현재와 미래에 물질적 풍요를 누리면서 환경도 보호할 수 있는 지속가능한 발전 개념을 제기했다.

환경 문제는 크게 보면 공기와 물의 오염 문제이다. 물과 공기 이 두 가지는 인간에게 가장 귀중한 자원이다. 아무리 경제가 발전하고 산업화가 이루어져도 물과 공기 없이 생존할 수 없다. 우주를 왕래하는 첨단 과학이 발전하고 컴퓨터로 모든 업무가 이루어진다 해도 물과 공기가 없으면 인간이 존재할 수 없는 것이다.

결국 유엔에서 적극 추진하고 있는 환경학, 환경운동은 물과 공기를 살리는 데 목적을 두고 있다. 이는 풍수지리학의 근본 목적과 일치한다. 환경학과 환경운동이 서양에서 비롯된 것이 아니라 이미 풍수지리학을 통해 주창돼 왔음을 기억해야 할 것이다. 우리 조상은 옛적부터 좋은 물과 공기를 찾고 지키려 힘써 왔다는 것에 자부심을 느껴도 좋으리라.

지금처럼 무절제한 개발과 자원 소비가 지속되면 물과 공기가 갈수록 오염되어 좋은 땅, 좋은 집터는 사라지게 될 것이다. 명당으로 알려진 곳 중에서 그 기운이 이미 쇠한 곳도 많다.

환경을 오염시키는 데 앞장선 사람이 돈 좀 벌고는 명당을 찾아다니는 모습을 보면 한심하기까지 하다. 환경오염을 막는 일이 좋은 땅을 지키는 일 아닌가. 풍수지리학의 정통성을 이어 가는 것이 환경을 지키는 지름길임을 다시 한번 강조하고 싶다.

5
부

점성술,
타로, 토정비결,
꿈, 생활역학 이야기

로또가 등장하면서 일확천금을 꿈꾸는 사람이 많아졌다. 그래서인지 나에게 "제 사주팔자에 복권이 당첨될 운이 있나요?" 또는 "복권 당첨 숫자를 알 수 있나요?" 등을 많이 물어온다. 심지어 복권이 당첨되면 당첨액의 반을 줄 테니 숫자를 알려 달라는 사람도 있었다.

첫 번째 질문에는 어느 정도 답변할 수 있지만 두 번째 질문에는 대답하기 쉽지 않다. 당첨 번호를 미리 알 수 있다면 내가 그 번호를 쓰지 왜 다른 사람에게 알려 주겠는가. 무속인에게 큰돈을 주고 복권 당첨 번호를 샀다가 돈만 날려 그 무속인을 고발한 사건도 있었다.

왜 당첨 번호를 알 수 없을까? 물론 주역점을 잘 활용하면 당첨 번호 등 알고 싶은 특정 숫자를 산출해 낼 수 있다. 하지만 신비롭게도 주역점은 도박이나 복권 구입 등 노력이 뒤따르지 않는 행위에는 효력을 발휘하지 않는다.

사이비(似而非)는 외모는 그럴듯하지만 본질은 전혀 다른, 즉 겉과 속이 전혀 다른 것을 의미하며, 선량해 보이지만 실은 질이 좋지 못하다.

일찍이 공자는 사이비를 위와 같이 정의했다. 아울러 "덕을 해치는 사람"이라 규정했다.

사이비란 얼핏 보면 진짜 같지만 사실은 가짜인 것을 두고 하는 말이다. 잡초의 일종인 피가 무성하면 벼가 제대로 자랄 수 없기 때문에 뽑아내야 한다. 하지만 피가 워낙 벼와 비슷하게 생겨 쉽게 가려내기 어렵다. 그렇다고 해서 그대로 방치하면 농사를 망치게 된다. 공자는 이런 피 즉, 사이비를 미워했다.

성경에도 비슷한 이야기가 나온다. 〈마태복음〉 13장 30절이다.

추수할 때까지 함께 자라게 놔 두어라. 추수할 때, 내가 일꾼들에게 먼저 가라지를 거두어 묶어서 불에 태우고, 밀은 거두어 곳간에 쌓으라고 하겠다.

현재 우리 사회에도 진짜 행세를 하는 사이비들이 판치고 있다. 진면목을 살펴보는 지혜가 어느 때보다 절실한 시기이다.

점
성
술
/
타
로

별을 보며 인생을 점치다

저렇게 많은 별 중에서
별 하나가 나를 내려다본다
이렇게 많은 사람 중에서
그 별 하나를 쳐다본다.
－김광섭의 시 〈저녁에〉에서

자연계의 숱한 물상 중에서 별이야말로 인간들에게 가장 시적, 예술적 감흥을 불러일으키는 존재다. 서양의 점성학에서는 자신이 타고난 별자리로 어느 정도 운명이 결정되어 있다고 믿었다. 위 시는 무심코 보면 그다지 특별할 것이 없다. 지상의 인간이 그저 별을 올려다보고 있을 뿐이다. 그러나 깊이 성찰해 보면 심오한 울림을 준다. 몇천 광년 전에 빛을 쏘아 올린 별 하나와 현재의 내가 조우하는 순간의 우주적 사건인 것이다. '저렇게 많은 별' 중 하나와 '이렇게 많은 사람' 중 하나가 서로 바라보는 그 특별한 만남에는 어떤 자연의 계시가 깃들어 있다고 볼 수 있는 것이다. 이것이 점성학의 출발이다.

우리나라 사람들이 사주를 많이 보는 것과 같이 서양 사람들은 하늘의 별을 보면서 미래를 점쳐 왔다. 사주명리학과 점성학은 인간의 운명을 점친다는 점에서 유사하다. 사주명리학이 동양의 학문이라면, 점성학은 서양의 학문이다.

점성학은 고대 그리스에서 시작되었다. 점성술(Astrology)이란 단어는 그리스어로 별을 뜻하는 Astro와 말(Word) 혹은 공부(Study)를 뜻하는 Logos의 합성어다. 점성술은 천문학과 역사를 함께해 왔다. 17세기 이전까지는 점성술(Astrology)과 천문학(Astronomy)이 같은 의미였다. 즉 천문학자와 점성술사는 같은 사람이었다. 다만 천문학은 과학적으로, 점성술은 철학적으로 발전해 갔다는 점이 조금 다를 뿐이다.

르네상스 시대에 점성학은 잠시 엉터리 학문 취급을 받았는데, 현대에 이르러 심리학과 융합되기에 이른다. 그래서 현대의 점성학을 심리점성학이라고도 한다. 심리학자 칼 융은 별자리 차트를 띄워 놓고 내담자와 상담했다고 한다.

점성술은 별을 보고 점을 치는 것이다. 주로 12궁도를 놓고 운명을 판단한다. 12궁은 춘분점을 기준으로 황도(黃道)의 둘레를 12등분하며 매겨 놓은 별자리 이름으로, 절기와 관련 있다. 백양궁(양자리), 금우궁(황소자리), 쌍자궁(쌍둥이자리), 거해궁(게자리), 사자궁(사자자리), 처녀궁(처녀자리), 천칭궁(천칭자리), 천갈궁(전갈자리), 인마궁(궁수

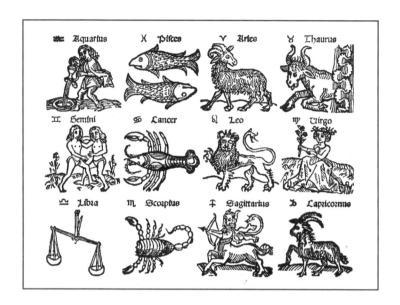

황도대 별자리(16세기 목판화)

자리), 마갈궁(염소자리), 보병궁(물병자리), 쌍어궁(물고기자리)이 12궁(宮)
이다. 생년월일에 따라서 별자리가 정해지고, 별자리로 그 사람의 성
격과 기질, 운명을 내다본다.

별자리 성격

여기서는 간단히 별자리별 성격을 알아보자.

물병자리(1월 20일~2월 18일): 타인을 분석하고 꿰뚫어 본다. 그런 능
력으로 타인을 성장시킨다. 지적 욕구가 강하고 이상을 지향한다.

물고기자리(2월 19일~3월 20일): 인간적이고, 타인에게 관심이 많다. 배려심이 깊고 친절하며 따뜻하다. 상상력이 풍부하고 창조적이다. 작가, 예술가 등이 많다.

양자리(3월 21일~4월 19일): 주도적이고 적극적이며 자기주장이 강하다. 개척정신이 뛰어나고 새로운 것에 도전하는 데서 희열을 느낀다. 대담하고 혁신적인 계획을 좋아한다.

황소자리(4월 20일~5월 20일): 신중하고 진중하며 객관적인 판단력을 근거로 일을 추진해 나간다. 원칙을 중요시하고 엄격하며 책임감이 강하다. 믿음직스럽고 성실하다.

쌍둥이자리(5월 21일~6월 21일): 총명하며 재주가 많다. 재치가 있고 사교적이며 매혹적인 매력을 풍긴다.

게자리(6월 22일~7월 22일): 감수성이 예민하고 감각이 발달되어 있으며 감정을 솔직히 드러낸다. 매사에 느긋하고 친절하나, 수동적이다.

사자자리(7월 23일~8월 22일): 배짱이 있고 추진력이 뛰어나다. 낙천적이고 관대하며, 순간적인 판단력과 결단력이 뛰어나 일을 앞서 이끌어 간다.

처녀자리(8월 23일~9월 23일): 생각이 깊고 책임감이 강하다. 지적 욕구가 강하고, 말과 행동이 일치한다.

천칭자리(9월 24일~10월 22일): 매력이 넘치고 순발력이 뛰어나다. 이해력이 빠르고 지적이며 창조적이다. 사려 깊어 대인관계도 좋다.

전갈자리(10월 23일~11월 22일): 배려심이 깊다. 타인의 입장을 잘 헤아리고 통찰력이 뛰어나다. 일을 여러 측면에서 바라봄으로써 정확하게 간파하는 능력이 있으며, 욕망과 야망이 있어 추진력도 강하다.

궁수자리(11월 23일~12월 24일): 감수성이 뛰어나 감정의 기복도 있다. 기분 좋을 때는 열정적이고 적극적이며 관대하지만, 그렇지 않을 때는 변덕이 심하고 무책임하다.

염소자리(12월 25일~1월 19일): 헌신적이고 책임감이 강하다. 안정적이고 안전한 상황에서 능력을 한껏 발휘하고 성과도 많이 낸다.

타로의 역사

타로의 기원에 대해선 중국 기원설, 이집트 기원설, 인도 기원설, 수피 기원설, 카발라 기원설 등 설이 다양하다. 중국 기원설은 갑골 문자에서 유래된다. 거북의 등딱지나 짐승 뼈에 문자를 새겨 점을 쳤 다는 갑골(甲骨)에서 타로의 기원을 찾고 있다. 갑골은 1898년 중국 의 소둔이라는 마을에서 발견되었다. 이상한 표시가 되어 있는 뼈 조 각이 무더기로 나왔다고 한다.

이집트 기원설 배경은 이렇다. 이집트 신전 '비밀의 방'에는 실물 크 기의 그림 11개가 두 줄로 총 22개 늘어서 있다고 한다. 마법사의 제 자들이 이 비밀의 방을 지나면서 이 22개 그림에서 지혜를 얻었다고 한다. 이 22개 그림이 현재 메이저 카드 22장의 모체라는 설이 있다.

인도 기원설은 인도의 차투랑가(chaturanga)라는 놀이에서 타로를 비롯한 트럼프, 장기, 체스 등이 나왔다는 설이다. 타로에는 왕, 귀족,

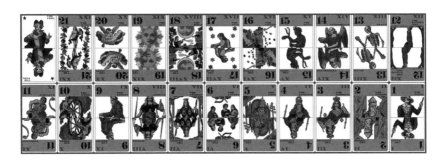

메이저 카드 22장

신하, 평민이 그려져 있는데, 이런 중세의 신분 체계가 인도의 카스트에서 유래되었다는 주장과 관련 있을 것 같다.

수피 기원설도 있다. 수피는 이슬람의 신비주의 종파다. 이슬람은 숫자 13을 신성시하는데 카드를 펼치는 사람까지 하면 14가 된다. 이를 바탕으로 마이너 카드 4종류를 만들어 현재처럼 마이너 카드가 56장이 되었다고 전해진다. 중세 유대교 신비주의인 카발라에서 나왔다는 설도 있지만, 정확한 내용은 알 수 없다.

타로의 구성

보통 사용되는 타로는 메이저 카드 22장과 마이너 카드 56장으로 이루어져 있고, 카드 78장 전체를 덱(deck)이라고 한다. 그러나 이는 현대적인 타로 형태다. 고전 타로 중에는 78장보다 많은 경우도 있었다. 카드 하나하나를 아르카나(Arcana)라고 하는데 '비밀', '신비한 것'이라는 뜻이다. 이런 이유로 메이저 카드를 메이저 아르카나(Major Arcana), 마이너 카드를 마이너 아르카나(Minor Arcana)라고도 한다.

타로를 비롯한 운명학과 점술은 앞날의 길흉을 마치 하나의 이야기처럼 엮어서 들려준다. 누구나 마찬가지일 텐데 인생사는 굵직굵직한 사건들과 그 사건들을 구성하는 작은 요소들로 이루어져 있다. 메이저 카드는 이 중에서 큰 틀을 읽어 내고, 마이너 카드는 작은 요소들을 읽어 낸다고 보면 된다.

지금까지 보존된 가장 오래된 타로는 1392년 화가이자 점술가인 자크맹 그랭고노(Jacquemin Gringonneur)가 프랑스의 샤를 6세에게 봉헌한 3세트의 메이저 카드이다. 현재는 대부분 유실되고 17장만 파리 국립도서관에 보관돼 있다. 1415년 이탈리아에서 제작된 비스콘티 스포르자(Visconti Sporza) 카드는 비록 후대에 일부 다시 제작되기는 했지만 78장이 모두 있어 이 카드로 타로의 원형을 유추해 볼 수 있다.

타로에 대한 기록은 프랑스, 이탈리아 등지에서 14세기부터 보이기 시작하고, 15세기경 타로가 활발히 제작된다. 이로 미루어 볼 때 14세기에 타로가 만들어진 게 아닐까 싶다. 프랑스에서는 타로(Tarot), 이탈리아에서는 타로치(Tarocchi)로 불렸다.

타로에 대해 처음 구체적으로 다룬 책이 《고대세계와 현대세계의 비교분석》인데, 이 책은 1782년 고대 지식에 능통한 프랑스 학자 앙투완 쿠르 드 제블랭(Antoine Court de Gébelin)이 썼다. 이 책에서 제블랭은 고대 이집트의 종교와 철학에서 타로의 도안, 상징 풀이 등이 나왔으며, 문자와 지혜의 신인 토트(Thoth)가 썼다고 전해지는 《토트의 서(Book of Thote)》를 분석하는 열쇠가 타로라고 주장했다. 또한 타로(Tarot)의 Tar는 길[道] 또는 법(法)을, Ro는 왕 또는 황제를 뜻해 타로는 '황제의 길[皇道]'또는 '왕의 길[王道]'을 뜻한다고 주장했다.

제블랭의 책이 출판된 지 2년 뒤인 1784년 프랑스 점술가 알리트(Alliette)가 자신의 이름을 거꾸로 한 에텔라(Etteill'a)라는 가명으로 에텔라 타로를 만들어 카드의 역방향을 최초로 활용했다. 역방향 카드는 정방향 카드의 강화 혹은 약화, 반대 등으로 해석했다.

1789년 프랑스대혁명으로 타로가 놀이에서 운명을 점치는 도구로 변했다. 1850년대 중반 알퐁스 루이 콩스탕(Alphonse Louis Constant)은 자신의 이름을 엘파스 레비(Elphas Levi)라는 히브리어로 바꿔 가명으로 1855년《초월마법교회》를 출간했는데, 여기서 처음으로 타로와 카발라의 연관성을 언급했다. 프랑스 신비주의자들이 타로의 기본 체계를 세웠고, 이후 영국의 마술 결사 모임인 '황금새벽회'가 완성시켰다. 그리고 아서 에드워드 웨이트(Arthur Edward Waite)가 웨이트 타로를, 알레이스터 크롤리(Aleister Crowley)가 토트 타로를 개발하여 발전시켰다.

───── 곁들여 읽기 ─────

타로 리더의 자세

타로카드를 읽고 점을 쳐 주는 사람을 타로 리더(tarot reader)라 한다. 타로 리더는 타로카드를 읽을 때 일정한 순서와 규칙을 따라야 한다. 타로는 트럼프 같은 단순한 놀이 수단이 아니기 때문이다. 한 사람의 인생사에 중대한 영향을 끼칠 수 있는 점술 도구이니, 다음 사항을 염두에 두고 신중하게 읽어 줘야 한다.

구체적으로 질문해야 한다

내담자의 질문 포인트가 정확히 무엇인지 찾아내려면 구체적으로 질문하는 게 좋다. 그래야 적중률 높은 답을 줄 수 있다. 예를 들어 '결혼운은 어떨까?'라는 질문보다는 지금 사귀는 사람과 앞으로 어떻게 될지를 묻는다.

또한 알고 싶은 일의 시기는 오늘, 일주일, 한 달처럼 구체적이면 더욱 좋다. 타로는 현재 진행 중이거나 가까운 미래에 일어날 일의 길흉을 판단하는 데 강점이 있다. 반면, 각자 타고난 선천적인 운, 인생 전반을 장기적으로 알아보는 것은 사주명리학이나 점성술로 판단하는 것이 훨씬 적중률이 높다.

정신을 집중한다

타로는 맑은 정신으로 마음을 가다듬은 후 읽어야 한다. 카드를 하나씩 천천히 살펴보고 정신을 집중해 카드가 상징하는 내용을 알아내야 한다.

타로 배열법을 정한다

스프레드(spread)를 정한다. 스프레드는 말 그대로 점을 치기 위해 카드를 바닥에 펼치는 것을 뜻하며, 그 전에 카드를 섞는 방법으로는 바닥에 놓고 섞는 방법, 양손으로 카드를 튕기면서 섞는 방법 등 다양하다. 내담자가 뽑은 카드들을 어떻게 배치하느냐에 따라서 스토리 구성이 달라질 수 있다.

타로는 상담이다

타로 리더는 내담자에게 상담자 입장에서 조언해야 한다. 상담자가 앞날이 백 퍼센트 결정된 것처럼 말하면 내담자는 지나치게 낙담하거나 낙관하게 된다. 설령 불길한 카드가 나왔더라도 앞으로 나쁜 일이 꼭 생긴다기보다는 조심하는 것이 좋다는 의미일 수 있으니, 그 선에서 말을 해 주는 게 좋다. 인생의 주체는 어디까지나 내담자 본인이므로 타로 리더는 언제나 내담자의 입장을 헤아려 가장 최선의 선택이 무엇일지 조언해 주어야 한다. 이것은 운명학을 공부하는 모든 사람이 마음속에 새겨야 할 점이다.

같은 문제로 두 번 점을 치면 안 된다

긍정적이든 부정적이든 답을 인정해야 한다. 부정적인 답이 나왔다고 해서 같은 문제로 다시 점을 치면 안 된다. 부정적이거나 불길한 카드는 내담자를 각성시키기 위한 악역을 맡았을 뿐이다. 그 카드들에는 나쁜 결과에 이르지 않도록 하는 어떤 방법이나 힌트도 숨겨져 있다. 타로카드는 항상 든든한 후원자 역할을 한다. 긍정적인 작용을 할 뿐 부정적인 작용은 하지 않는다. 부정적인 카드는 자상한 부모님, 좋은 친구, 훌륭한 스승의 쓰디쓴 조언쯤으로 받아들이는 것이 좋다.

맹신은 언제나 위험하다

한국에서 타로 열풍이 분 것은 압도적인 시청률을 기록했던 드라마 〈겨울연가〉 때문이었다. 드라마에서 남녀 두 주인공의 운명적 관계가 타로로 암시된다. 이후 한국에서 타로 열풍이 불었다. 〈꽃보다 남자〉, 〈마왕〉, 〈아이리스〉, 〈더킹 투하츠〉 등에서도 타로 보는 장면이 나온다. 이제는 드라마에 타로가 등장하는 것이 전혀 어색하지 않다. 타로가 대중화되었다는 방증이다.

가볍게 수시로 점을 보는 시대

특히 타로는 젊은이들 사이에서 인기가 많다. 젊은이로 붐비는 홍대 거리에도 타로점집이 꽤 많다. 예전에는 나이 든 아주머니들이 골목길 허름한 철학관이나 점집에 주변의 시선을 의식하며 슬그머니 찾아들었는데, 요즘은 가장 번화하고 번잡한 젊은이의 거리에 당당하게 그런 집들이 들어서 있다. 재미로 보는 '오늘의 운세'가 대다수 일간지나 스포츠 신문에 연재되고 있는 것을 보면, 그것을 보면서 하루의 출근길을 여는 사람이 많다는 얘기이리라. 국내 역학 상담사와 무속인 수가 100만 명이 넘고, 점술 산업이 연간 4조 원에 이른다니 바야흐로 '점 보는 사회'인 셈이다.

사주, 궁합, 풍수, 성명, 관상,《토정비결》등이 음양오행, 육십갑자, 《주역》등을 비롯한 동양철학에 뿌리를 두고 출발하였다면 타로, 별자리, 집시카드 등은 서구의 오컬트(과학적으로 해명할 수 없는 신비적, 초자연적 현상)적 전통에 뿌리를 두고 있다.

스마트폰만 열면 언제든 손쉽게 포털 검색창이나 커뮤니티 페이지에서 타로, 별자리, 사주, 궁합, 작명 관련된 키워드를 검색할 수 있다. 개인 맞춤형 애플리케이션도 급증하고 있다. 구인, 구직 아르바이트 전문 사이트에서 전국 1608명의 젊은이를 대상으로 설문 조사한 결과에 따르면 10대에서 30대 10명 중 9명이 운세를 본 경험이 있다고 대답했다. 10대와 20대는 연애운, 30대는 재물운에 관심이 있는 것으로 조사되었다. 운세를 보는 이유로는 막연한 호기심이 42.7퍼센트로 가장 많았고, 불안한 미래가 22.9퍼센트로 그다음을 차지했다. 점은 곧 미신, 사이비라는 부정적인 인식이 많이 누그러진 것이다. 더욱이 타로가 등장하면서 이전처럼 점을 진지하게 보는 게 아니라 가볍게 볼 수 있다는 인식도 빠르게 확산되었다.

'어른들' 자리를 대신한 타로

예전에는 동네마다 고민을 상담할 수 있는 어른이 있었다. 이를테면 동네 훈장 선생님이나 산속의 큰스님 같은 분들이다. 하지만 요즘은 이런 어른을 만날 수 없어 고민을 털어놓을 대상도 사라져 버렸다. 그 자리를 타로가 대신하고 있는 듯하다.

이런 현상이 한편 우려스럽기도 하다. 타로에 너무 의존할까 싶어서다. 이 집 저 집 타로 투어를 할 시간에 책을 한 권 더 읽으라고 권하고 싶다. 타로 상담가들도 돈벌이에만 급급해 젊은이들을 현혹하지 말길 바란다. 맹신하게 하는 타로, 집착하게 하는 타로, 현혹시키는 타로, 결정론에 빠진 타로, 돈벌이에 연연하는 타로는 사라지길 희망한다. 타로 상담가들이 젊은이들이 성실히 공부해 자기 삶을 적극적으로 개척할 수 있도록 조언하고 이끌어 줬으면 좋겠다.

신문 등에 연재되는 '오늘의 운세' 내용을 대할 때도 마찬가지다. 나는 꽤 오랜 시간 몇몇 일간지에 오늘의 운세를 연재했다. 오늘의 운세는 믿을 만할까? 연재 장본인으로서 그냥 재미로 보라고 조언하고 싶다.

사람의 사주를 보려면 연월일시를 정확히 알고 그것을 근거로 판단해야 하는데, 신문에 실린 오늘의 운세는 그러한 과정이 생략되어 있다. 당연히 적중률이 떨어질 수밖에 없다. 오늘의 운세가 좋으면 활기차게 하루를 시작하고, 나쁘면 신중하게 하루를 보내면 될 듯하다.

징크스 대처법

징크스(Jinx)란 말은 고대 그리스에서 마술에 쓰던 딱따구리의 일종인 '개미잡이(Jynx torquilla)'에서 유래했다. 원래는 불길한 징후를 뜻하지만, 보통은 선악을 불문하고 불길한 사물 또는 현상, 사람의 힘으로는 어쩔 수 없는 운명적인 일 등을 말한다.

우리나라 사람들은 숫자 4(四)를 죽을 사(死)와 동일시해 불길하게 여긴다. 이 때문에 병실 호수나 엘리베이터 숫자 버튼 등에 4는 쓰지 않는다. 또한 아침부터 까마귀가 울거나 검은 고양이를 보면 꺼림칙해한다. 아침에 보는 장례차도 재수 없는 일로 여긴다. 재미난 징크스도 있다. 드라마나 영화 촬영 중에 귀신이 나타나거나, 화재가 나거나 다치거나 하는 대형사고가 나면 대박 난다는 기대가 그것이다. 다친 사람만 억울한 일이다. 서양에서는 '13일의 금요일'을 불길한 날로 꺼린다.

밤비노의 저주

징크스는 특히 운동경기와 관련된 것이 많은데, 그중 하나가 그 유명한 '밤비노의 저주'다. 보스턴 레드삭스는 1901년 창단돼 1903년 첫 월드 시리즈 우승 이래 1918년까지 5회의 우승을 거머쥔 명문 구단이다. 당시 월드 시리즈에서 투수로 활약하다 타격 자질을 인정받아 외야수이자 타자로 전향한 젊은 선수가 있었으니 그가 바로 베이브 루스이다. 그러나 이 루스를 보스턴 레드삭스는 과소평가해 '뉴욕 양키스'에 헐값으로 트레이드했다.

이후 뉴욕 양키스는 루스의 폭발적인 홈런에 힘입어 메이저리그 최고 명문 구단으로 성장했다. 2000년까지 총 26회에 달하는 월드 시리즈 우승을 차지했다. 반면 루스를 양키스로 트레이드한 이후 보스턴 레드삭스는 2004년까지 단 한 번도 월드 시리즈에서 우승하지 못했다. 1975년과 1986년 2번 월드 시리즈에 올랐지만 패배했다. 이를 두고 언론들이 '밤비노[밤비노는 이탈리아어로 '갓난아기'인데 영어 베이브(babe)와 뜻이 같다. 루스의 예명인 베이브를 빗대어 밤비노라고 한 것]의 저주'라고 기사화했다. 이후 '밤비노의 저주'란 표현은 월드 시리즈에서 우승하지 못한 보스턴 레드삭스의 계속되는 불운, 불행을 의미하는 말로 쓰이게 되었다.

또 다른 징크스로 '염소의 저주'가 있다. 빌리(Billy)라는 시카고 컵스 팬은 시카고 컵스 홈구장에 염소를 데려와 관전하곤 했다. 1945년 홈구장에서 시카고 컵스와 디트로이트 타이거스가 월드 시리즈를 치를 때도 마찬가지였다. 그런데 시카고 컵스 사장이 염소가 냄새난다는 이유로 들어갈 수 없게 저지한 것이다. 격분한 빌리가 "다시는 시카고 컵스 홈구장에서 월드 시리즈를 치르지 못할 것"이라고 저주를 퍼부었다. 실제로 1945년 경기에서 시카고 컵스는 패했고, 이후 월드 시리즈에 진출한 적이 없다.

하지만 저주는 언젠가는 풀리는 법이다. '밤비노의 저주'는 2004년에 풀렸고, '염소의 저주'는 2016년 시카고 컵스가 월드 시리즈에서 우승하면서 풀렸다.

머피의 법칙

사람은 저마다 징크스를 갖고 있다. 운동선수처럼 하루하루 승부를 겨루어야 하는 직업의 사람들에게 유달리 징크스가 많다. 일례로 시합 당일에 수염을 깎지 않는 선수가 많다. 징크스는 과학적으로 설명되지는 않았지만, 경험상 나쁜 결과가 많았기 때문에 대비를 하게 되는 것이다.

징크스에 관한 법칙 중 가장 유명한 것이 '머피의 법칙'이다.

머피의 법칙은 1949년 미국 에드워드 공군 기지에서 일하던 머피 대위가 한 말에서 비롯되었다. 당시 미 공군에서는 조종사들 몸에 전극봉(몸에 붙였을 때 몸속의 심장, 폐, 장 등의 상태를 알려 주는 도구)을 붙여 비행기 속도가 갑자기 빨라질 때 몸에 어떤 변화가 일어나는지를 알아보는 실험을 했다. 그런데 실험 결과 아무 반응도 나타나지 않았다. 실패 원인을 조사해 보니 어이없게도 전기선을 연결하는 사람이 전극봉의 전기선을 제대로 연결하지 않았던 것이다. '작은 실수'가 실험을 망친 셈이다. 오랫동안 전극봉 설계를 해 온 머피는 이날 경험을 통해 "어떤 일을 하는 방법에는 여러 가지가 있고, 그중 하나가 문제를 일으킬 수 있다면 누군가는 꼭 그 방법을 사용한다"는 말을 했다고 한다. 어떤 일을 할 때 미리미리 여러 경우를 상상해 대비해야 한다는 의미로 한 말이겠지만, 이후 머피의 이 말은 '일이 좀처럼 풀리지 않고 오히려 자꾸 꼬여 되는 일이 없는 경우'를 일컫게 되었다. 반대로 하는 일마다 잘 풀리는 경우는 '샐리의 법칙'이라고 한다.

그 외에도 여러 법칙이 있는데, 지난 이사 때 없어진 물건은 다음번 이사 때 다시 나타난다는 '질레트의 이사 법칙', 펜이 있으면 메모지가 없고 메모지가 있으면 펜이 없는 '프랭크의 법칙', 일어나지 말았으면 하는 일일수록 잘 일어난다는 '겁퍼슨의 법칙', 집에 가는 길에 먹으려고 산 초콜릿은 쇼핑백 맨 아래에 놓여 있다는 '쇼핑백의 법칙' 등이 있다.

징크스 대처법 '루틴'

사람들은 징크스에 대응하기 위해 루틴(Routine)을 만들어 냈다. 루틴은 컴퓨터 용어로 '특정한 작업을 실행하기 위한 일련의 명령'을 뜻하는데, 스포츠 세계에서는 운동선수들이 '최상의 실력을 발휘하기 위해 하는 자신만의 고유한 동작이나 절차'를 말한다. 아무래도 긴장하면 제 실력을 발휘하기 어렵기 때문에 선수들은 루틴을 함으로써 집중력을 높이고 마음을 다스리려 애쓴다.

일본의 유명한 야구선수인 이치로는 타석에 들어서면 독특한 체조를 하며 자신의 루틴을 고집한다. 놀라운 것은 메이저리그에서 뛴 지 오랜 시간이 흐른 지금도 변함없이 그 동작을 반복하고 있다는 것이다. 심리학자들은 운동선수들에게 루틴을 권하고 있다. 루틴을 하지 않는 선수보다 루틴을 하는 선수들이 심리적으로 안정되어 성적이 좋기 때문이다.

토
정
비
결

《토정비결》이 사라진 이유

　《토정비결(土亭祕訣)》은 1년 12달의 운세를 판단하는 술서(術書)이자 예언서였다. 조선 중기의 학자인 이지함이 지었다. 《토정비결》의 '토정'은 이지함의 호이고, '비결'은 사람의 길흉화복을 적어 놓은 책을 뜻한다. 조선 후기 백성들 사이에 널리 퍼진 뒤 지금까지 운세를 점치는 도구로 쓰이고 있다.

　이지함(李之菡, 1517~78년) 선생은 포천 현감과 아산 현감을 지냈다. 궁핍한 백성들의 생활을 보고 항상 가슴 아프게 여겨 선정을 베풀었다. 이뿐 아니라 구체적인 구제책을 왕에게 상소하여 반영시키기도 했다. 아산 현감으로 있을 때에 걸인청(乞人廳)을 설치하여 흉년에 극빈자를 수용하는 등 기민(飢民) 구제 정책에 전력하기도 했다. 이런 성품을 갖고 있어 《토정비결》도 쓰게 되었으리라.

　《토정비결》은 사람의 사주(태어난 연월일시)를 바탕으로 한 해와 월의 운세를 세분화해 설명했는데, 구체적인 예언서라 당시 사람들에게 믿음을 얻었다. 현대에도 많은 사람이 연초에 《토정비결》을 보면서 한 해 운수를 점친다.

《토정비결》의 힘

우리나라에서는 《토정비결》을 보는 것이 새해를 여는 통과의례나 다름없다. 한 언론에 따르면 국민의 67퍼센트가 1년에 한 번씩 《토정비결》을 보고 있다고 한다. 그렇다면 종교를 초월하여 대다수가 《토정비결》에 관심이 있고 실제로 보고 있다는 말이다.

막 초등학교에 들어갔을 때 처음 《토정비결》을 접했다. 해마다 정초가 되면 한 달여 동안 할아버지의 사랑방은 인근에 사는 부녀자들과 먼 곳에서 찾아드는 친척들로 북적였다. 할아버지가 서고에서 보자기로 몇 겹을 싸서 소중하게 보관해 둔 책들을 꺼내는 순간, 방 안에 있던 모든 사람의 숨결이 일시에 멈출 정도로 긴장감이 흘렀다. 너무 오래되어 낡은 겉표지, 이끼가 낀 듯 고색창연한 그 책자가 바로 《토정비결》이었다. 한 장 한 장 넘길 때마다 오래된 세월의 먼지가 공기 중에 떠돌았다. 1년의 운명이 모두 그 안에 담긴 양, 집중하며 자신의 1년치 삶을 들었던 사람들의 표정이 지금도 생생하다.

대체 《토정비결》에 어떤 힘이 있기에 한 해의 운수를 점치는 세시풍속이 400년 넘게 이어져 올 수 있었던 것일까. 그 힘이 궁금하다.

민중을 깊이 연민한 토정

근래 들어 몇몇 학자와 역술가가 《토정비결》 원저자가 이지함이 아니라면서 설왕설래하고 있다. 후세에 누군가 쓰고 토정 선생이 명망이 높으니 그 이름을 빌려다 썼다는 주장이다. 그 근거로 "토정같이 천지조화와 만물의 이치를 터득한 분이 이치에도 맞지 않는 어린애 장난감 같은" 그런 책을 썼을 리 없다는 것이다. 이 말은 말 그대로 언어도단이다. "어린애 장난감 같은 내용"이었다면, 이토록 오래 이어져 올 수 없었을 것이다. 토정 이지함 선생의 삶을 되짚어 보면 현재의 《토정비결》은 그의 저술이 확실하다.

선생이 지은 본래의 《토정비결》은 백발백중(百發百中)하였다고 한다. 하지만 신통하게 잘 맞히다 보니 후유증이 심각했다. 잘산다는 점괘가 나오면 사람들이 아무 일도 하지 않으려 했다. 운이 나쁘다고 나오면 모든 것을 포기하고 방탕해지는 사람도 많이 생겨났다. 그래서 선생은 원본을 수제자를 통해 깊은 산속에 감추어 놓았다. 그리고 《주역》의 괘 중에서 하괘만을 사용케 하여 정확도를 떨어뜨렸다. 한마디로 재미로 볼 수 있는 정도로만 만든 것이다.

국가의 운명을 예언했던 이율곡과 달리 토정은 사회 속에서 경제의 흐름을 파악하여 집안과 국가 경제의 발전을 꾀했다. 이것은 토정이 수십 년간 민중과 어우러져 살아 가능했던 것이다. 그는 하층민들 삶이 좀 더 나아질 방법을 고민하고 모색했다. 그의 단 하나 소망은 힘없고 가난한 민중에게 희망을 주는 것이었으리라.

이런 이유로 현존하는 《토정비결》의 70퍼센트가 희망적인 문구로 되어 있다. 토정 선생이 살던 시기는 사화가 벌어지는 등 사회가 혼돈과 공포의 도가니였고, 임금 외척인 윤원형 무리의 부패까지 겹쳐 민중의 삶은 나날이 궁핍해지고 그로 인해 인심도 흉흉해져 갔다. 이런 배경에서 의적 임꺽정도 등장한 것이다.

토정 선생은 이런 환경 속에 놓인 민중에게 미래를 희망적으로 보게 할 무언가가 필요하다고 절감했고 《토정비결》에 그런 간절한 염원을 담았던 것이다. 이것이 수백 년간 《토정비결》이 전해 내려올 수 있던 힘이다.

토정 이지함

　토정 이지함 선생은 조선 시대 중종 12년 현령(縣令)이었던 이치의 아들로 태어났다. 고려 말 대학자인 목은 이색의 6대손으로, 한산 이씨다. 본명은 지함이고, 자는 형백(馨伯) 혹은 형중(馨仲), 호는 수산(水山) 혹은 토정(土亭)이다. 임금이 내린 시호는 문강(文康)이다.

　아버지를 일찍 여의고, 형 이지번(李之蕃)에게서 글을 배우다 개성의 송도에서 후학을 가르치고 있던 유명한 학자 화담(花潭) 서경덕(徐敬德) 선생에게서 배우게 되었다. 당시 동문으로 박순, 허엽 등 많은 이가 있다. 훗날 좌의정에 오른 박순은 그를 위해 많은 노력과 관심을 기울여 주었다고 한다. 토정이 수학, 의학, 점, 천문, 지리, 음양, 술서 등에 통달하게 된 것은 서경덕 영향이다.

　선생은 선조 6년에 육품의 벼슬에 올라 포천 현감, 아산 현감 등을 지냈고, 선조 11년에 향년 62세를 일기로 세상을 떠났다. 숙종 39년

(1713)에 이조판서로 추증되었고 문강이란 시호를 받았다. 서기, 남궁두, 정개청, 남사고 등 이후에 우리나라의 도맥(道脈)을 이끌어 간 출중한 역학자들이 선생의 제자였다.

선생은 생전에 율곡 이이와도 친분이 깊었다. 율곡이 성리학을 배우라고 권하자 "내가 욕심이 많은데 어떻게 배우겠는가?"라며 거절했다고 한다.

토정 선생은 명문가 양반으로 한평생 호의호식하며 살 수 있었지만, 기득권을 모두 버리고 가난한 민중 속으로 들어가 참된 역술을 펼쳤다. 자신의 역학 지식을 늘 힘없고 가난한 백성을 위해 썼으며, 관직에 있을 때는 사회복지도 실천했다. 걸인청을 만들었을 때 한 관리가 토정에게 "현감, 가난 구제는 나랏님도 못한다고 하는데 관청의 일을 가난한 사람에만 두셔야 되겠습니까?"라고 아뢰자 토정이 "여러 소리 하지 마라. 백성을 다스린다는 것은 백성을 살게 하는 데 있을 것이니 그밖에 더 큰일이 무엇이 있겠느냐?"라며 단호하게 물리쳤다는 일화가 있다.

토정은 기인, 점술가로 유명하지만, 박지원의 소설《허생전》의 주인공이기도 하다. 물산과 지리를 파악해 '유통' 개념을 생각해 낸, 최초로 자본주의 경제를 시도한 경제학자였다. 또한 토굴에서 살면서 빈민의 고통을 함께 나누고, 가난한 이들을 구제하려고 앞장 선 빈민 운동가이기도 했다. 세상을 떠날 때까지 가난한 민중의 삶을 바꾸어 주고자 노력한 참역학자였다.

석정이 되다

과거에는 《토정비결》이 《석중결(石中訣)》로 불렸다. 너무 완벽한 예언서라 석함 속에 넣어 몰래 전해 내려와 《석중결》이라 한 것이다.

나는 역학의 신비함에 빠져 20대에 계룡산, 속리산, 설악산, 지리산 등 전국 산을 누비며 유명하다는 역학 선생들을 찾아다녔다. 그러던 중 비밀리에 전해 내려오던 원본 《석중결》을 만나는 행운을 얻었다.

어느 날 지리산의 깊은 산골짜기에서 산발한 머리에 기운 장포를 입은 노인을 만났다. 토정 선생의 도맥을 이어 바위굴에서 살며 오직 공부에 전념하던 석정(石亭) 도인이었다. 그분 밑에서 1년여 동안 배웠다. 그때 토정 선생은 물론 서기, 남궁두, 정개청, 남사고, 홍경래, 전봉준, 손화중, 김개남, 석정으로 이어진 전통 민족 역학의 맥을 어렴풋이나마 알게 되었다. 그 덕분에 그 도맥의 문하(門下)에 들어가는 영광까지도 얻었다.

앞에서 언급했듯이 토정 선생은 원본을 석함에 넣어 수제자에게 건넨 후 깊은 산속으로 보냈다. 그 수제자에게 석정(石亭)이라는 호를 내려 주었고, 그 호는 계속 직계 제자에게만 물려주라는 유언도 남겼다고 한다. 이 석정을 통해 원본이 구전되고 있다. 토정은 책으로는 절대 전하지 못하게 했다.

석정 도인은 나에게 1년여 동안 원본을 알려 주면서도 책을 보여 주거나 글로 쓰거나 하는 일은 절대 하지 않았다. 작괘법부터 상수학의 대입법까지도 말로 전해 주셨다. 그렇다면 원본은 어디에 있을까. 석정 도인에게 여러 번 물었지만 가르쳐 주지 않았다. 십승지 중 한 곳의 깊은 산 바위굴에 숨겨져 있다는 말만 되풀이했다.

1년이 지나 원본을 다 익힐 무렵 그 도인은 내게 석정이란 호를 물려준 후 아무 말씀 없이 홀연히 사라져 버렸다. 이후로는 어느 곳에서도 만날 수 없었다.

원본 내용을 수많은 사람에게 적용해 본 결과 80퍼센트 정도가 정확히 맞았다. 말로만 전달되다 보니 백발백중이 어려워진 것이다. 하지만 80퍼센트만 해도 놀라운 수치라, 매우 정확히 전달되고 있다고 봐야 할 것이다. 깊은 산속 어딘가에 있을 원본 《석중결》을 찾을 수만 있다면 100퍼센트는 장담할 수 있겠지만, 정말 필요한 때가 아니면 발견되지도 찾을 수도 없을 것이니, 드러날 시기를 간절히 기다릴 뿐이다.

운명학은 더불어 살게 한다

　오래전, 신년 초에 한 TV 프로그램에 출연한 적이 있다. 토정비결을 놓고 몇 가지 실험을 했는데, 첫 번째 실험은 토정비결을 사람들이 얼마나 믿는지였다. 여성 20명에게 질문하자 13명이 믿는다고 손을 들었다. 믿지 않는다는 7명을 각각 상담실로 불러 토정비결을 봐주었다. 다만 긍정적이고 희망적인 1년 운세만 들려주었다. 그러고는 이 사실을 누구에게도 말하지 말라고 당부한 후 상담을 마쳤다.

　다시 20명에게 토정비결을 믿는지 묻자 이번에는 18명이 손을 들었다. 결국 자신의 운세가 좋게 나올 때 토정비결에 대한 신뢰도가 높았다. 우리 민족은 오랫동안 토정비결을 봐 왔다. 왜일까. 토정비결은 긍정적 내용이 70퍼센트 이상이다. 부정적 내용도 무엇을 하면 좋아진다는 등의 내용으로 구성되어 있다.

　또 다른 실험이다. 대학로 마로니에 공원에서 일반 시민들을 대상으로 토정비결을 봐 주었다. 그 전에 연극배우 두 명을 섭외해 거지로 분장시켜 근처에 대기시켜 놓았다. 처음에는 행인 10여 명에게 운세가 좋다, 나쁘다 정도로 토정비결을 단순하게 봐 주었다. 상담 후 돌아가는 사람들에게 거지로 분장한 연극배우가 따라가면서 구걸을 했다. 대다수가 모른 척하면서 가 버렸다.

이번에는 또 다른 10여 명에게 토정비결을 봐 주었다. 올해 이웃을 도우면 운세가 좋아지고 복이 들어온다고 말해 줬다. 상담 후 돌아가는 사람들에게 거지로 분장한 연극배우가 또 따라가 구걸을 했다. 대다수가 주머니에서 돈을 꺼내 도와주었다. 어떤 분은 만 원뿐이라면서 슈퍼에서 잔돈으로 바꾸어 자기 차비만 빼고는 모두 거지에게 주었다. 선행을 하면 운이 좋아진다는 말에 적극적으로 주변을 돕게 된 것이다. 종교가 사랑, 자비를 내세우며 착한 행동을 유도하는 것처럼 《토정비결》 같은 운명학도 사람들에게 더불어 사는 삶이 얼마나 큰 행복을 주는지 인식시켜 주는 학문이 되면 좋겠다.

적선지가필유여경(積善之家必有餘慶)

《주역》의 〈문언전〉에 나오는 구절이다. '남을 돕는 집안에는 반드시 경사스러운 일이 생긴다'는 말이다. 이처럼 운명학이 타인을 돕게 하고 더불어 살게 하는 훌륭한 도구가 될 수 있다고 나는 믿는다.

'벤저민 프랭클린 효과'라는 것도 있다. '도움을 준 사람이 도움을 요청한 사람에게 오히려 호감을 느끼는 현상'을 말한다.

벤저민 프랭클린이 펜실베이니아 주 의회 의원이었던 시절에 정적이 있었다. 그와 잘 지내고 싶으면서도 비위는 맞추고 싶지 않았던 프랭클린은 어느 날 아이디어를 냈다. 그가 매우 진귀한 책을 소장하고 있다는 소문을 듣고 그 책을 며칠 동안만 빌려 달라고 부탁한 것이다. 프랭클린은 며칠 후 책을 돌려보낼 때 감사 편지도 함께 보냈다. 이후 두 사람은 절친한 사이가 되었다.

프랭클린은 자서전에서 이 사례를 언급하면서 이렇게 말했다.

적이 당신을 한 번 돕게 되면 더욱 당신을 돕고 싶어 하게 된다.

타인에게 도움을 요청해도 친구가 될 수 있다.

꿈

미지의 세계, 꿈

꿈은 무의식으로 들어가는 왕도다.

정신분석학의 대가 프로이트의 말이다. 프로이트는 《꿈의 해석》이란 획기적인 책으로 20세기를 열어젖혔다. 그는 꿈을 평소 억압한 것들이 모여 있던 무의식의 발현으로 보았다. 또 프로이트 뒤를 이은 융은 분석심리학에서 꿈이 집단무의식의 표현이라 했다. 동양에서는 꿈을 예지몽으로 분석했다. 이처럼 동서고금을 막론하고 꿈은 단순한 만화경이 아니라, 개인의 욕망과 집단무의식이 표현된 것으로 보았다. 간혹 임산부가 아닌 주변 사람들이 태몽을 꾸어 주는 경우가 있는 걸 보면 꿈이 집단무의식의 표현이라는 융의 해석이 근거 없는 말은 아닌 듯하다.

비틀즈 멤버인 폴 매카트니는 어느 겨울밤 꿈속에서 어떤 멜로디를 들었다. 너무 생생해 잠에서 깨어나자마자 연주를 해 보았는데 선율이 무척 아름다웠다. 그 멜로디에 가사를 붙여 완성한 노래가 바로 〈예스터데이〉다. 이처럼 꿈은 창조의 원천이기도 하다.

간혹 전혀 꿈을 꾸지 않는다는 사람들이 있는데 기억을 못할 뿐 누구나 꿈을 꾼다. '좋은 꿈꾸라'는 밤 인사가 있을 정도로 누구나 꿈을 중요시한다. 그리하여 새해 첫날에 한 해의 길흉화복을 점치듯 이 특별히 좋은 꿈을 꾸기를 바라고, 남의 좋은 꿈을 사기도 한다.

꿈은 의식의 가면이 벗겨진 순수한 내면세계를 반영하여 자신도 미처 알지 못했던 사실을 자각하게 할 수 있다. 또 일시적 죽음과도 같은 수면 상태에서 보게 되는 장면들은 일종의 신적인 기운과 접촉하는 일로도 여겨진다. 그래서 꿈이 예사롭지 않은 것이다.

이런 이유 때문인지 예지몽(豫知夢)을 믿는 사람이 의외로 많다. 한 리서치 회사에서 조사한 바에 따르면 응답자의 약 3분의 1이 꿈이 들어맞은 일이 있었다고 답했다.

왕이 되는 꿈

조선을 건국한 이성계의 재위 기간은 1392년부터 98년까지이다. 그는 함경도 영흥(永興)에서 태어났으며 어려서부터 슬기롭고 용감했는데, 특히 활을 잘 쏘았다. 고려 말에 장군으로 출정하여 원나라의 쌍성총관부를 빼앗았으며, 홍건적과 왜구와도 싸워 승리했다. 1388년에 요동 정벌을 반대하다가 결국 출정했는데, 위화도에서 군사를 돌려 최영 등 반대파를 제거하고 권력을 잡았다. 그 뒤에 창왕(昌王)을 전면에 세우고 자신은 도총중외제군사(都摠中外諸軍事)가 되어 막강한 권력을 쥐었다. 정몽주 등을 제거한 뒤 공양왕을 내치고 왕위에 올라 이듬해 국호를 조선이라 고쳤다.

지금은 가 볼 수 없는 북한의 안변 어느 깊은 산골짜기에 이름 모를 큰 토굴이 있었다. 이곳에는 어디서 왔는지 근본을 알 수 없는 무학이라는 중이 살고 있었다. 그 중이 예언을 잘하고 영검이 있다 하여 안변 일대의 사람이 그에게 많이 모여들었다.

이성계는 맹호출림(猛虎出林)으로 유명한 영흥 출신답게 어릴 때부터 기골이 장대하고 용맹했다. 아버지 이자춘(李子春)은 쌍성총관부의 무사였는데, 이성계 역시 아버지를 따라 무술을 연마했다. 명산대찰을 두루 돌아다니며 무술을 갈고닦던 어느 날 이성계가 꿈을 꾼다. 다 허물어진 폐가 안으로 들어갔는데 서까래 세 개가 눈에 띄어 그것들을 등에 지고 나오는 꿈이었다.

며칠 뒤 이성계는 무학대사를 만나게 되었고, 그때 그 꿈 얘기를 들려주며 해몽을 부탁했다. 무학대사가 물었다.

"서까래 세 개를 지고 나왔다고 하셨나요?"

"그렇소이다."

"그것은 임금 왕(王) 자입니다. 장차 임금이 되실 징조입니다."

이성계는 그 말에 몹시 즐거워했다. 그래서 내친김에 그 전의 꿈도 들려주었다.

"그런데 내가 일전에는 좀 나쁜 꿈을 꾸었는데…."

"어떤 꿈입니까?"

"갑자기 꽃잎이 마구 떨어져 흩날리는 꿈이었소."

무학대사는 곧바로 꿈을 풀이했다.

"그 역시 좋은 꿈입니다. 꽃잎이 떨어진 뒤에는 열매를 맺는 게 자연의 이치가 아니겠습니까?"

왕 위에 오른 뒤 이성계는 무학대사를 위해 큰 절을 지어 주었다. 왕의 꿈을 풀이했다고 하여 석왕사(釋王寺)라는 이름을 붙였다.

박석명의 예지몽

소년 박석명(朴錫命)이 꿈을 꾸었는데, 꿈속에서 황룡(黃龍)이 자신의 곁에 있었다. 놀라 일어나 보니 옆에서 이방원이 자고 있었다. 박석명은 이방원에게 꿈을 이야기했다. 꿈대로 이방원은 왕이 되었고 이후 박석명을 끝없이 총애했다.

박석명은 10년간 지신사(知申事)로 있다가 지의정부사(知議政府事)로 승진했다. 대사헌도 겸직했다.

"누가 그대 박석명을 대신해 승지를 할 수 있겠소?"

태종은 박석명에게 후임자를 물었다.

"조신(朝臣)들 중에는 승지가 될 만한 사람이 없습니다. 오직 승추부도사 황희(黃喜)가 진실로 쓸 만한 사람입니다."

그의 조언을 들은 태종은 황희를 승지로 임명했다. 그 후 황희는 이름난 재상이 되었다. 이에 태종이 말했다.

"박석명만이 사람을 안다."

유방과 영락제의 꿈

나라를 건국한 왕들은 꿈을 꾸고 대업을 이뤘다는 이야기가 수없이 전해진다. 중국 한나라의 유방은 낮잠을 자다 기르던 양의 뿔과 꼬리가 잘려 나가는 꿈을 꾸었다. 불길했다. 그는 점술가에게 찾아가 꿈을 들려주었다. 점술가는 가만히 꿈을 곱씹은 후 풀어 주었다.

"양의 뿔이 잘려 나갔다는 것은 양(羊) 자의 뿔 부분이 잘려 나갔다는 말이니 장차 왕(王)이 되실 겁니다."

명나라 영락제가 연왕부(燕王府)에 잠시 머물던 시절, 하얀 모자를 쓰고 거리를 활보하는 꿈을 꾸었다. 평소 친분이 있던 도연선사에게 찾아가 꿈 이야기를 들려주었다. 선사는 미소를 지으며 말했다.

"왕(王) 자 위에 하얀[白] 모자를 올리면 황(皇) 자가 되니 제위에 오를 꿈이지요."

꿈을 이겨 낸 정호

"요즘 네가 공부를 열심히 하고는 있지만 모두 헛일이다. 너는 불운에 빠질 이름을 갖고 있기 때문에 과거에 급제하기는 어려울 테니 일찌감치 공부를 포기하고 장사하는 법이나 배워라."

노론의 대가이자 영의정까지 지낸 조선 시대의 문신 정호(鄭澔)가 젊었을 때 겪은 일이다. 과거 공부에 매진하던 어느 밤 꿈속에서 백발노인이 나타나 이렇게 말한 것이다. 공부를 포기하라는 말에 놀라 정호가 노인에게 물었다.

"그럼 어떻게 해야 공부를 계속하고 과거에도 붙겠습니까?"

"한 가지 방법이 있기는 하다만…."

"제발 가르쳐 주십시오."

"네 이름 호(澔) 자에서 가운데 흰 백(白) 자를 빼 버린 호(浩) 자를 쓰면 모든 운이 따를 것이다."

눈을 뜨자 마치 생시에 들은 것처럼 노인의 말이 뇌리에서 맴돌았다. 그 말 때문에 마음이 심란해져 정호는 며칠 동안 도저히 공부를 할 수 없었다. 그러다 마침내 결심한다. 이름을 고치지 않기로 한 것이다.

'학문과 이름이 무슨 상관이 있단 말인가. 내 이름을 바꾼다고 해서 지식이 저절로 쌓일 리 없을 것이고, 지금까지 해 오던 공부를 접어 두고 어찌 상술을 배운단 말인가?'

이후 정호는 꿈속에서 노인을 몇 번 더 만났고, 똑같은 말을 들었지만 마음을 다잡았다. 이런 꿈은 앞으로 큰일을 할 자신을 악귀들이 시험하는 것이라고 생각했다. 훗날 정호는 영의정까지 올랐는데, 그의 굳은 의지가 불길한 꿈을 이겨 낸 것이다.

능에서 들려온 곡소리

세조는 조카 단종이 12세의 어린 나이로 왕위를 이어 받자 한명회 등과 함께 권력 쟁탈의 기회를 엿본다. 그리고 마침내 왕좌를 차지한다. 단종의 어머니 현덕왕후는 24세에 단종을 낳고 이틀 후에 병으로 세상을 떠났다.

세조를 도운 공신들은 단종을 노산군으로 강등시킨 후 영월로 귀향을 보내 평민으로 만들어야 한다고 간했다. 그 무렵 어느 날 세조가 낮잠을 자고 있는데 꿈에 현덕왕후가 나타났다. 그녀는 세조에게 몹시 화를 내며 이렇게 말했다.

"당신이 죄 없는 내 아들을 죽였으니, 나도 당신의 아들을 죽이겠소."

꿈에서 깨어난 세조 몸은 땀으로 흠뻑 젖어 있었다. 세조는 너무 무서워 현덕왕후의 능을 파헤쳐 버리라는 명을 내렸다. 명대로 왕후의 무덤을 파고 관을 꺼내려 했지만 웬일인지 관이 꿈쩍도 하지 않았다. 글을 지어 제사를 지냈더니 그제야 관이 움직였다. 무덤에서 꺼낸 관은 34일 동안이나 그대로 방치되었다가 물가로 옮겨져 평민의 무덤처럼 작은 봉분 속에 놓였다.

그런데 무덤을 파헤치기 전날 밤, 마을 사람들은 어디선가 애끓는 여인의 울음소리를 들었다고 한다. 여인은 "내 집을 파헤쳐 버리면 나는 어디에 의탁하고 살라는 말이냐"면서 애처롭게 울부짖었다. 마을 사람들은 그 소리를 기이하게 여기고 있었는데, 다음 날 왕후의 무덤이 파헤쳐졌다는 것이다. 무덤을 다시 쓴 뒤에도 기이한 현상은 그치지 않는데, 능을 파낸 터 주변에서 소가 풀을 뜯으면 맑던 하늘이 갑자기 어두워지면서 비바람이 몰아쳤다고 한다. 세조가 세상을 떠난 뒤에도 왕후의 무덤에서 기이한 현상은 계속되었다.

중종 8년에 마침내 현덕왕후의 능을 복원하기로 결정했다. 그러나 세월이 너무 흘러 능을 찾을 수 없었다. 병사들을 풀어 무덤을 찾던 어느 밤, 지휘자 꿈에 왕후 복장을 한 여인이 시녀의 부축을 받으며 나타나 "공연히 나 때문에 그대들이 수고를 하시는구려" 하고는 사라졌다. 깜짝 놀란 지휘자는 얼른 엎드려 절을 한 뒤 꿈에서 깨어났다.

다음 날 날이 밝자마자 지휘자는 꿈에서 본 지형을 찾아내 그 주변을 파 보았고, 왕후의 관을 찾아냈다. 오랜 세월이 지났지만 관과 시체는 생각보다 깨끗했다고 한다. 또 하나 기이한 일은, 현덕왕후의 능을 문종의 옆에다 모셨는데, 며칠이 지나자 두 능 사이에 우거져 있던 소나무가 모두 시커멓게 말라 죽었다는 것이다. 중종이 즉시 소나무를 베어 내도록 명하자 그 주변에 다시 풀이 돋아났다고 한다.

서로 다른 꿈풀이

《춘향전》을 보면 춘향이 변 사또의 수청을 거절한 후 옥에 갇혀 있을 때 꾼 꿈을 해몽하는 장면이 나온다. 옥창에 앵두꽃이 어지러이 떨어지고, 거울이 깨어지며, 흉악한 허수아비가 문 위에 달린 꿈이었다. 춘향은 자신의 신세가 떨어진 꽃, 깨진 거울처럼 되고, 허수아비 취급을 받으리라며 한탄한다. 그러나 눈먼 점쟁이는 전혀 다르게 해석한다.

"꽃이 떨어지면 열매가 열릴 테니 열매는 나무의 자식 즉 목자(木子)이니 나무 목(木)에 아들 자(子) 오얏 이(李)가 되고, 거울이 깨졌으니 옛날 진나라의 서덕언이 깨어진 거울을 가지고 옛 애인을 찾은 것과 같을 것이요, 허수아비는 폐의파립(敝衣破笠)한 것이니 이를 종합하면 이씨 성을 가진 사람이 옛 애인을 찾으려고 허수아비처럼 허름한 차림새로 온다. 그런데 그 허수아비가 문 위에 달린 것이니, 모든 사람이 그 남자를 우러러볼 것이오."

점쟁이가 말한 그 남자가 '이몽룡'이고 점쟁이 말대로 이몽룡이 어사가 되어 남원으로 내려와 춘향과 상봉하게 된다.

부처의 해석

부처님이 기원정사에 머물 때, 코살라왕국의 파세나디 왕이 찾아와 자신의 열 가지 꿈 이야기를 했다.

"하나는 가마솥 세 개 중 하나가 텅 비어 있는 꿈이었고, 두 번째는 말이 입으로도 먹고 궁둥이로도 먹는 것이었소. 세 번째는 고목나무에서 꽃이 피는 꿈이었고, 네 번째는 작은 나무가 열매를 맺는 것이었다오. 다섯 번째는 염소가 줄을 끊어 먹는 것이었고, 여섯 번째는 여우가 금(金) 평상에 앉아 밥을 먹는 것이었소. 일곱 번째는 어미 소가 송아지 젖을 빠는 황당한 꿈이었소. 여덟 번째는 검은 소떼가 사방에서 몰려와 울부짖는 것이었소. 아홉 번째는 홍수가 나는 꿈이었는데 가운데 물은 흐리고 가장자리는 맑았다오. 마지막 열 번째는 개울물이 빨갛게 흘러가는 불길한 꿈이었소."

이에 먼저 바라문이 "불길합니다. 왕과 태자가 액을 모면하려면 부인과 대신을 죽여 하늘에 제사하고 진기한 보물을 불살라 액막이를 해야 합니다"며 겁을 주었다. 하지만 부처님은 다른 해몽을 내놓았다.

"그것은 대왕이 백성을 잘 다스리라는 하늘의 계시입니다. 즉 가난한 이를 구제하고 관리들이 백성의 고혈을 짜지 못하게 막으며, 부역을 줄여 주고 풍속을 문란케 하지 말며, 정숙하지 못한 부인들이 부끄러워할 줄 알게 하고, 자격 없는 사람이 등용되어 호사를 누리지 못하게 막으며, 혼인한 자식이 부모를 홀대하지 못하게 하고, 대신과 백성이 나라에서 금하는 일을 못하게 하고, 남보다 높은 사람일수록 솔선수범하게 하며, 군사를 일으켜 싸움을 하지 말라는 꿈입니다.”

궁으로 돌아온 왕은 선정을 베풀어 백성에게서 칭송받고 나라는 태평성대를 누렸다.

《난중일기》 속 꿈 이야기

이순신 장군의 《난중일기》에도 꿈에 관한 여러 이야기가 나온다.

갑오년(1594년) 초5일(갑인)

맑았다. 꿈을 꾸었는데, 좋은 말을 타고 바위가 층층이 쌓인 큰 고갯마루에 올랐더니, 아름다운 산봉우리들이 동서로 둘려 있었다. 봉우리 위에 평평한 곳이 있어서 그곳에 자리를 잡으려다 꿈을 깼는데, 무슨 징조인지 모르겠다. 어떤 미인이 혼자 앉아서 손짓했는데 내가 소매를 뿌리치며 응하지 않았으니 우스운 꿈이었다. 아침에 군기사(軍器寺)에서 받아 온 흑각궁(黑角弓) 100개와 화피(樺皮) 89장을 낱낱이 세어 보고 서명했다. 발포 만호와 우수사 우후가 보러 왔었다. 늦게 사정(射亭)에 올라가 우조방장, 우수사 우후, 여도 만호 등이 활을 쏘았다. 도원수(권율)의 답장이 왔는데, "심유경(沈惟敬)이 이미 화친을 결정했다"고 한다. 그러나 (그들의) 간사한 꾀와 교묘한 계책을 헤아릴 수가 없다. 전에도 그들의 술책에 빠졌는데 또 이렇게 빠져드니, 탄식할 노릇이다.

계사년(1593년) 29일(신사)

맑았다. 새벽꿈에 아들을 얻었으니, 잡혀 갔던 자들을 얻을 징조였다.

순천 부사, 광양 현감, 사도 첨사, 흥양 현감, 방답진 첨사 들을 불러와서 이야기했다. 흥양 현감은 학질을 앓아서 돌아가고, 그 나머지는 조용히 앉아서 이야기했다. 방답진 첨사는 복병할 일 때문에 돌아갔다. 본영 탐후인이 왔는데, 염(苒)의 병이 낫지 않는다고 하니 몹시 민망스럽다. 저녁에 보성 군수, 소을비포 만호, 낙안 군수가 들어왔다.

정유년(1597년) 14일(신미)

맑았다. 4경(새벽 2시)에 꿈을 꾸었는데 내가 말을 타고 언덕 위를 가다가 말이 헛디뎌 냇물에 떨어졌지만 거꾸러지지는 않았다. 그런데 막내아들 면이 나를 껴안는 모습을 보고 깨었다. 무슨 조짐인지 모르겠다. 저녁에 어떤 사람이 천안에서 와서 집안 편지를 전했는데, 봉함을 뜯기도 전에 뼈와 살이 먼저 떨리고 정신이 혼미해졌다. 겉봉을 대강 뜯고 (둘째아들) 열의 글씨를 보니, 겉에 "통곡(痛哭)" 두 글자가 쓰여 있었다. 면이 전사한 것을 알고 나도 모르게 간담이 떨어져 목 놓아 통곡했다. 하늘이 어찌 이다지 인자하지 못하신가. 내가 죽고 네가 사는 것이 이치에 마땅하건만, 네가 죽고 내가 살았으니 무슨 이치가 이렇게 어긋나는가. 하늘과 땅이 캄캄해지고, 밝은 해까지도 빛을 잃었다. 슬프다,

내 아들아. 나를 버리고 어디로 갔느냐. 내가 지은 죄 때문에 재앙이 네 몸에 미친 것이냐. 이제 내가 세상에 산들 누구를 의지하겠느냐. 울부짖기만 할 뿐이다. 하룻밤 지내기가 1년 같구나.

꿈이 들어맞은 사례들

복권이 당첨되는 꿈

• 봉제업을 하는 김씨(30대)는 꿈에서 창문가에 예쁜 여자가 나타나 공장 안을 쳐다보며 빙그레 웃는 모습을 보고 주택복권 1, 2등 합쳐 5억 원에 당첨되었다.

• 제조업체 관리 책임자인 송씨(40대)는 꿈에서 화장실에 볼일을 보러 들어갔는데 대변이 넘치는 꿈을 꾸고 5억 원 복권이 당첨되었다.

• 모피회사에 다니는 한씨(40대)는 장모님 꿈으로 당첨된 예다. 자신이 대변을 뒤집어쓰는 꿈을 꾸었다는 장모님 연락을 받고 복권을 구입해 10억 원에 당첨되었다.

• 공사판 일용직 노동자인 정씨(60대)는 호랑이 한 쌍이 뒤엉켜 성행위를 하는 꿈을 꾸고서 복권을 사 3억 원에 당첨되었다.

• 산업설비학원 강사 김씨(40대)는 검은 독사 두 마리한테 물려 온몸에서 피가 줄줄 흐르는 꿈을 꾼 후 복권을 사 5억 원에 당첨되었다.

• 주부 김씨(60대)는 덩치 큰 사람만 한 흰 개한테 물리는 꿈을 꾸었다. 다음 날 남편과 즉석 복권 열 장을 사서 긁었는데, 1억 원에 당첨되었다. 흰 개 덕분이라 믿어 흰 강아지를 구해 정성껏 키우고 있다.

• 자동차 정비기사 원씨(40대)는 상복을 입고 여기저기 돌아다니는 꿈을 꾸었다. 그 후 월드컵복권 1, 2등에 당첨되어 4억 2000만 원을 받았다.

• 슈퍼를 운영하는 윤씨(40대)는 어머니가 갑작스럽게 돌아가셔서 통곡을 하면서 우는 꿈을 꾸었다. 이후 복권을 사 1억 원에 당첨되었다.

• 전기 설비 하청업체에서 일하는 조씨(40대)는 웅덩이에 고여 있던 계곡물이 갑자기 불어나 그걸 막다가 차가운 계곡물을 온몸에 뒤집어쓰는 서늘한 꿈을 꾸었다. 다음 날 로또를 샀다. 14, 15, 26, 27, 40, 42번으로 60억 7000여 만 원을 얻었다.

• 박씨는 홍수가 나서 집에 물이 가득 차올라 물속에서 허우적거

리다 잠에서 깼다. 그 후 로또 20억 원에 당첨되었다.

• 대전시에 사는 송씨(60대)는 10년 전 돌아가신 친구 아버님이 돌아가셨다는 이야기를 듣고 문상을 갔고 방 안에 들어가 시신을 물끄러미 바라보다가 잠에서 깼다. 며칠 후 10억 원 복권이 당첨되었다.

• 전주에 사는 김씨는 자신이 꽃상여를 타고 가는 꿈을 꾸었다. 다음 날 복권을 사서 친동생과 이웃들에게 추석 선물로 나누어 주었는데, 복권 3장이 10억, 8억, 7억에 각각 당첨되었다.

• 노점상 겸 행상을 하는 부산에 사는 문씨(여)는 1993년 입원 중인 친정어머니를 간병하다 새벽녘에 잠깐 잠이 들었는데, 지팡이를 든 백발노인이 근엄한 목소리로 "그동안 고생 많았다. 그러니 내가 선물을 주겠다"고 하고는 홀연히 사라지는 꿈을 꾸었다. 다음 날 아침 복권 5장을 샀는데 당첨되어 3억 5000만 원을 받았다.

• 부산에 사는 고급 음식점 수석 요리사인 김씨는 꿈에 사흘 연속 5년 전 돌아가신 아버지가 나타났다. 길몽이다 싶어 복권을 구입했고 3억 원에 당첨되었다.

• 광주에서 작은 학원을 운영하는 김씨는 새끼를 밴 어미 돼지가 방 안으로 들어와서 밥을 먹는 꿈을 꾸었다. 그 후 주택복권 1, 2등에 당첨되어 총 4억 2000만 원을 받았다.

• 강원도 횡성군 갑천면에 사는 최씨는 돼지한테 다리를 물리는 꿈을 꾼 후 동네 사람에게 부탁해서 즉석복권 4장을 샀다. 2천만 원짜리 2장이 당첨되었다.

• 사업을 하던 이씨(40대)는 어릴 적 놀던 강가에서 수영을 하고 있는데 아름다운 잉어 한 마리가 옆으로 같이 따라오는 꿈을 꾸었다. 즉석복권을 1장 사서 긁었는데 최고액에 당첨되었다.

• 한화 야구선수 황우구는 돼지 세 마리가 방으로 들어왔고 돼지가 밖으로 못 나가게 방문을 잠그는 새벽꿈을 꾸었다. 그날 바로 즉석복권 10장을 구입했는데 마지막 장에서 숫자 6으로 500만 원에 당첨되었다. 6은 신기하게도 황우구 선수의 백넘버였다.

• 한국보훈복지의료공단의 '제1회 플러스플러스복권' 추첨에서 국내 복권 사상 최고액인 25억 원에 당첨된 김씨는 복권 추첨 전날 아내가 길에 떨어진 돈을 줍다가 오토바이에 치여 숨지는 흉몽을 꿨다. 꿈에서 죽음은 길몽임을 증명해 주는 꿈이다.

• 울산에 사는 50대 초반의 이씨는 돌아가신 아버님이 보이고, 안개가 자욱한 깊은 산중을 걷는 꿈을 꾼 후 복권을 사 1억 원에 당첨되었다.

• 김씨는 자신의 집이 전소되는 꿈을 꾸었다. 다음 날은 끝없이 펼

처진 넓은 들판에 누워 한가롭게 파란 하늘을 보는 꿈을 꾸었다. 그런데 마침 남편도 자신의 몸이 불타는 꿈을 꾸었다. 옆집 친구는 김씨 집을 볏가마니들이 둘러싸고 있는 꿈을 꾸었다고 했다. 김씨는 복권 18장을 샀고 3억 5000만 원에 당첨되었다.

• 의정부에서 평범하게 살아온 가정주부 모씨는 낮잠을 자다 꿈을 꾸었는데 집 대문을 두드리는 소리가 들려 문을 열었더니 큰 돼지 한 마리가 품에 안기는 것이었다. 복권을 사 1억 원에 당첨되었다.

• 김씨의 아내는 시아버지가 목발을 짚고 와서 2만 원짜리 지폐를 한 장 주는 꿈을 꾸고 난 후 복권을 사 5억 원에 당첨되었다.

• 문씨는 지팡이를 짚은 백발 할아버지가 나타나는 꿈을 꾸고 난 후 복권이 당첨돼 3억 5000만 원을 받았다.

• 박씨는 말 5마리가 이끄는 마차가 자신의 머리 위로 날아오는 꿈을 꾸고, 말이 그려져 있는 또또복권 3장을 연속번호로 구입해서 5억 원에 당첨되었다.

• 환경미화원 김씨는 폭력배에게 맞아 얼굴에 딱지 2개가 생기는 꿈을 꾼 뒤 가판대에서 3장의 또또복권을 구입했는데 각각 1등과 2등에 당첨되었다. 당첨금이 4억 원이었다.

•은행원 윤씨는 흔들리던 이가 빠지는 꿈을 꾼 후 복권을 사 1000만 원에 당첨되었다.

•이씨는 목욕할 때 때가 새까맣게 많이 나오는 꿈을 꾼 후 복권을 사 1억 원에 당첨되었다.

•'새천년더블복권'의 최고 당첨금액 20억 원에 당첨된 서울 광진구에 사는 자영업자 박씨는 복권을 사던 날 밤 용이 승천하다가 떨어지는 꿈을 꾸었다고 한다.

•강릉에 사는 최씨는 아내가 신선에게 절해 하얀 수표를 받는 꿈을 꿨고, 처제도 돼지꿈을 꿨다고 해서 복권 5장을 샀는데 10억 원에 당첨되었다.

•답십리에서 슈퍼를 운영하던 윤씨는 어머니가 갑작스레 돌아가셔서 목 놓아 통곡하는 꿈을 꾼 후 주변에서 길몽이란 소리를 듣고 복권을 사 1억 원에 당첨되었다.

영물(백사, 산삼, 잉어, 쥐)을 잡거나 캐는 꿈

•울산 광덕사의 혜담 스님은 모악산에서 불공을 드리다 꿈을 꾸었다. 백발 신선이 나타나 기도하고 있는 동굴 옆 개울 근처를 지팡

이로 한참을 가리키다 홀연히 사라졌다. 실제로 신선이 가리킨 곳에 가 보니 산삼 10여 뿌리가 있었다. 그것도 산삼 중의 산삼인 봉삼(鳳蔘, 봉황새 모양의 산삼)이었다. 한 뿌리에 5000만 원에서 1억 원가량 하니 횡재를 한 것이다.

• 서울서 우유대리점을 하다 부도가 나 홍천군으로 귀향한 심씨는 꿈에 큰 뱀이 나타나 놀라 깼는데 다음 날 산에 올랐다가 5년에서 20년 된 산삼 50뿌리를 발견했다.

• 전북 전주소방서에서 퇴직한 이씨 아내는 송아지만 한 돼지가 양 눈에 불을 켜는 꿈을 꾸었다. 그 후 임실과 순창 사이에 있는 화문산 줄기를 등산하던 이씨가 10년에서 30년 된 산삼 16뿌리를 캤다.

• 강원도 횡성에서 농사를 짓는 도씨는 목소리가 우렁찬 노인을 따라가 산삼을 캐는 꿈을 꾸었다. 이후 동네 뒷산에 산나물을 캐러 갔다가 세 차례에 걸쳐 50년 넘은 산삼 12뿌리를 캤다.

• 심마니인 함씨는 꽃이 빨간 고구마를 캐는 꿈과 앉은뱅이 소녀가 나타나 방향을 일러 주는 꿈을 연달아 꾸었다. 그 후 오대산 비로봉 팔부능선에서 뿌리 길이만 40센티미터가 넘는 금 두 냥 무게인 75그램의 대형 산삼을 캐는 행운을 얻었다.

• 울산에 살던 권씨는 용이 나타나 어디론가 날아가는 꿈을 꾼 후

문수산 등산길을 올랐다가 15~20년 된 산삼 9뿌리를 캤다.

• 건설 현장에서 일용직 노동자로 일하던 50대 박씨는 남한강 상류인 괴강에서 낚시를 하다 걸린 대어를 놓아 주는 꿈을 꾼 뒤 충북 괴산군 청천면 부성리 인근 산중턱에서 4~10년 된 산삼 18뿌리를 캐는 행운을 얻었다.

• 서울 롯데백화점 소공동 본점에서 일하던 안씨는 형님이 간밤에 거대한 흰 호랑이에게 쫓기는 꿈을 꿨다고 말하는 것을 들으면서 형님과 산을 오르다 산삼 20여 뿌리를 캤다. 감정 결과 300년 된 것이 4뿌리, 80~150년 된 것이 4뿌리, 나머지는 10~50년 된 것으로 확인됐다. 감정가는 4억 5000만 원이나 되었다.

• 경북 예천군 보문면에 사는 최씨는 보문산 앞 야산에서 산나물을 뜯다가 20년 된 산삼 2뿌리와 7년 된 산삼 9뿌리를 캐는 횡재를 했다. 최씨는 전날 밤, 3년 전 세상을 떠난 남편이 나타나 시아버지 제삿날이 다가오는데 왜 산나물을 캐러 가지 않느냐고 말해 뒷산에 올랐다고 한다.

• 김씨는 경남 밀양군 백운산 인근 '얼음골'에서 천막을 치고 1년여 동안 기 수도를 하고 있었다. 어느 밤 꿈에 산신령이 나타나 착한 일에 사용하라며 산삼 밭 두 곳을 가르쳐 줬다. 경남 밀양군 산내면 제약산(해발 1169미터), 운문산(해발 1188미터) 중턱이었다. 그곳에서 50~

70년 된 봉삼 70뿌리를 캤다.

• 60대 부부는 전날 밤 커다란 날짐승이 하얀 뭉게구름을 타고 집 안으로 들어오는 꿈을 꾼 뒤 산나물을 캐러 마을 뒷산에 올랐다가 30년 넘은 산삼 8뿌리를 캤다.

• 충남 연기군 조치원읍에 사는 조씨는 전날 아내가 건장한 남자 와 밤새 싸우는 꿈을 꾸었다는 말을 듣고 산에 올랐다가 삼지오엽 산삼 등 30~50년 된 희귀한 산삼 146뿌리를 캤다. 거기엔 가지가 네 갈래인 사구 산삼 한 뿌리도 끼여 있었다.

• 강원도 치악산 자락에 사는 김씨는 한 노인한테서 소 한 마리가 치악산으로 올라갔는데 빨리 찾아오지 않고 뭘 하느냐는 호통을 듣 는 꿈을 꾼 후 노인이 시키는 대로 치악산 중턱에 올랐다가 50~80 년 된 산삼을 캤다.

• 박씨는 바다 옆 웅덩이에서 조개 두 개를 꺼냈다가 다시 넣어 준 꿈을 꾸고 난 후 두 차례에 걸쳐 충북 제천시 월악산 팔부능선에서 산삼 4뿌리를 캤다.

• 강원도 양구군 남면 두무리 토박이인 김씨는 웬 할아버지가 산 에 같이 가자는 꿈을 꾼 후 산삼 23뿌리를 발견하는 행운을 얻었다. 김씨는 초복이 지나야 약효가 최고라는 믿음 때문에 초복 때까지 산

속에 산삼을 보존했다.

•강원도 평창군 평창읍 고길리에 사는 전씨는 산에서 멧돼지에게 쫓겨 다니는 꿈을 꾼 뒤 가리왕산에 올랐다가 80~200년 된 산삼 6뿌리를 캤다.

•경북 상주시 남성동에 사는 조씨는 꿈에 나타난 시조부가 가르쳐 준 대로 찾아가 보니 가랑잎 사이에 산삼이 숨겨져 있었다고 한다. 속리산 뒷산 칠부능선에서 30년 된 산삼 25뿌리를 캤다.

•강원도 원주시 판부면장 안씨는 사위가 꿈에 자신이 황금색 옷을 입은 것을 보았다는 얘기를 들은 뒤 선산에 벌초하러 갔다가 산삼 37뿌리를 캤다.

•대전시 동구 삼정동에 사는 백씨는 대통령이 나타나 집을 지어 주는 꿈을 꾼 후 고향인 충북 옥천군 청산면 인근 야산에 밤을 따러 갔다가 10~20년 된 산삼 42뿌리를 캐는 행운을 얻었다.

•박씨는 날개 달린 가물치와 씨름하는 꿈을 꾼 후 전남 함평군 손불면 목교저수지에서 길이 1미터, 무게 9킬로그램, 몸 둘레 48센티미터짜리 초대형 가물치를 잡았다. 영물로 여겨져 강물에 놓아 줄 생각이라고 말했다.

•강원도 삼척시 노곡면 고자리의 정씨는 전날 밤 꿈에 조상이 나타나는 꿈을 꾼 후 산에 올랐다가 길이 2미터, 둘레 94센티미터, 무게 85그램에 이르는 거대한 칡을 캤다.

•천씨는 10년 동안 뱀을 잡으러 산속을 돌아다녔는데, 친구하고 사생결단으로 피 흘리며 싸우는 꿈을 꾸고 난 다음 날 경북 청송군 주왕산 계곡에서 야영을 하려고 텐트를 치다 길이 85센티미터의 백사한 마리를 잡았다. 천씨는 백사는 산삼을 먹고 산다는 말이 생각나인근을 샅샅이 뒤진 끝에 80~120년 된 산삼 5뿌리도 캤다고 한다.

•추석을 앞두고 조상 묘 벌초를 하고 집으로 돌아오던 모씨는 전북 정읍시 고부면 장문리에서 몸체에 붉은 반점이 있는 길이 80센티미터의 백사 한 마리를 잡았다. "지난밤 꿈에 할아버지가 나타나 이상하게 생각했는데 백사를 잡았다"고 말했다.

우승하거나 승리하는 꿈

•쇼트트랙 여자 국가대표 전이경 선수는 새벽녘에 거북이 두 마리가 몸에 달라붙어 떼어 내려고 안간힘을 쓰다 지쳐 깨어났다. 이후 동계올림픽에서 금메달을 목에 걸었다.

•1992년 알베르빌 동계올림픽 때 쇼트트랙 남자 국가대표 김기훈

선수는 전이경 선수의 꿈을 사서 금메달을 목에 걸었다.

• 롯데 자이언츠 김명성 감독은 1999년 어느 밤 꿈을 꾸었다. 한화 이글스 이희수 감독과 이야기를 나누고 있는데 발쪽 감촉이 이상해 밑을 내려다보니 큰 구렁이가 다리를 감고 있는 게 아닌가. 김 감독이 깜짝 놀라 소리를 지르자 구렁이는 아무 일 없었다는 듯이 사라졌다. 이 꿈을 꾼 이후 롯데가 한국 시리즈에 진출하는 기쁨을 맛보았다.

• 충남도청 멀리뛰기 김수연 선수는 체전 출전을 위해 천안에 온 첫날 밤 거북이가 나타나는 꿈을 꾸었다. 멀리뛰기 한국 신기록과 7 연패 달성이라는 신기록을 세웠다.

• 한화 야구선수 한용덕은 2001년 어느 밤 꿈을 꾸었다. 황금빛 호랑이 두 마리가 나타났는데 그중 한 마리가 눈에서 하얀 빛을 자신에게 내뿜었다. 한용덕은 그 호랑이에게 다가가 머리를 쓰다듬어 주었다. 꿈을 꾼 날 현대 유니콘스와 치른 경기에서 9이닝 1실점 호투로 완투승을 거두었다.

• 2000년 미스코리아 진 김사랑은 대회 직전 어머니가 꽃밭에서 용이 승천하는 꿈을 꾸었다. 김사랑은 꿈대로 61명의 후보 중에서 진이 되는 명예를 안았다.

• 미스코리아 진 김민경은 서울예선 사흘 전 어머니가 시퍼런 산에

서 황금용이 나와 승천하는 꿈을 꾸었다고 한다. 2001년 미스코리아 선발 대회에서 황금 왕관의 주인공이 되었으니 꿈대로 된 것이다.

• 기아 타이거즈 야구선수 김상훈은 2차전이 열리기 전날, 난데없이 기아 김성한 감독한테서 정신 똑바로 차리라며 호통을 듣는 꿈을 꾸었다. 다음 날 기아는 연장 11회에서 김종국의 끝내기 안타로 극적인 승리를 거뒀다.

• 양궁 윤미진 선수는 어머니가 베란다에 놓인 고추나무에 벌떼가 날아드는 꿈을 꾸고 난 후 2000년 시드니 올림픽 결승전에서 1점 차이로 금메달을 목에 걸었다.

• 1982년 한국 시리즈에서 MVP가 된 야구선수 김유동은 어딘가에 문상을 갔는데 친구 네 명과 함께 절을 하는 꿈을 꾸고 난 후 만루 홈런을 쳤다.

• '흑상어'라 불린 축구선수 박성배는 '2000년 서울은행 FA CUP 축구대회'에서 MVP로 뽑혔다. 전날 박성배는 몹시 힘든 경기를 펼치다가 태양이 떠오르는 것을 보는 꿈을 꾸었다.

• 삼성 라이온즈 야구선수 노장진은 경기 전날 꿈을 꾸었다. 삼성 구장 하늘에서 현대 피어슨 선수가 내려와 삼성 선수들을 때려눕히는 것을 보고 본인이 피어슨을 한방에 때려눕히는 꿈이었다. 다음 날

경기에서 이겼다.

• 배구선수 장소연은 "이동공격의 달인"으로 불렸다. 운동장 잔디가 활활 타는 꿈을 꾸고 난 후 MVP에 선정이 되었다.

• 뱀에게 물리는 꿈을 꾼 야구선수 송지만은 프로야구 올스타전 최우수선수(MVP)로 뽑혔다.

• 야구선수 홍성흔은 2001년 골든 글러브 시상식 전에 이틀 연속 꿈을 꾸었다. 하루는 비구니가 한 바가지도 넘을 듯한 대변을 시원스럽게 누는 모습을 홍성흔이 넋 나간 듯 지켜보는 꿈이었고, 다음 날 꾼 꿈은 칠흑같이 어두운 곳에서 자동차 불빛이 계속 따라오는 꿈이었다. 그 후 골든 글러브 시상식에서 포수로 수상의 영예를 얻었다.

카지노, 경마, 경품 행사에서 행운을 얻는 꿈

• 김씨는 속초에 휴가차 갔다가 물고기 3마리를 잡는 꿈을 꾸었다. 다음 날 (주)강원랜드 카지노에서 이틀에 거쳐 1000만 원짜리 잭팟과 1300만 원짜리 다이아몬드 잭팟을 터뜨리는 행운을 얻었다.

• 경북 영주에 사는 김씨는 아내 꿈으로 행운을 얻은 경우다. 꿈에

여러 마리의 금붕어가 나타났는데 그중 유독 한 마리가 펄쩍펄쩍 뛰는 꿈을 꾸었다. 이후 김씨는 ㈜강원랜드 개장 이래 최고 액수인 2억 4900만 원의 잭팟을 터뜨렸다.

• 경남 사천에 사는 김씨는 용꿈을 꾸고 난 후 〈스포츠서울〉 애독자 사은대잔치에 당첨돼 기아 스펙트라를 타는 행운을 얻었다.

• 대전에 사는 김씨는 꿈에서 불사조를 본 후 100만 원을 챙겨 아내에게만 행선지를 말한 뒤 강원도의 한 카지노로 향했다. 슬롯머신을 시작한 지 채 30분도 안 돼 '에메랄드 잭팟'을 터뜨려 2700만 원을 벌었다.

• 〈스포츠서울〉 창사 기념 사은대잔치에 당첨돼 아반떼를 탄 강주희 씨는 어머니 꿈에 할머니가 나타나 '주희에게 좋은 일이 있을 거'라고 말했다고 한다.

• 임씨는 경마에서 2만 원을 걸어 1억 4657만 원을 얻는 횡재를 누렸다. 전날 밤 부인이 꽹과리 등을 치는 사물놀이패 14명에 둘러싸여 꽃가마 타고 가는 꿈을 꿨다는 말을 듣고는 곧장 경마장으로 가 14마리가 출전하는 4경주 때 14번 말을 중심으로 나머지 말 모두에 2만 원씩 거는 피아노 베팅을 한 것이다.

기이한 꿈들

• 김씨는 "이웃에 살던 박씨가 꿈에 나타나 '춥다, 도와 달라'고 호소하는데 아무래도 살해된 것 같다"고 경찰에 신고했다. 김씨와 박씨는 언니 동생 하던 사이였다. 박씨는 서씨와 동거하다 6년 전에 실종됐다. 경찰은 실종된 박씨와 동거남 서씨 주변을 조사했다. 그러다 서씨가 남자 문제로 다투다 박씨를 살해했다는 자백을 받아 냈다.

• 삼풍백화점 붕괴 현장에서 기적적으로 살아남은 박승현 씨의 어머니 고순영 씨는 구조되기 전날 박 씨가 살아 나오는 모습을 꿈에서 봤다고 한다. 박 씨도 구조 직전 스님이 사과를 건네주는 꿈을 꾸었다. 고 씨는 딸이 사고를 당하기 전날도 꿈을 꿨다. 딸이 구급차에 실려 가는 꿈이었다.

• 대전 서부경찰서는 절도 혐의로 이씨에게 구속영장을 신청했다. 이씨는 새벽 1시 20분께 술에 취해 대전 중구 오류동 김씨 집 앞을 지나다 김씨 집 앞에 있던 개를 인근 포장마차로 끌고 가 팔아넘기려다 때마침 그곳에서 술을 마시고 있던 견주 김씨에게 들켜 경찰에 넘겨졌다. 김씨는 "우리 집 개가 전날 밤 꿈속에 나타나 포장마차에 가 보라고 통사정을 해서 이상한 생각이 들어 시키는 대로 했는데 이같은 일이 생겼다"며 "개가 영물이라는 말이 맞는 모양"이라고 감탄했다.

• 탤런트 최정원은 여동생 꿈을 천 원에 사 SBS TV 주말극 〈애정만세〉에서 데뷔 후 처음으로 주인공을 맡았다. 동생은 꿈에서 강화도를 배경으로 드라마가 전개되는 것을 미리 봤다고 한다. 이후 강화도에 〈애정만세〉의 야외 세트장이 세워진다는 사실을 알게 된 최정원이 동생의 꿈이 평범하지 않음을 알고 산 것이다.

• 영화 〈황산벌〉 개봉 전에 배우와 관계자들이 꾼 꿈들이다. 영화배우 박중훈의 어머니는 아궁이 두 개에 불을 열심히 지피고 있었는데, 아궁이에서는 연기도 없이 시뻘건 불이 피어올랐다고 한다. 이준익 감독은 큰 거북이 품에 안기는 꿈을 꾸었다. 제작사 씨네월드 마케팅 팀장은 하늘에서 무언가 떨어지기에 앞치마를 폈더니 금괴가 수북이 쌓였다고 한다.

유명인들의 태몽

2002년 결혼정보회사 듀오에서 출산 경험이 있는 기혼 여성 426명을 대상으로 태몽과 자녀 성별에 대한 설문 조사를 실시했다. 82.9퍼센트의 사람이 임신 전후에 태몽을 꾸었고 이 꿈들이 자녀의 성별을 미리 알려 주고 있는 것으로 나타났다. 태몽이 없는 경우는 15.5퍼센트에 그쳤다.

아들 태몽에는 씨 있는 열매인 사과·배·감·복숭아·고추 등이 21.7퍼센트로 가장 많이 나왔고, 포유류 동물인 호랑이·사자·돼지·말 등이 15.0퍼센트로 그 뒤를 이었으며, 자라·거북 등 물속 동물도 4.1퍼센트 나왔다.

딸 태몽에는 비늘 있는 동물인 용·구렁이·뱀이 23.4퍼센트로 가장 많이 나왔고, 꽃 꿈이 9.9퍼센트, 포유류 동물인 돼지·개·말·고래 등이 9.0퍼센트, 씨 없는 열매인 밤·귤·토마토 등이 6.6퍼센트, 보석류인 금·다이아몬드·진주·루비 등이 5퍼센트로 나타났다.

태몽은 당사자가 꾸기도 하지만 타인이 대신 꾸어 주는 경우도 많았다. 76.8퍼센트가 태몽을 꾼 후 임신을 했다고 답변했다. 다른 사람이 꾼 태몽을 산 경험이 있다는 응답자도 13.1퍼센트나 되었다.

• 태조 이성계 태몽이다. 한 신선이 오색구름을 타고 하늘에서 내려와 소매 속에서 황금으로 만든 자를 하나 꺼내 어머니에게 주었다고

한다. 그러면서 "이 자는 옥황상제께서 그대의 집으로 보내시는 것이니 잘 보관하였다가 동방의 나라를 측량케 하라"고 한 후 홀연히 사라졌다. 꿈대로 이성계는 나라를 다스리는 임금이 되었다.

• 탤런트 하희라는 아들을 가졌을 때 다이아몬드로 장식된 막대사탕 꿈과 스님이 등장하는 꿈을 연이어 꾸었다고 한다. 딸을 가졌을 때는 깊은 산속 개울가에 핀 동양란의 흰 꽃잎을 따 먹는 꿈을 꾸었다고 한다.

• 탤런트 신애라는 임신 9개월쯤에 비둘기가 집 안으로 날아드는 태몽을 꾸었다고 한다.

• 탤런트 김미숙은 둘째아이를 임신했을 때 바다를 가로지르는 고래를 붙잡는 태몽을 꾸었다. 첫아이를 가졌을 때는 남편이 구렁이 꿈을 꾸었다고 한다.

• 미스코리아 출신 탤런트 김성령은 임신 중에 백금 목걸이를 목에 거는 꿈을 꾸었고 그녀의 남편은 커다란 코끼리를 보았으며 그녀의 언니는 자라가 나타나는 꿈을 꾸었다.

• 탤런트 채시라는 시어머니와 친정어머니가 태몽을 대신 꾸어 준 경우다. 신혼여행 기간 동안에 시어머니가 커다랗고 알록달록한 구렁이 여러 마리가 있는 것을 보는 꿈, 임신 9개월쯤에는 친정어머니가

커다란 구렁이를 보는 꿈을 꾸었다. 채시라는 뱀같이 생긴 동물이 자신에게 달려드는 꿈을 태몽으로 꾸었다.

• 탤런트 김희애는 호랑이 새끼, 구렁이 등이 나타나는 꿈을 시리즈로 꾸었다고 한다.

• 대한민국 최초의 펜싱 메달리스트 이상기 선수 어머니는 남편이 연싸움에서 다른 사람들의 연을 모두 끊어 버리는 꿈을 꾸었다고 한다.

• 야구선수 박찬호 어머니는 은빛 호수에 돛단배가 떠 있고 그 안에서 학이 날아오르는 꿈을 꾸었다.

• 바둑기사 이창호 어머니는 큰 가마솥에다 밥을 안친 후 밥이 다 되었는지 열어 보았더니 그 안에 큰 구렁이가 들어앉아 있는 꿈을 꾸었다고 한다.

• 축구선수 박지성 어머니는 시뻘건 불을 입에서 내뿜는 용이 자신의 목에 달라붙어 떼어 내려 해도 떨어지지 않고 매달려 있는 꿈을 꾸었다.

• 탤런트 김민정 어머니 태몽이다. 남편과 소극장에 공연을 보러 갔다. 한복을 곱게 차려입은 아이들이 사랑스럽게 춤을 추고 있었는데

개중에 눈이 크고 입술이 도톰한 아이가 자기 앞으로 와서는 계속 춤을 추었다고 한다. 그 후 태어난 아이가 꿈속 아이와 너무 닮아 놀랐다고 한다.

• 탤런트 이요원 어머니는 호랑이가 자신이 가장 아끼는 꽃신을 빼앗으려고 했는데 끝까지 빼앗기지 않는 꿈을 꾸었다고 한다.

• 개그맨 신동엽의 어머니는 시냇물에 있는 복숭아를 건져 내는 꿈을 꾸었다고 한다.

• 개그맨 이휘재의 어머니는 탐스러운 국화를 보고 너무 좋아하는 꿈을 꾸었다고 한다. 태몽 때문에 여자아이일 거라 믿었다고 한다.

• 탤런트 소유진은 아버지가 태몽을 꾸었는데, 바닷가를 거닐고 있는데 태양이 자신의 품으로 뚝 떨어지는 꿈이었다고 한다.

• 영화배우 심은하 어머니는 커다란 능구렁이가 몸을 칭칭 감는 꿈을 꾸었다고 한다.

• 개그맨 이경규의 아버지는 화투를 치다가 "광이야!" 하고 외치는 꿈을 꾸었다고 한다.

• 가수 조성모 어머니는 양어장에서 잉어를 잡았는데 잉어가 눈물

을 뚝뚝 흘리며 놔 달라고 사정을 해서 놓아주었더니 날개가 돋쳐 하늘로 날아가는 꿈을 꾸었다고 한다.

• 탤런트 고수의 어머니 태몽이다. 뱀 세 마리가 있는데 양쪽 두 마리는 새끼고 가운데에는 큼지막한 구렁이가 있었다. 그 구렁이가 품으로 들어왔다고 한다. 구렁이를 본 뒤 아들이라 직감했다고 한다.

• 탤런트 김희선 어머니는 용이 아이를 물고 자기 몸속으로 들어오는 꿈을 꾸었다고 한다.

• 탤런트 이병헌 어머니는 병원 침대에 누워 있는데 천장 아래 벽의 양쪽에 큰 구멍이 두 개 뚫리더니 용이 들어갔다 나왔다 반복하는 꿈을 꾸었다고 한다.

• 탤런트 겸 가수 엄정화 어머니는 마당에 돼지 새끼 들이 우글거렸는데 그중에서 유난히 새까맣고 털이 반지르르한 돼지가 자신의 품에 안기는 꿈을 꾸었다고 한다.

• 탤런트 장혁의 어머니는 호랑이가 호두를 깨물어 먹는 꿈을 꾸었다고 한다. 꿈이 범상치 않아 다음 날 바로 병원에 가 보았더니 임신이었다고 한다.

• 탤런트 김상경의 어머니는 친정어머니가 벌거벗은 아기를 안고

와 자신에게 전해 주었는데 아기 양쪽 귀에 밥알 모양의 무늬가 있어 꿈에서도 신기해했다고 한다. 이 때문에 아기가 태어나자마자 얼른 귀부터 살펴보았는데 정말로 양쪽 귀에 밥알 무늬가 있었다고 한다.

• 탤런트 한고은의 어머니는 먹음직스럽게 생긴 커다란 복숭아를 따서 먹는 꿈을 꾸었다고 한다.

• 영화배우 김윤진의 어머니는 걸어가다가 눈부신 다이아몬드를 줍는 꿈을 꾸었다고 한다.

• 노무현 대통령의 어머니 태몽이다. 말뚝에 매여 있는 백말을 할아버지가 고삐를 주면서 타고 가라 해서 탔는데, 말이 엄청나게 커 내딛는 말굽 소리 또한 우렁찼다고 한다.

• 골프선수 박세리 어머니의 태몽이다. 커다란 저수지에 가물치가 가득 차 있었는데 그중 아주 커다란 가물치에서 야광처럼 빛이 났다고 한다. 그런데 그 가물치에는 악어처럼 발이 달려 있었다. 그 가물치가 나무 있는 곳으로 가자 나머지 작은 가물치들도 따라갔다고 한다.

• 탤런트 최지우 어머니는 사과나무에서 빨간 사과를 따 바구니에 담는 꿈을 꾸었다고 한다.

• 탤런트 이영애 어머니는 금반지를 가득 주워 담는 꿈을 꾸었다고

한다.

• 탤런트 김원희 어머니 태몽이다. 커다란 지하 동굴에 들어갔더니 큰 돌기둥이 여러 개 세워져 있었다. 거대한 뱀들이 그 돌기둥을 휘감아 그 돌기둥에 묻어 있는 벌꿀을 열심히 핥아먹고 있었다고 한다.

• 방송인 홍진경 어머니는 큰 구렁이가 집으로 담을 타고 넘어오는 꿈을 꾸었다고 한다.

• 탤런트 김소연의 어머니는 남편이 자목련을 사 오는 꿈을 꾸었다. 그 목련이 탐스러운 꽃을 피워 꿈속에서도 예쁜 여자아이가 태어날 거라고 중얼거렸다고 한다.

• 탤런트 송혜교 어머니 태몽이다. 깊은 골짜기에 들어가다 뒤를 돌아보았는데 언덕 위에서 사슴 한 마리가 자신을 바라보고 있었다. 뿔에 형형색색의 보석이 박혀 있는 그 사슴과 눈이 마주쳤다고 한다.

생 활 역 학

손 없는 날

연못이 깊으면 고기가 그곳에서 생겨나고, 산이 깊으면 짐승이 그곳
으로 달려가며, 사람이 부유하면 인의가 부차적으로 따라온다.
 ─사마천

생활역학은 택일, 궁합 날짜를 잡는 등 실생활에서 요긴하게 활용
할 수 있는 운명학을 말한다. 역학의 근본은 자연이다. 물이 아래로
흐르듯 흐름이 자연스러워야 한다. 인간관계도 물처럼 자연스러우면
다툼이 사라진다. 웅덩이를 만나면 채워질 때까지 기다리고 채워지
면 흐르게 하고, 높은 산을 만나면 멀더라도 돌아간다. 노자는 "물은
선하여 만물을 이롭게 하고 다투지 않으며 여러 사람이 싫어하는 곳
에 처신한다"고 했다.

역학이 우리 민족의 생활에 영향을 미친 지 오래다. 그만큼 우리 일

상에 스며든 이야기나 풍습도 많다. 역학의 원리를 잘 적용하면 생활에 큰 도움이 될 것이다. 물론 지금 시대에 맞지 않는 것들은 지금 시대에 맞게 풀어야 할 것이다.

윤달

우리 민속신앙에서 손은 날짜에 따라 동서남북 사람들이 가는 방향을 따라다니며 심술을 부리는 귀신들을 말한다. 이들은 평소에는 땅에 내려와 있다가 음력 9, 10, 19, 20, 29, 30일에는 하늘로 올라간다고 여겼다. 그래서 '손 없는 날'이 이사나 결혼 등을 하기에 좋은 날로 자리 잡게 되었다.

한동안 난치병이었던 천연두도 반갑지 않은 손님이라 여겨 "손님", "마마"라 높여 불렀다. 병을 예우해서 조금이라도 인간에게 선의를 베풀어 달라는 기원이었으리라.

방위	손이 있는 날(음력)	손이 없는 날(음력)
동	1, 2, 11, 12, 21, 22일	
서	5, 6, 15, 16, 25, 26일	9, 10, 19, 20, 29, 30일
남	3, 4, 13, 14, 23, 24일	
북	7, 8, 17, 18, 27, 28일	

손 있는 날과 없는 날

손이 활동하는 날에는 움직임을 삼가야 한다. 이사, 여행, 혼인, 장례, 수리, 승선, 수렵, 벌목 등 인간이 살아서나 죽어서 행하는 모든 커다란 변동이 있는 일은 삼가야 한다. 다만 왕궁이 있는 도성에서는 모든 살(殺)이 작용하지 못한다고 믿었다.

그런데 윤달은 귀신이 열두 달 근무를 하고 잠시 휴식을 취하거나 하늘로 올라가는 때다. 그래서 이 시기에는 평소 귀신 때문에 하지 못했던 집수리, 이사, 이장, 수의 장만 등 여러 일을 처리한다.

태음력은 달이 찼다 기우는 것을 기준으로 하므로 1년이 354일이다. 따라서 8년에 3개월 정도 모자라게 되는데, 윤달을 만들어서 태음력과의 계절 차이를 일치시킨다. 윤달은 원래 없던 달이 생겨났다고 하여 공달, 덤달, 여벌달이라고도 한다.

우리 민족은 예로부터 윤달에는 모든 관습과 풍속에서 해방되었다. 신이나 귀신이 각 달을 관장하면서 인간의 삶에 간섭하지만, 윤달은 13번째 달로 원래 없었던 달이므로 신이나 귀신이 간섭할 수 없다고 생각했던 것이다. 그래서 윤달에는 부정을 타거나 액(厄)이 끼어들지 않는다고 믿고 평소 두려워하던 이사나 집수리, 이장, 수의 장만 등의 일을 거리낌 없이 할 수 있었다.

이러한 풍습이 현대에까지 이어져 윤달이 있는 해에는 이장을 하거나 수의를 마련하는 사람이 많다. 수의를 준비하는 이유는 윤달에 수의를 장만하면 무병장수한다는 믿음 때문이다. 이런 풍습은 삶과 죽음을 긍정적으로 받아들이고 생로병사의 섭리를 자연스럽게 받아들이는 기회도 된다.

신중함을 일깨우는
조상의 지혜

지금도 손 없는 날의 위력은 대단하다. 이삿짐센터에 이사 예약이 넘쳐 웃돈을 주고받는 해프닝까지 벌어진다. 이사 차가 부족해 쩔쩔 매는 진풍경도 펼쳐진다. 손 없는 날에 이사하려면 미리 서둘러 예약해 둬야 한다.

선조들은 왜 손 없는 날을 만들었을까. 한 번 생각하고 또 생각하여 일을 신중하게 처리하길 바라서였으리라. 너무 쉽게 생각하고 급히 서두르는 우리에게 일상사를 조금이라도 신중하고 여유롭게 대하길 바라는 선조들의 깊은 뜻이 담겨 있는 것이다.

그 말들은 왜 생겼을까

육갑 떤다

흔히 꼴불견인 사람을 볼 때 "육갑을 떠네!"라고 비난한다.

육갑(六甲)은 육십갑자(六十甲字)의 준말이다. 자동사로 사용될 때의 육갑은 남의 언행을 얕잡아 이르는 말로 사용된다. 천간과 지지를 순서대로 서로 짝지어 짚어 나가 한 바퀴 다 돌면 육십갑자다. 그러면 자신이 태어난 간지(干支)의 해가 다시 돌아오는데, 이 61세 때 맞는 생일이 회갑(回甲)이 되는 것이다.

그럼 "육갑 떠네"라는 말은 언제 어떻게 내려왔을까.

한국, 일본, 중국과 같은 동양에서 일반 백성에게는 종교와 같은 육십갑자가 왜 욕으로 되어 버렸을까? 예나 지금이나 허튼 실력을 가지고 장황한 말로 허풍을 떠는 사람들이 있다. 요즘도 모임이나 단체에서 관상이나 손금을 보아 준다는 사람을 많이 만날 수 있다.

한번은 청와대에서 비서관을 지냈던 분의 모친이 돌아가셔서 묘터를 보아 준 인연으로 문상을 간 적이 있다. 그곳에는 일간지 기자들과 변호사, 판사, 검사 등 법조인들도 있었다. 그중 변호사 두 분과 일간지 여기자 한 분이 손금과 사주를 보아 주며 좌중을 휘어잡고 있었다. 내가 나타나자 나름대로의 학설을 펴던 그분들이 순간 조용해졌다.

이렇게 학문도 깊지 않고 제대로 실력도 갖추지 못한 사람들이 몇 자 주워들은 얘기로 사람들의 사주나 관상, 수상을 보아 주는 등 함부로 떠들어 대는 것을 보고 "육십갑자를 함부로 떠든다"고 했다. 이런 배경에서 "육갑 떤다"는 말이 나왔고, 격에 맞지 않거나 쓸데없는 말이나 행동 등을 할 때 쓰인다.

재수 없다

'재수(財數)'는 재물에 관한 운수를 말한다. 한때 "여러분, 새해에는 부자 되세요"라는 광고가 선풍적인 인기를 끈 적이 있다. 예나 지금이나 재물은 운수가 좌우할 정도로 운수에 커다란 영향을 받는 것이다. 그래서 재물 운수의 의미인 재수(財數)가 "좋은 일이 생길 운수"로 파생된 것이다.

"재수 없다, 소금 뿌려라!"

어릴 적 내가 살던 시골 동네에서는 아침에 이웃집 심부름을 보낼 때 절대 여자는 보내지 않았다. 집 안에 여자가 첫 손님으로 들어오면 그날 하루는 재수가 없다고 여겼다. 뜻하지 않게 여자가 올 경우엔 소금을 뿌렸다. 식당이나 가게에서도 여자가 첫 손님이면 재수 없다고 소금을 뿌렸던 기억이 있다.

고대부터 소금은 물을 맑히고 생선과 고기를 신선하게 보관했으며 음식 맛을 향상시키는 데 매우 유용한 식품이었다. 우리나라 사람들은 이런 기능에 귀신 물리치는 효력까지 있다고 믿었다. 서양에도 비슷한 믿음이 있다. 소금 그릇을 엎어 버리면 재수가 없다고 여겼다. 그래서 소금을 우연히 쏟게 되면 곧바로 소금을 약간 집어 왼쪽 어깨 너머로 던져 불행을 막았다고 한다.

다행히 요즘은 여자가 아침 일찍 집에 왔다고 소금 뿌리는 집은 없다. 여자가 재수 없는 인간처럼 천대받았던 세상에서 서서히 남녀평등의 세상으로 나아가고 있다는 한 증표로 보여 기쁘다.

환갑

환갑(還甲)은 회갑(回甲), 화갑(華甲), 주갑(周甲)으로도 불린다. 환갑 때는 잔치를 여는데 환갑잔치를 수연(壽宴), 환갑잔치 베푸는 자리를 수연(壽筵)이라고 한다. 한국 나이로는 61세 때 잔치를 치른다.

"인생칠십고래희(人生七十古來稀)"라고 했듯이 과거에는 70세 된 노인이 드물어 환갑까지만 살아도 큰 경사로 여겨 잔치를 여는 관습이 생겼다. 경제적으로 여유 있는 집안에서는 산해진미를 갖추고 떡, 과

일, 조과 등을 1자 2치 이상으로 괴어 올렸다. 환갑을 맞은 당사자의 부모가 살아 계실 때는 먼저 부모에게 큰 상을 차려 올리고 절을 한 후 색동옷 차림으로 춤을 추어 부모를 기쁘게 모시는 관례도 있다. 그다음 당사자가 상을 받고 자녀와 손주, 일가친척에게서 헌수(獻壽), 즉 장수를 기원하는 술잔을 받는다. 이때 환갑 당사자의 형제자매가 살아 있다면 함께 나란히 앉아 절을 받는다. 헌수는 큰아들 부부부터 순서대로 한다. 큰아들이 잔을 들면 큰며느리가 술을 따라 부모님께 올리고 "아버님 어머님 다복하시고 만수무강하십시오" 하고 축수한 후 부부가 함께 큰절을 올린다. 아들은 재배, 여자는 4배가 원칙인데 현대에는 한 번으로 끝낸다. 헌수가 모두 끝나면, 가수나 악단을 불러 풍악을 울리고 권주가를 부르며 수연을 돋운다.

이제는 고령화 시대라 70세는 되어야 노인으로 생각하듯이 환갑 대신 칠순, 팔순의 의미가 점차 커지고 있다.

삼신할머니

태아(胎兒)에서 '태(胎)'를 우리말로는 '삼'이라 한다. 탯줄을 '삼줄'이라 하는 이유다. 삼신은 태신(胎神)의 의미로, 아기를 점지해 주고 산모와 아기를 돌보고 보호해 주는 세 신령이다. 삼신할머니가 천지인(天地人) 삼신(三神)에서 왔다는 해석도 있지만, 근거는 없다. 삼신에 할머니가 붙은 이유는 생식 즉 낳아 기르는 일이 여성의 상징인데, 여성 중 최고로 존경받는 이가 할머니여서 존칭의 의미로 붙였다고 볼 수 있다.

산통 깨다

산통(算筒)은 원래 산통점을 칠 때 쓰던 도구이다. 산통점은 주역점의 하나로, 길이 10센티미터 내외의 산가지 8개에 1~8까지 눈금을 새겨 산통에 넣고 흔들어 네 번을 뽑아 길흉화복을 판단하는 것이었다. 이때 산통이 깨지면 점을 칠 수 없게 되어 미래의 일을 예측하고 대비할 수 없게 된다. 이러한 이유로 "산통을 깨다"는 말은 어떤 일을 이루지 못하게 그르친다는 뜻으로 쓰이게 되었다.

을씨년스럽다

날씨가 스산하고 쓸쓸한 풍경을 묘사하는 단어이다. 을씨년스럽다는 을사(乙巳)년에서 변한 '을씨년'에, '그러한 느낌이 있다'는 뜻의 형용사를 만드는 접미사 '스럽다'가 붙어서 만들어진 말이다.

1905년 을사년은 일본제국이 박제순, 이완용 등 을사오적(乙巳五賊)을 앞세워서 조선의 외교권을 강제로 빼앗고 통감정치를 시작한 해이다. 형식적으로는 1910년에 한일합방이 이루어졌지만, 1905년 을사늑약에 의해 우리나라는 이미 일제에 점령당했다.

강대국에 나라를 빼앗기는 경험은 어느 민족에게나 말할 수 없는 비통함과 치욕을 준다. 을사년의 우리 민족에게도 그러했다. 그 해 내내 우울하고 침통한 분위기가 계속되었고, 시간이 지나면서 을사년스럽다는 말이 점차 '날씨나 분위기가 스산하고 쓸쓸하다' 또는 '가난하다'는 의미로 쓰이게 되었다.

─────── 곁들여 읽기 ───────

윷점

윷놀이는 우리나라의 대표적인 민속놀이로, 명절이 되면 가족끼리 모여 즐긴다. 이 윷으로 보는 점이 윷점이다. 섣달 그믐날 밤이나 설날에 윷으로 그해의 길흉을 알아보았는데, 방법이 간단해 예로부터 부녀자와 아이가 많이 했다. 윷을 던져 나타난 숫자로 자신의 운수를 점치기도 하고, 마을 단위로 편을 짜 윷놀이를 한 후 그 결과로 한 해 농사 운을 점치기도 했다.

줄다리기나 차전놀이로 마을끼리 승부를 겨루어 한 해 농사의 길흉도 점쳤다. 즉 놀이에서 승리하는 마을은 한 해 농사가 잘된다고 믿었는데, 이 역시 윷점과 마찬가지로 순간적인 운명을 점치는 것에 속한다.

그 믿음은 왜 생겼을까

58년 개띠

"나 58년 개띠야!"

참 많이 들어 봤을 법한 말이다. 왜 하필이면 12띠 중 유독 개띠이며 수많은 해 중에 58년이었을까. 백마띠도 마찬가지이지만 평범한 것보다는 튀거나 독특한 것이 사람들의 입에 오르내리게 된다. 그렇다면 '58년 개띠'에는 어떤 사연이 숨겨져 있을까.

58년에 태어난 사람은 이른바 무술생(戊戌生)이다. 명리학으로 풀어 보면, 무술(戊戌)은 둘 다 토(土)가 된다. 그리고 괴강(魁罡, 강한 오행끼리 뭉쳐 더 강해진 기운)이 된다. 양은 음보다 적극적이고, 괴강은 활동적이다. 무술은 둘 다 토인데, 토는 고집을 상징한다. 이 모든 것을 종합해 보면 무술은 활동적, 적극적, 고집 등의 의미를 내포하고 있다. 남녀 모두 활동적이고 적극적이다 보니 많은 58년 개띠는 드러날 수밖에 없었다. 그야말로 낭중지추(囊中之錐)라 할 수 있다. 주머니 속의 송곳이니, 뾰족한 송곳은 가만히 있어도 반드시 뚫고 비어져 나오게 돼 있다. 재능이 뛰어나면 남의 눈에 띌 수밖에 없는 노릇이다.

명리학적 의미와 별도로 우리나라 58년도는 시대적 특별함도 있다. 53년 한국전쟁이 끝난 후 아이가 많이 태어났다. 특히 58년에 이르러 절정을 이루었다. 이들은 입학시험 없이 중학교에 들어가는 등 명문 중·고등학교 의미가 퇴색되고 평준화된 중·고교 시절을 보내 유달리 평등의식이 강하다. 일정한 자아 계발이 가능한 세대이고 자유로움과 평등, 자신감이 몸에 배어 있다. 이 점이 여느 세대와 다르다.

명리학적 특징에 이러한 시대적 요인까지 합쳐지면서 58년 개띠는 유명세를 타고 특유의 개성을 드러내는 사람들이 된 것이다.

쌍춘년은 좋은 해?

쌍춘년(雙春年)이란 봄이 두 번 있는 해란 뜻이다. 여기서 봄은 입춘이다. 음력을 기준으로 한 해에 입춘이 두 번 있는 경우가 간혹 있는데 이 경우를 말한다. 2012, 2015, 2017, 2020, 2023년 등이 쌍춘년에 해당한다. 이 해에 결혼하면 백년해로한다고 해서 많은 사람이 결혼식을 올린다. 중국은 쌍춘년을 더 중요하게 여긴다.

예를 들어 2020년을 보자. 2020년의 음력 1월 1일은 양력으로 1월 25일이다. 2020년의 음력 12월 30일은 양력으로 2021년 2월 12

일이다. 2020년의 입춘은 2020년 12월 22일로 양력 2021년 2월 3일에 들어온다. 2020년 음력 1월 1일부터 음력 12월 30일 사이에 입춘이 두 번이나 들어오는 것이다.

음력은 만월 주기를 기준으로 만드는데, 특별한 문제는 없지만 기상 변화를 예측할 수는 없다. 기상 변화는 태양의 움직임에 따라 일어나기 때문이다. 중국 주나라는 농경 사회여서 날씨의 영향을 많이 받았고 그 때문에 천문학에 대한 사람들의 지식과 관심도 컸다. 지구에서 보았을 때 태양이 1년 동안 하늘을 한 바퀴 도는 길을 24등분한 다음 중국 주나라 때 화북 지방의 기상 상태에 맞춰 붙인 이름이 24절기다. 24절기는 매해 양력 날짜가 비슷하다. 음력은 달을 기준으로 한다고 했다. 달이 만월이 되었다가 다시 만월이 되려면 29.5일이 걸린다. 이를 기준으로 1년을 만들면 약 354일이 된다. 이 때문에 음력으로 3년만 지나도 33일이 부족하다. 이 오차의 간극을 줄이려고 19년에 7번 정도의 윤달을 둔다. 윤달이 있는 해에는 음력이 13달이 된다. 기원전 221년부터 서기 2100년까지 2300년 동안 쌍춘년이 불과 12번밖에 없었다.

결혼은 새로운 시작이고, 시작의 상징인 봄을 나타내는 입춘이 두 번이나 있는 해에 결혼하면 좋다는 믿음이 쌍춘년이 좋은 해라는 속설을 만들어 낸 것으로 보인다.

아홉수에 결혼하면 안 좋다?

29세나 39세에는 결혼을 피하고 회갑 전해인 59세에 생일잔치를 하지 않는 이유는 무엇일까?

먼저 '9'란 숫자에 대해 알아보자. 9는 우리나라에서는 꽉 찬 숫자이다. 그다음의 숫자 10은 0으로 돌아간 것으로 인식했다. 이 때문에 9에는 '가장 많다'는 뜻이 담겨져 있다. 꽉 찬 숫자, 가장 많은 숫자가 끝나면 죽음이라는 단어를 떠올리게 마련이다. 아홉수에는 변화나 변동을 삼간 이유다. 물론 과학적인 근거가 있는 주장은 아니다. 그러므로 아홉수는 어떤 일이든 신중하게 생각하고 결정하던 옛 조상들의 지혜로 받아들이면 될 듯싶다.

결혼 날짜 잡으면 다른 결혼식에는 안 간다

"결혼 날짜 잡은 처녀 총각은 다른 결혼식이나 장례식에 안 간다."

예부터 결혼 날짜 잡은 사람과 임신한 여자는 상가에 가지 말라고 어른들이 당부하셨다. 좋은 일을 앞두고 나쁜 일을 보게 되면 그 나쁜 기운이 옮겨 올까 봐 걱정해서이다. 경사스러운 일을 앞둔 사람은 좋은 생각과 좋은 일들만 접해서 행복만 가져가길 바라 배려했던 것이다.

남의 결혼식장에 가지 말라고 한 것 역시 결혼식 당사자와 결혼할 사람을 모두 배려한 지혜라 할 수 있다. 결혼 전 남의 결혼식에 가면 자연 잔치 규모, 혼수품, 결혼 당사자들의 인물 됨됨이 등을 자꾸 비교하게 되어 기분이 좋지 않을 것이고, 결혼식 당사자 입장에서도 자기 결혼식인데 남의 결혼식이 화제로 오르면 기분이 좋지는 않기 때문이다.

4호실, 4층이 없는 이유

숫자 5와 4. 예로부터 동양에서는 음양과 오행으로 우주의 이치를 파악했다. 오행의 '오'에서도 짐작되듯이 동양에서는 숫자 5를 천지 조화를 상징하는 신비로운 완전수(完全數)로 보았다. 예를 들어 서양에서는 빨주노초파남보 7색을 즐겨 사용하지만, 동양에서는 청적황백흑(靑赤黃白黑)의 5색을 기본으로 여긴다. 서양은 동서남북을 주로 쓰지만 동양에서는 동서남북에 중앙을 더한 오방(五方)을 쓰며, 서양은 도레미파솔라시도의 7음계를 쓰지만 동양에서는 궁상각치우(宮商角徵羽) 5음계를 쓴다. 5가지 맛인 오미(五味), 5가지 복인 오복(五福), 신체 장기를 크게 다섯으로 나눈 오장(五臟), 정신적 상징인 오상(五常) 역시 5가 긍정적인 의미로 쓰인 예이다.

반면 금기시되는 숫자도 있다. 4가 대표적이다. 죽음을 상징하는 죽을 사(死)와 발음이 같기 때문이다. 이를 보면 죽음에 대한 두려움이 얼마나 큰지 알 수 있다. 그래서 엘리베이터 숫자 버튼을 보면 4층 대신 F로 표시돼 있다. 병실 호수에 4를 쓰지 않는 이유도 죽을 사를 연상시키기 때문이다.

하지만 4를 항상 죽을 사와 연관시켜서 꺼렸던 것은 아니다. 사람의 운명을 판단하기 위해 태어난 연월일시를 천간과 지지 여덟 글자로 바꾸어 놓은 사주팔자, 사방으로 툭 터져 아무 장애가 없다는 사통팔달, 온 세상 사람이 모두 한 형제라는 의미의 사해동포, 사람의 체질을 넷으로 나누어서 진단하는 이제마의 사상의학, 종이·붓·먹·벼루를 뜻하는 문방사우, 춘하추동 사계절, 동서남북 사방위 등에 쓰인 숫자 4는 나를 둘러싸고 있는 전체를 뜻한다. 긍정적인 의미로 쓰인 예들이다.

띠별 이야기

쥐띠

"쥐띠가 겨울밤에 태어나면 먹을 복을 타고난다."

쥐는 밤에 활동하고, 겨울에는 가을걷이가 끝나서 창고에 곡식을 쌓아 놓아 먹을 것이 많기 때문에 이러한 속설이 생겨난 것이다. 정말 쥐띠생은 먹을 복이 많을까? 실제로는 아니다. 속설은 속설일 뿐이다. 사주 구성에 따라서 먹을 복이 많을 수도 있고, 없을 수도 있기 때문이다.

"쥐띠가 보릿고개 때 태어나면 굶어 죽는다"는 속설도 있다. 보릿고개란 햇보리가 나올 때까지의 배고픈 시기를 말한다. 묵은 곡식은 거의 떨어지고 보리는 아직 여물지 않아 이 시기 농촌 사람들은 굶주려야 했다. 사람도 먹을 것이 부족한데 하물며 쥐가 먹을 것이 있을

리 없다. 가난했던 시절, 쥐와 쥐띠 해에 태어난 사람을 동일시한 속설이다.

소띠

"여자가 소띠면 일을 잘한다."

소라는 동물은 밭을 갈거나 수레를 끄는 등 힘든 일을 마다하지 않고 묵묵히 사람이 시키는 대로 일한다. 이러한 소의 특징을 여성에 적용한 속설이다. 비슷한 속설로 여자가 소띠면 일복이 많다는 것도 있다.

반면 "여자가 소띠면 고집이 세다"는 말도 있다. '황소고집'을 가졌다는 것이다. 소는 평소에는 온순하지만 한번 고집을 피우면 그 자리에서 꿈쩍도 하지 않는다. 그래서 이런 속설이 생겼다. "여자는 고집이 세면 안 된다"는 편견이 만든 속설이다. 고집을 주장으로 바꾸면 확연히 달라진다. 자기주장이 뚜렷한 여성은 자립심과 성취욕을 가진 여성으로 현대에는 환영받는다.

호랑이띠

"호랑이띠 여자는 남편의 출세를 막거나 남편이 일찍 죽는다."

호랑이는 강하고 힘이 세며 활동적이다. 호랑이띠 여성을 부정적으로 본 이 속설은 남성우월주의적인 시각에서 여성의 활발한 활동을 터부시해 생긴 말이다. 더 안타까운 것은, 호랑이띠 여성은 팔자가 세다고들 믿고 있는데, 전혀 근거 없다. 그간 수많은 호랑이띠 여성을 상담한 결과 남편 출세를 가로막는 경우는 없었다. 오히려 호랑이띠 여성은 활동적이고 적극적이어서 커리어 우먼으로 성공할 가능성이 크다.

토끼띠

"여자가 토끼띠이면 애교가 많고 가정적이어서 시부모를 잘 모신다."
보통 토끼는 겁이 많고 온순한 동물로 생각해 왔다. 남성 입장에서 착하고 겁 많은 토끼 같은 여성을 선호하였고, 그로 인해 이런 속설이 나왔다.

용띠

"여자가 용띠면 팔자가 세다."
용 또한 강한 동물, 힘센 동물, 신성한 동물을 상징한다. 이 속설은 여자는 강하거나 힘세거나 신성한 존재가 될 수 없다는 남성우월주의에서 나왔다. 그러나 현대에서는 오히려 용띠 여성이 사회생활을 잘해 낸다. 사주에 따라 다르지만 용띠 여성은 가정을 일으켜 세우는 경우가 많고 사회를 이끌어 가는 리더십도 탁월하다.

뱀띠

"뱀띠인 사람은 옆이나 뒤를 돌아보지 않고 앞으로만 나아간다."

쉽게 뒤돌아 가거나 좌우로 방향을 틀지 못하는 뱀의 특성에서 비롯된 속설이다. 뱀띠인 사람은 융통성이 없고 앞으로만 밀고 나가는 성질이 있다는 의미인데, 타당성이 있는 것 같지는 않다.

말띠

"말띠가 여름 낮에 태어나면 먹을 복이 있다."

풀이 무성하고 마실 물이 풍부한 여름은 말에게는 최고의 조건이라고 할 수 있다. 이 역시 말이라는 동물과 말띠생을 연관 지어 만들어 낸 속설이다. 사주 구성이 적절하게 이루어져 있는 것이 중요할 뿐, 속설이 다 맞는 것은 아니다. 비유적인 표현이지만, 오히려 무더운 한여름 낮에 태어나면 심각한 질병에 걸릴 수도 있다.

양띠

"양띠는 온순하다."

외모가 착해 보이는 양을 보고 만들어 낸 속설로, 양띠 여성을 매우 가정적으로 묘사하고 있다. 그런데 이와 정반대의 속설이 있어 흥미룹다. 즉 양띠는 욱하는 성질이 있다는 것인데, 이는 양이 평소에는 온순하다가도 한번 화가 나면 뿔로 계속 들이받는 모습에서 나온 말이다.

원숭이띠

"원숭이띠는 재주가 있고 총명하다."

원숭이가 사람 다음으로 똑똑한 데서 생긴 속설로, 어느 정도 들어맞는 편이다. 이와 비슷한 것으로 "원숭이띠는 잔재주가 뛰어나다" 등의 속설이 있다.

닭띠

"닭띠 여성은 헤프다."

닭은 모이를 먹을 때 발로 땅을 헤치고 먹는 버릇이 있다. 모이를 주어도 꼭 발로 그것을 헤치면서 먹는다. 닭띠 여성이 헤프다는 말은 이러한 닭의 습성에 빗댄 것이다. 또 닭띠 여성은 일복이 많다는 속설이 있는데, 이것은 닭이 하루 종일 먹이를 찾아다니지만 실제로 먹는 양은 조금이라 그런 말이 생긴 것이다. 노력한 만큼 소득이 많지 않다는 부정적인 의미가 내포돼 있다.

지금껏 죽 확인했듯이 12지지를 상징하는 동물 띠에 대한 속설 대부분이 여성과 관련되어 있다. 여성에 대한 남성들의 우월의식, 지배의식, 권위주의에서 비롯된 것으로 보인다.

개띠

"개띠 여자는 집 안에 붙어 있지 못한다."

집 밖으로 돌아다니는 개의 습성에 빗댄 속설이다. 남자는 밖으로 돌아다녀도 좋지만, 여자는 안에서 살림만 해야 된다는 편견에서 생긴 말이다. 현대 생활과는 맞지 않는 속설이다.

돼지띠

"돼지띠는 먹을 복이 있다."

먹성 하면 돼지를 떠올린다. 끊임없이 먹는 돼지의 습성에 빗댄 속설로 재물 복이 있다는 의미로 쓰이지만, 근거는 없다.

신살 이야기

사주에는 길한 작용을 하는 신(神)과 흉한 작용을 하는 살(殺)이 있는데, 이 둘을 신살(神殺)이라고 한다. 신살은 분석하기 쉬워 널리 알려졌는데 부정적인 내용이 대다수여서 사이비들이 협박용으로 많이 썼다. 굿이나 부적 구입을 강요하는 데 주로 쓰였다. 이제는 타당성 없는 신살들은 과감하게 버리고 통계적으로 어느 정도 증명된 신살만을 살려 인생 상담에 유용하게 사용하면 좋겠다.

도화살

영화 〈색, 계〉는 상영 직후 세간의 이목을 끌었다. 파격적인 성애 장면과 영화가 던져 주는 주제가 무겁고 비극적이었기 때문이다. 영화 홍보 카피가 "색(色)은 계(戒)를 취하고, 계(戒)는 색(色)을 무너뜨린다"였는데, 영화 속의 색과 계는 적이지만, '내' 편이다. 창이 색이라면, 계는 방패다. 영화의 비극적 무대는 1930년대 상하이 도심이다. 인간이 인간을 믿는 척하며 이용하고, 또 속고 속이는, 진실과 거짓의 반복은 상하이의 도심을 비추는 화려한 불빛의 점멸과 닮았다. 이렇듯 색에는 강렬한 유혹과 칼이 매섭게 숨겨져 있다.

명리학에서 도화(桃花)는 색(色)으로 구별한다. 긍정보다는 부정적인 측면이 강했다. 도화는 끼 즉, 바람기이다. 보통 술과 여자, 방탕, 탕진 같은 낱말과 엮여 있다. 이런 해석이 복숭아꽃 입장에선 억울할 것이다. 사람들이 제멋대로 가져다 써 자기 이름을 훼손시킨 꼴이겠다. 하지만 세상은 돌고 도는 것. 이제는 억울할 일이 아니다. 지금과 같은 남녀평등의 시대에는 오히려 축복받을 살이다.

그런데 왜 하필이면 수많은 꽃 중에서 복숭아꽃이 바람을 상징하게 되었을까. 복숭아는 다른 과일과 달리 곁에 가는 골이 있다. 그 선이 곱다. 언뜻 보면 여성의 엉덩이를 연상시킨다. 그래서 자연스럽게 복숭아 하면 성적인 이미지를 떠올리게 되었던 것이다. 복숭아에 나 있는 털과도 관련 있다. 복숭아 잔털은 알레르기를 잘 일으킨다. 복숭아는 비정상적인 남녀관계를 의미하는 경우가 대부분인데, 털 알레르기와 연관 지어서이다.

또 복숭아꽃이 주는 이미지와도 상관이 있다. 복숭아꽃은 마음을 달뜨게 한다. 활짝 핀 진분홍 꽃은 보는 이의 정신을 온통 빼앗을 정도로 선정적이다. 꽃이 질 무렵에는 진분홍에 흰 빛까지 감돌아 성숙한 아름다움까지 느껴진다. 복숭아꽃은 한순간 피었다가 쉽게 지고 만다. 화창한 봄날을 화려하게 장식하지만 채 열흘도 안 돼 진다. 한순간 타오르다 싸늘하게 식어 버리는 남녀관계와 다르지 않은 것이다.

　도화살은 정말 한순간의 사랑 때문에 사회적 지위도 잃고 가정까지 파탄 나게 하는가? 많은 역학 책에서 사주에 도화살이 있으면 남성은 주색으로 패가망신하고, 여성은 기생이 되거나 정부와 타향으로 도망간다고 풀이하고 있다. 또한 도화가 연월일시 중 일지(日支)와 시지(時支)에 있으면 주색으로 패가망신한다고 설명한다. 대부분 해석이 불리하고 부정적이다.

　그러나 시대가 변했다. 이제 도화살을 보는 시선이 긍정적으로 바뀌어 도화살은 인기살이 되었다. 도화살을 잘 활용하면 인기 탤런트나 가수, 음악가, 국회의원처럼 많은 사람에게 사랑받는 존재가 된다. 물론 반대로 잘못 활용하면 평생 비정상적인 삶이나 남녀관계만 맺다 망신을 당하게 되지만 말이다. 지금은 대중매체가 눈부시게 발전했으니 도화살을 잘 활용해 성공과 발전의 디딤돌로 삼으면 좋을 것이다.

괴강살, 양인살, 백호대살

일반 이론에서는 이 살들이 연주(年柱, 태어난 연도의 천간과 지지)에 있으면 조부모가 피를 흘리며 죽고, 월주(月柱, 태어난 월의 천간과 지지)에 있으면 부모 형제가, 일주(日柱, 태어난 날의 천간과 지지)에 있으면 배우자가, 시주(時柱, 태어난 시의 천간과 지지)에 있으면 자식이 피를 흘리며 죽는다고 설명한다. 그러나 나는 전혀 타당성 없는 설명이라고 본다.

갑자	을축	병인	정묘	무진	기사	경오	신미	임신	계유
甲子	乙丑	丙寅	丁卯	戊辰	己巳	庚午	辛未	壬申	癸酉
갑술	을해	병자	정축	무인	기묘	경진	신사	임오	계미
甲戌	乙亥	丙子	丁丑	戊寅	己卯	庚辰	辛巳	壬午	癸未
갑신	을유	병술	정해	무자	기축	경인	신묘	임진	계사
甲申	乙酉	丙戌	丁亥	戊子	己丑	庚寅	辛卯	壬辰	癸巳
갑오	을미	병신	정유	무술	기해	경자	신축	임인	계묘
甲午	乙未	丙申	丁酉	戊戌	己亥	庚子	辛丑	壬寅	癸卯
갑진	을사	병오	정미	무신	기유	경술	신해	임자	계축
甲辰	乙巳	丙午	丁未	戊申	己酉	庚戌	辛亥	壬子	癸丑
갑인	을묘	병진	정사	무오	기미	경신	신유	임술	계해
甲寅	乙卯	丙辰	丁巳	戊午	己未	庚申	辛酉	壬戌	癸亥

육십갑자

육십갑자 중에서 괴강살에 해당하는 간지는 무진(戊辰), 무술(戊戌), 경진(庚辰), 경술(庚戌), 임진(壬辰), 임술(壬戌) 6개이고, 양인살에 해당하는 간지는 병오(丙午), 무오(戊午), 임자(壬子) 3개이며, 백호대살에 해당하는 간지는 갑진(甲辰), 을미(乙未), 병술(丙戌), 정축(丁丑), 무진(戊辰), 임술(壬戌), 계축(癸丑) 7개다. 모두 합하면 16개다. 연주에 이 살들 중에서 하나라도 있을 확률은 60분의 16, 즉 15분의 4에 해당하므로 4명 중 1명은 조부모가 피를 흘리며 죽는 사주이다. 월주나 일주, 시주에 있을 때도 마찬가지 계산이 나온다. 4명 중에 1명은 부모형제나 배우자 또는 자식이 피를 흘리며 죽을 사주이다. 현실적으로 볼 때 전혀 타당성이 없는 주장임을 잘 알 수 있다.

이론대로라면 경진년, 병오년, 을미년 등 괴강살, 양인살, 백호대살이 있는 해에 태어난 사람은 조부모가 피를 흘리며 죽는다. 다시 말해 괴강살, 양인살, 백호대살이 있는 손자를 둔 할머니, 할아버지들은 손자가 태어나면서 자신의 생명이 죽어 가는 셈이다. 따라서 태어난 것을 기뻐해야 할 것이 아니라 슬퍼서 통곡해야 할 일이다. 그러면 1952, 1958, 1964, 1970년생 등 괴강살, 양인살, 백호대살이 있는 해에 태어난 사람들은 조부모가 모두 단명했는가? 전혀 그렇지 않다. 근거 없는 잘못된 이론이다.

화개살(명예살)

종교인 중에 화개살 가진 이가 많다. 화개살을 꽃방석살이라고도 하는데, 이 때문에 기생 팔자라는 소리도 듣는다. 화개살 있는 사람은 고집이 세서 결혼 전 가출한 여자의 경우 대부분 스님이나 기생이 된다고 생각했던 것이다. 하지만 나는 화개살을 명예살이라고 부른다. 그것이 정확한 표현이라고 생각한다. 이들은 명예를 중요시하고 자기 의지와 고집이 있어 능력을 한껏 발휘하는 사람들이기도 하다. 그래서 명예살로 부르는 것이 타당하다.

그런데 일반 이론에서는 왜 화개살 있는 여성을 안 좋게 해석하는 것일까?

화개살이 있는 사람은 다른 사람이 자신을 믿고 인정해 주는 것을 좋아하고, 다른 사람에게 지배당하거나 간섭받는 것을 싫어한다. 과거 봉건시대, 남녀 불평등 시대에 화개살을 타고난 여성들은 남성 위주의 사회에 자신의 불만을 그대로 표출하며 사회의 불합리에 저항했는데, 노력해도 아무런 변화가 없다는 사실에 크게 좌절했다. 그래서 사회에서 도망쳐 산으로 들어갔고, 당연히 이들 중에는 비구니가 된 사람이 많았을 것이다. 그래서 화개살이 있으면 스님이 된다는 말이 생겼다.

남성들 입장에서는 자신들에게 맞서는 화개살 있는 여성들이 피곤하고 힘들게 느껴졌을 것이다. 그 때문에 화개살 있는 여성들을 좋지 않은 시선으로 보게 되었고, 자연스럽게 화개살을 나쁜 살로 여기게 된 것이다.

흉신이 머무는 곳

대장군방

대장군방(大將軍方)은 3년마다 방향이 바뀌는 신살(神殺)이다. 대장군방은 보통 사람도 꽤 많이 알고 있고, 점집이나 철학관 심지어 절에서도 중요시한다. 그래서 이사나 이장을 하는 등의 변화, 변동에 긴요하게 참고해야 할 것으로 삼는 경우가 많다.

명리학이나 다른 운명학에 지식이 깊지 않은 사람들 중에 대장군방, 삼살방, 삼재 등만 외워 가지고 상담해 주는 이가 많다.

과거 농경 시대처럼 변화나 변동이 적어야 생산성이 높았던 시대에는 대장군방, 삼살방 등으로 사람의 변화, 변동의 욕심을 줄여 주어야 해서 방향 신살이 필요했다. 왕권 시대에는 왕권을 강화하기 위해 방향 신살이 필요했다. 방향 신살을 복잡하게 만들어 놓아 백성이 함부로 변화, 변동을 못하게 하는 것이 통치술 중 하나였다.

대장군 찾는 법만 조금 살펴보자. 방법을 알려면 방위(方位)의 합(合)을 알아야 한다. 방위의 합을 방합(方合)이라 하는데 해자축(亥子丑)은 합수(合水)요, 인묘진(寅卯辰)은 합목(合木)이요, 사오미(巳午未)는 합화(合火)요, 신유술(申酉戌)은 합금(合金)이다. 이 방합을 활용해 대장군 방위를 찾는다.

대장군(大將軍)은 한 군대의 대장이다. 앞으로만 진격해야지, 뒤로 물러나지 않아야 된다는 의미에서 대장군방이다. 방합의 연도(年度)에는 방합의 시계 방향으로 전진해야 하는데, 전방향(前方向) 즉 반대 방향에 해당되는 곳으로는 움직이면 안 된다고 하여 꺼린다.

해자축은 수(水)이니 북방(北方)에 해당한다. 그러므로 해자축 해에는 수 즉, 북방의 전방위인 서쪽 방위가 대장군방이 된다.

인묘진은 목(木)이니 동방(東方)에 해당한다. 그러므로 인묘진 해에는 목 즉, 동방의 전방위인 북쪽 방위가 대장군방이 된다.

사오미는 화(火)이니 남방(南方)에 해당한다. 그러므로 사오미 해에는 화 즉, 남방의 전방위인 동쪽 방위가 대장군방이 된다.

신유술은 금(金)이니 서방(西方)에 해당한다. 그러므로 신유술 해에는 금 즉, 서방의 전방위인 남쪽 방위가 대장군방이 된다.

이렇게 연도에 따라 대장군방이 존재하고, 이 대장군방으로 움직이면 어려운 일이 생긴다고 보는 것이다.

대장군방에 해당되는 방향으로는 변화, 변동을 하지 말아야 한다. 즉 이사, 이장을 하거나 개업하거나 출장을 가거나 직장에 들어가거나 학교를 가거나 하지 말아야 한다.

대장군방에 해당되는 방향으로는 수리나 증축을 하지 말아야 한다. 즉 건물을 증축, 수리하거나 산소에 떼를 입히거나 무덤을 옮겨 다시 장례를 치르거나 하지 말아야 한다.

만약 어쩔 수 없는 변화, 변동 시에는 이사 차나 상여를 대장군방이 아닌 다른 방향으로 움직여서 다리를 건넌 후 대장군방으로 움직여 주면 대장군방이 해소된다고 본다.

대장군방은 앞서 설명했듯이 농경 시대나 왕권 시대에는 적용할 수 있었지만, 현대처럼 활동을 많이 해야 하고, 변화나 변동이 많은 시대에는 적용하기가 사실상 불가능하다. 예를 들어 충청도, 경상도, 전라도에 사는 고등학교 3학년 학생들이 대장군방이 북쪽에 해당되는 해에 수능시험을 보았다면 서울 소재의 대학에 지원했을 때 모두 떨어진다는 논리다. 그러나 주지하다시피 이는 사실이 아니다. 그러므로 이 대장군방은 예부터 내려오던 풍습 중 하나로 기억해 두면 될 것 같다. 변화, 변동 시 한 번 더 생각해 보고 신중하게 결정해야 한다는 선조들의 조언을 마음에 새기면서 말이다.

삼살방

　이사를 하고 곧 그렇게 돼서 부모들은 삼살방으로 이사를 해서 자식 하나 버렸다고 한탄이나 하다 말았나 보더라. 삼살방이라는 게 어디 있 겠니. 아마 소아마비겠지.

　박완서의 소설 《도시의 흉년》에 나오는 내용이다. 어른들은 내려오는 구습, 풍습에 길들어 미신처럼 삼살방(三殺方)의 효력을 믿고 살아왔다. 그러나 사실 이 소설 내용으로 볼 때 '소아마비'가 발병한 것이다. 삼살방을 입에 올린 것은 어떤 상황에서도 긍정과 희망의 삶을 살아가려는 마음가짐을 드러낸 것이다. 상황이 잘 풀렸으면 반대로 삼살방을 잘 피해서라고 자위했을 터이다.

　삼살방은 천살(天殺), 겁살(劫殺), 재살(災殺)이 낀 불길한 방위를 말한다. 삼살방은 삼합(三合)을 활용해 보는 신살(神殺)이다. 삼살방 또한 대장군방과 마찬가지로 현대에 와서는 풍속의 하나로만 받아들이는 것이 좋겠다.

　삼살방을 찾으려면 우선 삼합을 알아야 한다. 인오술(寅午戌)년의 삼합은 화(火)다. 화의 방향은 남쪽이다. 신자진(申子辰)년의 삼합은 수(水)다. 수의 방향은 북쪽이다. 사유축(巳酉丑)년의 삼합은 금(金)이다. 금의 방향은 서쪽이다. 해묘미(亥卯未)년의 삼합은 목(木)이다. 목의 방향은 동쪽이다.

　삼살방은 삼합에 해당되는 방위의 정반대 방향에 바로 나쁜 신이 머문다고 본다. 그래서 인간이 피해야 할 삼살방이 되는 것이다.

연도	삼살방(정반대 방위)
인오술년 삼합은 화(火) – 남쪽	북쪽
신자진년 삼합은 수(水) – 북쪽	남쪽
사유축년 삼합은 금(金) – 서쪽	동쪽
해묘미년 삼합은 목(木) – 동쪽	서쪽

삼재

"이번에 삼재에 걸렸대."

흔히 듣는 말이다. 삼재(三災)는 인간에게 9년 주기로 돌아온다는 3가지 재난을 말한다. 삼재에 해당되는 해에는 3가지 재앙과 8가지 어려움이 닥친다고 한다. 삼재 또한 대장군방이나 삼살방과 더불어 사람들이 흔히 알고 있는 것이다. 점집, 철학관, 절에서도 상당히 강한 살(殺)로 이야기하고 있고 그 때문에 삼재를 푸는 부적도 많이 등장했다. 하지만 삼재도 대장군방이나 삼살방처럼 농경 시대와 왕권 시대란 시대적 환경에서 생긴 것이므로 현재 사회에 애써 적용할 필요는 없을 듯하다.

다음 표에서 자신의 띠를 찾으면 언제 삼재가 시작돼 끝나는지 알 수 있다.

뱀·닭·소띠생	돼지해	들삼재
	쥐해	묵은삼재
	소해	날삼재
원숭이·쥐·용띠생	범해	들삼재
	토끼해	묵은삼재
	용해	날삼재
돼지·토끼·양띠생	뱀해	들삼재
	말해	묵은삼재
	양해	날삼재
범·말·개띠생	원숭이해	들삼재
	닭해	묵은삼재
	개해	날삼재

다음은 삼재의 종류다.

천지인삼재(天地人三災)

천재(天災): 하늘로부터 받는 재앙 - 눈, 비, 가뭄, 번개, 우박

지재(地災): 땅으로부터 받는 재앙 - 지진, 화산, 바람

인재(人災): 인간으로부터 받는 재앙 - 교통사고, 상해, 이혼, 질병, 명예 훼손

복평악삼재(福平惡三災)

복삼재(福三災): 용신(用神)이나 희신(喜神)에 해당되는 삼재 연도

평삼재(平三災): 한신(閑神)에 해당되는 삼재 연도

악삼재(惡三災): 기신(忌神)이나 구신(仇神)에 해당되는 삼재 연도

들묵날삼재

들삼재: 삼재 3년 중 첫 해

묵은삼재(묵삼재): 삼재 3년 중 2년째 해

날삼재: 삼재 3년 중 마지막 해

다음은 삼재의 기간이다.

- 인신사해(寅申巳亥)생: 삼재가 3년간 지속된다.
- 자오묘유(子午卯酉)생: 묵은삼재, 날삼재만 있다.
- 진술축미(辰戌丑未)생: 날삼재만 있다.

인신사해(寅申巳亥), 자오묘유(子午卯酉)생은 자신의 띠 연도에 삼재
가 들어오지 않으며 진술축미(辰戌丑未)생들은 자신의 띠 연도에 삼재
가 들어온다. 그래서 자신의 환갑 때 삼재가 들어오는 진술축미생들
은 환갑잔치 대신 여행으로 대신하거나 칠순잔치로 넘기는 경우가
종종 있다.

전도몽상이 되어선
안 된다

전도몽상(顚倒夢想)이란 자신도 모르게 어떤 일이 어느 순간 거꾸로 되고 있는 상황을 말한다. 사람에게 유용하라고 돈을 만들었는데 돈에 너무 집착하다 보니 돈의 노예가 된 상황, 편히 지내려고 집을 장만했는데 집에 값진 물건이 너무 많아져 집 지키는 개처럼 되어 버린 상황, 자유와 희망과 행복을 얻으려고 종교를 가졌는데 종교에 빠져 버려 24시간 믿음천국 불신지옥이나 윤회만 외치며 사는 상황 모두 이에 속한다.

우리나라 2, 30대의 20퍼센트가 매일 혹은 일주일에 한 번 이상 사주나 타로를 본다는 조사 결과가 있었다. 자기 삶을 궁금해하고 어떻게 살지 고민하는 것은 당연하고 중요하다. 그러나 사주나 타로점 등을 보는 것이 습관으로 굳어지거나 이 집 저 집 순례하는 취미가 되어 버리는 건 문제이다.

상담사들도 처음에는 젊은이들에게 좋은 상담을 해 주려 고민했을 것이다. 그러다 그들이 단골이 되니 그 초심을 잃었을지 모른다. 나는 상담사들이 오늘 손님이 얼마나 많을지 점을 치는 대신 자신이 얼마나 적절하게 상담을 하고 있는지, 젊은이들에게 참된 도움을 주고 있는지 돌아보길 바란다. 상담이 돈벌이 수단으로 전락해 가는 전도몽상의 상황이 되고 있지 않은지 수시로 돌아봐야 한다고 생각한다.

에필로그

자신을 바로 알기 위해
필요한 것

양심을 따르는 사람은 자연에 복종한다.

근대 철학과 교육에 큰 영향을 미친 18세기 프랑스의 계몽사상가 루소의 말이다. 이 책에 서술된 사주명리, 성명학, 관상, 풍수 등은 모두 자연에서 비롯된 것이다. 인간도 결국 자연의 일부이니 그 삶도 자연을 따라야 하지 않겠는가.

그리스 신화에 '프로크루스테스 침대' 이야기가 있다. 악한 프로크루스테스는 지나가는 나그네를 붙잡아 철로 만든 침대에 누인 뒤 키가 침대보다 크면 다리를 자르고, 키가 침대보다 작으면 사지를 잡아 늘여서 죽였다. 자신의 기준에 맞춰 멋대로 횡포를 부리던 프로크루스테스는 영웅 테세우스에게 똑같은 방식으로 머리가 잘려 죽는다.

살다 보면 나의 장점과 단점이 무엇인지, 혹은 내가 진정으로 잘할 수 있는 일이 무엇인지를 파악해서 살기보다 세상이 만들어 놓은 틀에 맞춰 살게 된다. 그러면서 스스로 '그것이 나의 운명'이라고 받아들이고 만다.

살아 있는 한 인간은 때로 불안할 수밖에 없다. 괴테가 "노력하는 인간은 방황하기 마련"이라고 했듯이 말이다. 죽은 자만이 일직선으로 정지되어 있다. 살아 있는 인간의 심장박동은 위아래로 포물선 같은 곡선을 그린다. 즉 누구의 삶에서든 위와 아래를 반복하는 기복이 있을 수밖에 없다는 뜻이다.

사실 세상은 거의 대립적 요소들로 이루어져 있다. 하늘과 땅, 물과 불, 음과 양, 물질과 영혼, 흑과 백, 삶과 죽음, 남성과 여성 등. 그러나 이러한 요소들은 서로 상충하는 것이 아니라 서로 조응하며 공명하는 관계에 있다. 버지니아 울프는 인간은 남성적 여성이거나 여성적 남성이어야 한다고 했다. 순전한 남성과 순전한 여성이 되는 것은 치명적 해로움이라 여겼다. 이는 융 심리학과도 통한다. 남성 안에 여성 아니마가 있고, 여성 안에 남성 아니무스가 있다. 또 연필심과 같은 어둠의 핵에서 글이 나온다. 즉 대립의 접점에 삶의 진수가 숨겨져 있을 수 있다. 이것이 곧 삶의 중용이며 균형인 것이다.

한 사람 안에 내재된 장점과 단점도 마찬가지이다. 삶의 운용 방식에 따라 장점이 단점이 될 수 있고, 단점이 장점으로 바뀔 수도 있다.

흔히 사주를 보는 것이 '자신의 정해진 운명을 미리 보는 것'이라고 생각하는 경우가 대부분이다. 그러나 사주를 보거나 공부하는 진정한 의미는 '나 자신을 바로 아는 것'이다.

사람은 누구나 음양오행에 입각해 자연의 이치대로 공평히 각자의 장단점을 동시에 안고 태어났다. 세상에서 내가 재미있게 가장 잘할 수 있는 직업이 무엇인지, 혹은 나와 어울리는 사람이 누구인지, 어떤 환경에 있을 때 가장 편안하게 나를 드러내며 일할 수 있는지를 깨닫게 하는 데 사주의 목적이 있다. 세상이라는 틀에 나를 억지로 끼워 맞추는 것이 아니라, 세상을 나라는 틀에 맞춰 주체적으로 풍요롭게 자신의 삶을 가꾸어 가는 것이 중요하다.

한때 그렇게 빛나던 광채가

지금 내 눈에서 영원히 사라진들 어떠랴.

풀의 광휘의 시간, 꽃의 영광의 시간을

다시 불러오지 못한들 어떠랴.

우리는 슬퍼하지 않고 오히려

뒤에 남은 것에서 힘을 찾으리라.

인간의 고통으로부터 솟아나

마음을 달래 주는 생각에서

죽음 너머를 보는 신앙에서

워즈워스의 시 〈영생불멸의 노래〉 중 일부다. 첨단과학의 발달로 인간의 '영생불멸'을 꿈꿀 수도 있는 시대가 오고 있다. 그러나 아직 영생불멸은 요원한 꿈이다. 고난 중에도 뒤에 남은 희망을 찾고, 죽음 너머를 보는 불멸의 정신적 의지가 있다면 그것이야말로 영생 못지않은 아름다운 삶일 것이다.

여러분이 지금 현재 속에 있다는 것은 절정의 순간에 있다는 것이고, 시간의 맨 앞줄에 서 있다는 의미이다. 그러니 그 무한히 펼쳐진 여백으로 또박또박 걸어가시라.

참고 문헌

많은 책과 기사 등을 참고했지만 여기서는 주요 고전들만 정리했다.

《고려사》
《골계잡록》
《난중일기》
《달마상법》
《동국여지승람》
《마의상서》
《목은문고》
《백범 일지》
《사기》
《삼국사기》
《삼국유사》
《상리형진》
《서유기》
《세종실록지리지》
《시경》
《신상전편》
《안씨가훈》
《앙엽기》
《여씨춘추》
《연려실기술》
《예기》
《유장상법》
《인륜식감》
《장서》
《조선왕조실록》
《징비록》
《청오경》
《춘추번로》
《춘추좌씨전》
《회남자》

사주명리 인문학

초판 1쇄 발행	2019년 4월 10일
초판 3쇄 발행	2021년 3월 17일
지은이	김동완
펴낸곳	(주)행성비
펴낸이	임태주
책임편집	여미숙
디자인	최성경
본문 그림	고성광
출판등록번호	제313-2010-208호
주소	경기도 파주시 문발로 119 모퉁이돌 303호
대표전화	031-8071-5913
팩스	0505-115-5917
이메일	hangseongb@naver.com
홈페이지	www.planetb.co.kr

ISBN 979-11-87525-23-3 03150

행성B는 독자 여러분의 참신한 기획 아이디어와 독창적인 원고를 기다리고 있습니다.
hangseongb@naver.com으로 보내 주시면 소중하게 검토하겠습니다.